尽善尽美 弗求弗迪

供应链库存与计划管理

技术、方法与Excel应用

林梦龙 著

电子工业出版社
Publishing House of Electronics Industry
北京·BEIJING

未经许可，不得以任何方式复制或抄袭本书之部分或全部内容。
版权所有，侵权必究。

图书在版编目（CIP）数据

供应链库存与计划管理：技术、方法与 Excel 应用 / 林梦龙著. —北京：电子工业出版社，2024.3
ISBN 978-7-121-47018-9

Ⅰ.①供… Ⅱ.①林… Ⅲ.①表处理软件—应用—供应链管理—库存—研究 Ⅳ.① F253-39

中国国家版本馆 CIP 数据核字（2024）第 014168 号

责任编辑：张　毅
印　　刷：三河市鑫金马印装有限公司
装　　订：三河市鑫金马印装有限公司
出版发行：电子工业出版社
　　　　　北京市海淀区万寿路 173 信箱　邮编：100036
开　　本：720×1000　1/16　印张：18.25　字数：298 千字
版　　次：2024 年 3 月第 1 版
印　　次：2025 年 8 月第 3 次印刷
定　　价：79.00 元

凡所购买电子工业出版社图书有缺损问题，请向购买书店调换。若书店售缺，请与本社发行部联系，联系及邮购电话：（010）88254888，88258888。
质量投诉请发邮件至 zlts@phei.com.cn，盗版侵权举报请发邮件至 dbqq@phei.com.cn。
本书咨询联系方式：（010）68161512，meidipub@phei.com.cn。

导读

随着社会的发展，当代企业面临的竞争不再是企业之间的竞争，而是企业的供应链和竞争对手的供应链之间的竞争，甚至已经发展为由多条供应链构筑而成的供应链网络之间的竞争。供应链的概念越来越频繁地出现在生活中，同时供应链管理也渐渐变得重要，越来越受重视。近年来，我国许多高校也开始引入供应链管理的课程。

如今，各种各样的供应链著作层出不穷，从眼花缭乱的公式到言必500强企业的运营，虽然看上去高端人气，但多数难以落地应用。这导致许多管理者、学习者虽然非常热衷于供应链管理，但只能浮于其表，并对供应链管理中的各种知识缺乏深入的了解。本书从供应链管理中最受瞩目的库存管理和预测计划起步，层层论述各种管理中的要点和技术，并在论述过程中介绍大量的应用分析，附带具体的数据、公式表述及Excel的推算演示，力求将供应链管理的理论性和实践性结合，以加强读者的理解并提供可行的指导。

本书分成五章，深入浅出。前三章从库存的基本原理开始，一直讲到进行库存管理的分析和处理，并结合统计学的知识，将统计学思维扎根在库存管理上，使读者对库存管理有一个清楚的认识。尽管如此，涉及统计学的内容中并没有太多专业难懂的词汇，即使读者没有相应的专业知识，也可以轻松读懂，并在实践中加以运用。

第四章论述了比较流行的预测方法，并介绍了这些方法在Excel中的使用方式及匹配的场景，连贯地运用具体数据对预测方法从简单到复杂一层一层地深化，还通过案例数据对预测方法进行了针对性的讲解、演示，并总结了其中的特征。

第五章则从一个供应链的整体角度出发，针对不同行业、不同维度，根据具体的身边事例，展示了当今供应链管理在实践中的具体应用，让理论、数据更加贴合实际，并进行了深入的分析。

供应链涉及的范围非常广，跨越各行各业，既存在共通点，又有因行业而异的个性化。因此，除了聚焦于基本层面的应用，根据不同的细分行业特点，本书会更加具体地阐述库存管理和供应链计划与预测的运用。

目录

第一章　了解库存

第一节　企业的吞金兽——库存 /2

第二节　为什么库存不能过少也不能过多 /4
　　一、库存过多 /4
　　二、库存过少 /5

第三节　从前到后，库存都在 /10
　　一、店铺库存 /10
　　二、仓库库存 /10
　　三、在途库存 /11
　　四、在制库存 /11
　　五、无形库存 /11

第四节　对库存的表述关系着可控与不可控 /12

第五节　库存管理，从掌握计价开始 /13

第六节　常被忽视，却关系成败的库存持有成本 /16
　　一、资金成本 /16
　　二、贬值成本 /17
　　三、仓储成本 /17
　　四、管理成本 /17
　　五、税费与保险 /17

第七节　供应链指标与库存指标的关系 /19

第二章　供应链库存管理

第一节　源于供需不平衡的库存 /30

第二节　给库存上个"车牌" /31
　　一、ABC 分类：VIP 优先，区别对待 /31
　　二、XYZ 分类：从波涛汹涌到波澜不惊 /35
　　三、ABC-XYZ 分类：库存的因材施法 /40

第三节　XYZ 分类：行云流水，任意所至 /44

第四节　XYZ 分类需要滚动吗 /47

第五节　四大因素结合的订货模型 /52
　　一、定期定量 /52
　　二、定期不定量 /53
　　三、不定期定量 /54
　　四、不定期不定量 /54

第六节　懒人订货：双堆法 /55

第三章　库存管理的统计学思维

第一节　统计学是让数据说话 /58
　　一、你知道数据有哪些吗 /58

二、连续和离散数据分布 /59

　　三、为什么我总是拖了全市平均工资
　　　　的后腿 /60

　　四、四分位法让广告商放弃了姚明和
　　　　苏炳添的加入 /65

　　五、赌王何鸿燊为什么说"不赌
　　　　就赢" /71

第二节　给意外上一点保险：安全
　　　　库存 /75

　　一、安全库存公式的进化 /75

　　二、安全库存公式的阿喀琉斯之踵 /83

第三节　知己知彼，百战不殆：剖析经典
　　　　安全库存公式 /88

　　一、正态分布 /89

　　二、独立需求 /90

　　三、随机需求 /91

　　四、期望值 /92

　　五、条件期望值 /93

第四节　现实并非都是正态分布、泊松分
　　　　布和指数分布的 /95

第五节　总得有数在，切比雪夫不等式的
　　　　应用 /105

第四章　供应链计划与预测

第一节　预测避不开的两个度 /111

第二节　从主观和客观出发的两大预测
　　　　方法 /113

第三节　量化预测的武器库 /114

　　一、误差 /114

　　二、均方根误差 /115

　　三、平均绝对百分比误差 /115

第四节　从历史出发：时间序列法 /118

　　一、简单平均法：消除过去的起伏 /121

　　二、移动平均法：看重即期数据 /122

　　三、指数平滑法：新旧数据的比重
　　　　赋权 /127

　　四、如何优化指数的选择 /162

第五节　寻求相关变量：回归法 /171

　　一、一元线性回归预测法：从优惠折
　　　　扣预测销售量 /171

　　二、多元线性回归预测法：物流公司
　　　　如何从运输次数和里程预测运输
　　　　时间 /184

　　三、非线性情况如何处理 /187

第六节　连续非零的间歇性需求破解法 /192

第七节　没有历史数据的新产品如何
　　　　预测 /199

第八节　比起预测准确率，更应追求预测
　　　　的增值 /203

第九节　从主观出发：定性分析法 /208

　　一、专家意见归总：德尔菲法 /209

　　二、置身其中：情景预测法 /209

第十节　计划工作者绕不开预测错误，
　　　　怎么办 /210

第五章　案例：供应链视角下的库
　　　　存与计划

第一节　两种极端的供应链模式——飒拉
　　　　与优衣库 /216

一、起家背景 /216

二、消费导向 /216

三、供应商 /217

四、供应链反应 /220

五、供应链模式 /221

第二节 增强供应链的敏捷性——拆解 MOQ /222

第三节 当阿迪达斯需要为曼联球衣制订订货计划时——报童模型来指路 /226

第四节 突破采购极限——删失分布优化了报童模型 /241

第五节 推断未知——贝叶斯推理在电商中的应用 /244

第六节 零售业的常规做法——OTB 模式备货 /248

第七节 安全库存也会不安全——改变思维 /257

第八节 供应链弱势方如何应对牛鞭效应 /259

第九节 供应链视角下的国际物流方案 /264

一、生产企业的交货 /264

二、出口包装 /265

三、装柜作业 /266

四、出口报关 /267

五、海运 /267

六、到达汉堡 /268

七、分销 /268

八、逆向物流确立 /268

九、保险 /269

第十节 改变订货思维，汽车行业的计划转变 /269

后　记

供应链管理的哲学——Be water, my friend /280

第一章
了解库存

库存的历史几乎可以说和人类历史一样悠久。我们甚至可以追溯到旧石器时代,他们会在秋季积存一定量的食物以度过寒冬。这种库存满足最基本的要求,可以称之为持有库存,它起的作用主要是保量(当然也有一定程度上的保质),以满足自身的需求。

随着人类现代文明的发展,特别是商业、贸易、物流业的高度发展,库存的内涵渐渐得到了扩充。任何企业、任何岗位(当然,有些岗位可能没有直接关联性),只要是涉及商品实物交易的,基本都绕不开库存。甚至很多时候,库存会影响企业的成败。

第一节 企业的吞金兽——库存

库存是企业为了满足未来需求的，不管是为了销售、制造还是使用而持有的暂时放置的资产。

库存有这么重要吗？

如一家企业的年销售额是 100 万元，其中采购成本是 80 万元，库存成本是 10 万元，管理成本是 5 万元，那么这家企业的利润就有 5 万元，如表 1-1 所示。

表 1-1

项　目	金额（元）	各项金额与销售额比例
销　售　额	1 000 000	—
采 购 成 本	800 000	80.00%
库 存 成 本	100 000	10.00%
管 理 成 本	50 000	5.00%
利　　润	50 000	5.00%

如果该企业希望利润翻倍，提升到 10 万元，在各成本比例不变的情况下，销售额就要翻倍，达到 200 万元，也就是销售额要提升 100%，如表 1-2 所示。即使在经济景气的情况下，一年内销售额上升 100% 也是不容易的，如果经济形势严峻，就更加困难了。

表 1-2

项　目	金额（元）	各项金额与销售额比例
销　售　额	2 000 000	—
采 购 成 本	1 600 000	80.00%
库 存 成 本	200 000	10.00%
管 理 成 本	100 000	5.00%
利　　润	100 000	5.00%

当然，也可以考虑削减采购成本，然而降低采购成本带来的最大的风险就

是商品质量的下降，这样一来非常容易失去客户，并最终导致利润的下降；也可以考虑降低管理成本，如削减人手，可是裁员可能会使员工士气下降，甚至导致一些优秀的人才离职。

然而，在销售额不变的情况下，如果把库存成本削减至销售额的5%，就能使利润提升一倍，使最终的利润达到10万元，如表1-3所示。

表1-3

项　　目	金额（元）	各项金额与销售额比例
销　售　额	1 000 000	—
采 购 成 本	800 000	80.00%
库 存 成 本	50 000	5.00%
管 理 成 本	50 000	5.00%
利　　润	100 000	10.00%

比起增加100%的销售额，库存削减5%的目标显然更容易达成。类似地，如果其他成本不变，销售额也不变，而库存成本提升的话，那么利润就会下降了。

因此，削减库存成本，是能够产生可观的利润的。

当然，在现实的运营中，涉及的成本计算等更为复杂，但是无论如何，库存成本必然是重点管理的一部分。所以说，库存管理在现代企业中显得无比重要。

在供应链运营中，库存能够为未来的需求提供足够的支持，并促进供应链相关活动的产生。假如没有相应的库存，除了会丧失销售机会，无法满足需求，还会引发客户的不满。另外，如果库存过剩，除了会导致仓储、保险、税费等费用的增加，还会占用大量的营运资金，降低企业的利润。

从会计角度来看，库存被视为一种资产，它是在生产经营中为消耗或销售而存储下来的资产，尽管这种资产本身具备价值，但是在被转化成现金收入之前，这种资产始终是一部分企业资金成本，从而为企业经营带来负担。另外，这种资产在等待转化为收入的过程中，存在着是否能够顺利转化，或者转化为现金时可能因价值损失导致资产贬值等问题，这些都是库存的风险问题。

库存情况如今已经常常被看作企业供应链管理是否足够健康的一个关键指标，当一家企业持有大量的库存时，意味着大量的资金被捆绑而无法得到有效释放，会严重影响企业的运营。

库存，甚至可以被称为企业的吞金兽。

某些企业因此视库存为万恶之源，因为库存不但无法给企业带来利润，还存在贬值损失的风险，占用的企业资金也无法进行运用，使企业失去投资其他领域的机会。虽然这一说法失之偏颇，但也明确指出了库存作为吞金兽的危害性。

不过，库存本身其实并没有善恶之分。由于它在供应链管理过程中始终担当着重要角色，在供给和需求之间起着维系平衡的作用，因此，把库存看作积极因素抑或消极因素，是进行库存管理的关键。

然而，要做到库存的最优管理并不容易，它要通过多方面、多维度的分析，以及各种技术的交织运用，才能最终制定合适的决策，优化库存。

第二节　为什么库存不能过少也不能过多

虽然库存的持有具有必然性，但并不是说持有越多的库存就越好，一旦库存无法销售或者使用，变成滞留库存乃至死库存，就会导致经营恶化。

一、库存过多

过多的库存会带来各种各样的问题。

（一）造成资金积压

库存是资金的一种形式，但是库存卖不出去的话，就等于这部分的资金被积压了，流动资金因此被占用，从而导致现金流的枯竭，引发资金不足甚至企业破产的问题。

（二）库存相关支出增加

库存增加，带来的相关处理费用也随之增加。首先是仓储相关的支出，要使用更多的仓库面积来存放这些库存，会花费更多的场地费，同时还有管理费、水电费、其他相关的税费等。库存的处理费用也随之增加，包括装卸、验收、仓库内部的短驳费、附带的保险费，甚至一旦仓库满仓，还会增加库存移动到其他仓库的物流支出。

（三）利润损失

库存可以视为一种投资。当然，如果库存是能够保值或者增值的，就会有利润增长的可能性，但是这样的库存投资并不是多数。库存占用的这部分资金无法投资应用到其他渠道以获得收益。

在经济学上，这称为机会成本。最简单的一个解释就是，这批库存所占用的资金，如果放在银行的话就能获得利息。库存过多，起码损失了这一部分占用资金的利息收益。

当库存变得陈旧、过时时，为了避免价值继续变低，就需要对其折价处理，否则继续存放下去，库存就会积压滞留，销售价格将完全无法覆盖购入或生产时的价格和相关的成本，就会亏本。即使减价处理能够卖掉这些库存，虽然把损失控制到了最小，终究还是损失了部分利润。

二、库存过少

库存过多有着不好的一面，但是并不能说库存少就好，库存过少也会带来问题。对某些产业来说，因为库存过少带来的问题，危害性比库存过多带来的问题更为严重。

（一）缺货

这是库存过少经常直面的问题。库存过少，在热销的情况下，如果没有适当的库存对应，就会发生缺货。对于面向个人消费者的货物而言，缺货就意味着失去了对其的销售机会，并且当今市场更多的是卖方市场，个人消费者将转而从其他地方购买，甚至因此以后都不会再回来购买商品了，从而完全丧失了这个顾客。对于企业来说，比如生产型企业，缺货甚至会引起大问题，如造成生产停顿，导致客户市场份额的丧失，甚至还要为此做出赔偿。

一旦缺货经常性地发生，那么客户就容易认定该企业的经营管理水平不足，并且对其的品牌认同度和忠诚度也逐渐降低。

（二）增加了订货成本

库存过少，将不得不造成紧急订单的产生，而这样的订单采购价格很可能比正常订单的采购价格更高。同时，为了缩短提前期，还要改变物流方式，如使用空运等手段，物流成本也因此大幅度增加。即使因此解决了缺货问题，相应增加的成本也大幅度削减了利润，甚至会造成亏本的情况。

（三）增加了提前期

企业如果没有备有合理的库存，库存过少时就要重新购买原料生产新产品，然后才能投放到市场中，那么提前期也因此增加。这将会导致其他先行上市的竞争对手获得更多的市场份额，从而导致企业输掉市场竞争。

库存影响着企业的资金情况，影响着企业的利润，过多的库存会造成企业经营问题的发生，但是也不能因此认为库存过少甚至零库存就好。库存过多或者过少都会带来问题，库存只有恰当控制在合理的范围内时，才能在供需关系中起到有力的促进作用。

因此，库存管理的关键就是让供需之间取得平衡，既要让库存能够支撑生产或销售的平稳进行，不因库存的缺少导致供给波动，又要让库存持有得以最小化，避免资金的积压。

【小插曲】价廉物美却输在提前期上

作为著名品牌潘德里的代表，杨云很有信心拿下达尔乐的这次订单。尽管他知道作为唯一的对手，另一个品牌莱斯顿也成为最终的候选者之一。

虽然达尔乐是快消品业界的巨头之一，不过这些年市场竞争越发激烈，老对手不断推出新品牌攻占各类型的市场，同时众多中小品牌也各自发挥本身特点，充分利用线上渠道，并采用流行的直播模式，导致达尔乐的市场份额连连下跌。因此，除了品牌效应，物美价廉也是达尔乐的另一个重要考虑因素。

潘德里的价格一直在市场上具备优势，根据多层分析，最终决定本次每单位的产品报价是 11 元，并且通过和物流巨头德远物流的合作，潘德里能够获得良好的配送成本，每单位的配送成本只需 0.09 元。不过杨云深知达尔乐本身也具备强大的分销配送网络，或许它会选择自提服务，因此这项运输成本并不计入产品成本，而是单独列了出来。

为了获得全部数量的订单，而不和竞争对手共享，杨云提出，只要获得全部数量的订单，他可以争取到每单位产品 0.1 元的折扣。

除价格优势外，杨云最具信心的是潘德里的产品质量。从不同的市场调查报告和客户回访中得以确认，潘德里的产品质量具备了一定优势，退货率比莱斯顿要低。同时由于和专业的物流公司合作，在物流过程中的损耗自然也比使用自身配送系统的莱斯顿要少得多。

杨云满怀信心，对获得订单有着很大的把握。最重要的一点是，这次达尔乐的采购主要决策者之一，就是与他关系要好的前上司马志明。或许这点背景上的优势，可以带来意想不到的帮助。

然而，结果出乎意料。

莱斯顿获得了这次的全额订单，潘德里可以说是遭遇惨败。这让杨云百思不得其解，明明在物美价廉这个点上，潘德里完全具备了优势。

后来，他终于打听到了莱斯顿的报价：12 元，包含了配送费。因为莱斯顿本身运营物流且具有对应的资产，因此它更愿意启用自身的配送系统而非和第三方物流公司合作。同时，对于订单的数量，一旦全额获得，它能做出每件 0.06 元的折扣让步。这么一对比，莱斯顿并没有在价格上具备优势。杨云为了确认，再三和相关客户查探，并通过多种渠道获得确切消息，莱斯顿的产品质量一直不如潘德里的稳定。

为什么潘德里没有获得订单？到底在什么地方出现了问题导致输了这次竞争？这不仅是杨云的疑问，甚至慢慢变成了潘德里公司上下的疑惑和不解。不过达尔乐公司并没有对此做出任何官方的正面回应。

直到后来的某一天，杨云碰上了马志明，才私下从他的口中得到了答案。

一开口，马志明就肯定了潘德里的产品："没错，从产品报价以及质量来说，潘德里的确优胜。在现今市场竞争激烈的情况下，利润空间不大，更低的成本显然有助于我们获利更多。即使采用你们的合作物流商，加上这个配送报价，依然存在很大的优势。"

"我也不认为我们的产品质量比不过。"杨云点头道。

"你应该记得我们的采购要求中提出的一点，那就是提供三家客户企业，并让我们能够咨询且以此评估它们供应商的绩效。"

"对。"杨云记得。他也深信潘德里作为供应商的表现一直良好，因此并不害怕达尔乐从潘德里的客户那里获得对于自身的评价。

"我们对它们进行了一系列关于你们作为供应商表现如何的询问，并且甚至有最近一到两年的表现评估追问。因为我们认为供应商也许能够在某一段时间对某特定客户提供特殊服务，但持续时间不太可能很长，也不可能同时对多个客户提供同样的服务。如果能够从不同客户口中对于供应商长时间的表现得到肯定答复，我们就有理由相信，我们达尔乐也能得到相同的服务。基于这一点，潘德里得到的评价是优于莱斯顿的。"马志明的说法显然符合杨云所想。马志明继续补充道："不同的客户提供的信息及我们收集的资料显示，莱斯顿的平均退货率高于潘德里接近一倍，我们通过报价乘以质量成本来量化这个成本。鉴于潘德里是产品价再另加配送费，因此我们以两者合计为计算基准。"

"这个基准就是11元产品报价加上0.09元的配送成本，即11.09元了？"杨云接道。

"对。"马志明点头道，"同时质量成本就是以此乘以退货率来计算的，假如某段时间退货率是10%，那么就是11.09元乘以10%来得出这个质量成本。当然，这个只是粗略估算，毕竟要涉及不少环节和情况，诸如物流、仓储、人工作业、税费甚至品牌声誉等，这里就不一一列入进行精细计算了。"

杨云点头，他明白这一点。不过他还是得不到想知道的答案："那为什么还是选择莱斯顿呢？"

"是提前期。"马志明点出了关键，"莱斯顿的提前期是4周，但是你们却需要10周。要知道我们作为快消品行业，产品的销售周期很短，从上架到落架的时间都不长，销售高峰期转瞬即逝。假如我们的竞争对手的提前期是4周，而我们和潘德里合作则需要10周的提前期，那么当我们上架销售的时候，竞争对手的产品已经在市场上投放6周了，甚至已经获得足够多的市场份额了。"

杨云一时间想不到任何话回应。

马志明见此，继续说明道："当然，上市时间的先后，并非决定市场份额的唯一因素，也不一定是重要因素，不过对于这一点，我们从库存持有成本的角度来量化这个提前期成本。一般来说，快消品行业的每周库存持有成本的平均值在 1%～2%，我们因此以 2% 为计算基准。最完美的情况自然就是不需要提前期，我们一旦订货就可以获得，这种 Just In Time（JIT，准时制）的交货方式，可以视为提前期成本为零，因为我们不持有库存。不过由于各种因素，诸如供应商备料生产、运输等，产生了提前期，所以这个提前期成本就以完美情况作为出发点计算。"

听到这里，杨云恍然大悟："也就是说，4 周的提前期，比起完美情况，即不持有库存的情况下，多了 4 周的该产品的库存持有成本，因此就是产品报价乘以提前期乘以库存持有成本？"

"没错，按你们的报价，就是 11.09 元乘以 2% 再乘以 10 周。这个是含了配送价格的报价。这样一来，潘德里的提前期成本是 2.22 元，而莱斯顿则只需 0.96 元。"

马志明抽出了纸张，把两者的各种成本列出进行对比。最后对杨云说："你把加总结果对比一下。"

杨云计算后分别填入合计栏，如表 1-4 所示。这样一来，他就完全明白了。

表 1-4

项　目	潘　德　里	莱　斯　顿
报价	11.00 元	12.00 元
运输成本	0.09 元	0.00 元
折扣成本	-0.10 元	-0.06 元
质量成本	0.01 元	0.02 元
提前期成本	2.22 元	0.96 元
合计	13.22 元	12.92 元

尽管潘德里物美价廉，不过达尔乐并非完全考虑这些因素，在提前期存在差别的情况下，达尔乐通过量化比价，最终选择了莱斯顿作为此次订单的供应商。

潘德里恰好就是输在这点上，因而没有获得这次合作的机会，不过它也因此把改善的重点着眼于供应链环节上，从而为未来赢得更多的市场份额奠定了基础。

第三节　从前到后，库存都在

认识库存在哪里，或者知道哪些才叫库存，是关键所在。库存是需求与供应之间的缓冲，如果不清楚库存在哪里、有多少，将难以准确把握并合理安排相关的一系列操作，如订货、补货等，从而造成库存不足或者库存过剩，两者最终的后果都是给企业带来损害。

一、店铺库存

店铺库存即零售店里陈列的货物或者存放在店铺仓库内的货物，很容易被忽视。不少企业对于库存管理往往止步于店铺，认为货物一旦送到店铺，这部分库存就不需要再纳入考虑了。这种库存直接面对消费者，又和店铺的铺货模式存在关联，上架的货物不能短缺也不能过期，并要在快卖完的时候得到有效补充。

从会计的观点来看，它们会被认为是商品，不过从整个供应链运作来说，它们依然是库存的一部分。

二、仓库库存

仓库具备多样性，为了不同的目的可设立不同用途的仓库，如原材料仓库、零部件仓库、成品仓库、中心仓库、调拨仓库、区域仓库等，这些仓库有些具备单一的用途，有些却是复合的。它们存在的意义不尽相同，不过仓库中堆存的货物都是库存。

自然，因为仓库的性质不同，其库存用途也多种多样，有供制造之用，也有供销售之用等。对于这些仓库的管理，目的基本都是注意不要缺货，但是也不要有过剩的存货并长时间持有。

三、在途库存

处于运输状态中的库存就是在途库存。这些库存处于各种运输的途中，如在码头的集装箱内，又或者在机场内；也可以说处于各种形式的运输过程中，比如陆运、空运或者海运过程中。

由于贸易条款的不同，在途库存归属有着不同的划分。例如，在到岸价格（Cost, Insurance and Freight，CIF）和离岸价格（Free On Board，FOB）各自的条款下，库存的所有权就在到岸或者离岸的时候完成了归属权转移。

四、在制库存

在制库存位于制造工序中，处于即将投入生产线中或者已经处于生产线上，但没有形成成品的状态中。在某些情况下，这些在制库存往往要严加管理，特别是涉及生产制造的物料清单（Bill Of Material，BOM）中，齐套率是管理的重中之重。这些库存一旦缺乏，就会造成企业生产停顿、延迟，带来的后果非常严重。不过在现今注重供应链管理的情况下，企业往往追求JIT模式，当要生产的时候，原材料才会被送到生产车间中或生产线上，其他时候库存会被堆放在原材料仓库或者供应商处。

五、无形库存

无形库存有时很难准确界定。软件是其中一个典型的例子，其他诸如品牌、专利也被认为是无形库存的一种。这些以数字化形式、概念形式存在的库存，其库存价值的衡量甚为复杂。会计会把其中一些归为无形资产，不过对于品牌等，有时则以商誉来衡量。

软件类型这些无形库存的库存价值，通常以开发研究的费用来衡量，到软件完成后，再把所产生的料工费平摊到每个软件上。

正是由于库存处于不同的位置，具备多样性的特点，因此在管理的时候，并不能简单地依靠一种方法，而是要结合环境特征、供应链运作的情况，识别库存，从而采取匹配的方法。

现今市场的竞争，并不是单纯的企业与企业之间的竞争，而是企业的供应链与对手的供应链之间的竞争，甚至是供应链和关联供应链构筑的供应链网之间的竞争。从这一点来看，割裂开而单独地看待某个点或者某个阶段的库存，已经不再适合。库存已经深深依附在整条供应链之中，从前到后，无处不在。

有些企业倡导的零库存，的确能够做到某个阶段企业自身不持有任何库存，不过并不代表它的供应链是零库存，这个企业只不过把自身的库存转移到了不同的地方，比如供应商或者客户那里。尽管企业自身并不持有库存，似乎对自身运营相当有利，不过市场的竞争早已演化成供应链之间的竞争。自身不持有库存而转嫁到他人身上，并不一定能够让供应链获得更多的优势，一旦其供应商为了确保供应充足，避免断货缺货的风险，过度加大库存，无形中会削弱企业供应链的竞争力。

光是着眼于自身的库存并不足够，因为在整条供应链之中，从前到后都有库存。不管是物料、在制品还是成品，不管是存在工厂仓库、运输中的集装箱还是店铺中，都是库存。

越能了解清楚供应链中不同位置的库存，就越能够把握供应链的状况，有助于企业获得更多的竞争力，在市场中得到更大的优势。

第四节　对库存的表述关系着可控与不可控

大部分库存都是以实物形式存在的，其数量最容易引人注目。数量的增减往往能够带来观感上的冲击，如 100 件货物和 10 000 件货物的观感差异巨大，所以数量也很容易成为改善的目标。

对于数量上的计量，一般以最小存货单位（Stock Keeping Unit，SKU）来指代。1 个 SKU 可以指代 1 件、1 箱、1 包、1 盒甚至 1 种口味。SKU 是物理上不可分割的最小存货单元。

此外，库存还以金额的形式表达其作为资产的特性。它作为资金的一种形态，也应该成为被关注的目标。这种金额形式是直观的、可量化的库存成本。通过金额进行库存管理，有助于企业快捷地改善资金周转，提升企业利润，也就是要减少库存金额。对于占据较大金额比例的库存，即使改善很小，也可以达到很好的效果；相反，金额不大的库存即使大为改善，效果也未必很好。

不过库存的计量往往是与数量和价格挂钩的。假如存有100件衣服，而单价是20元，那么它的库存金额就是100×20 = 2000（元），即存有2000元价值的库存。不过，更准确的表述应该是：存有100件单价为20元的衣服库存，库存金额是2000元。

把数量和价格挂钩，是因为两个计量因素的变化都会对库存金额产生影响。价格和数量变化产生的四种组合，会对库存金额产生不同的影响，如表1-5所示。

表1-5

组合	数量	价格	库存金额
A	增加	增加	增加
B	增加	减少	增加或减少
C	减少	减少	减少
D	减少	增加	增加或减少

由表1-5可知，数量和价格同时增加时，会导致库存金额随之增加；反之，两者同时减少时，库存金额则会减少。不过当其中一方增加，而另一方减少的时候，库存金额可能增加或减少，这就取决于两个因素中，哪一方的影响力更大了。

数量的增加可以视为企业供应链运作的失效，意味着不得不备更多的库存去应对更多的不确定因素，这是可控的因素。而价格的增加可能是采购价格的上涨，这受制于材料价格波动的因素，从某种意义上来说，这是不可控的因素。

第五节　库存管理，从掌握计价开始

库存评估是衡量企业运营的一个重要指标，但是在不同的评估方法下，同一条件下的库存价值却不尽相同，得出的库存周转率也会有所不同。

库存一般指产品的三个阶段：原材料、生产中的商品和完成并准备出售的商品。库存价值常用的算法为FIFO（First In, First Out，先进先出法）、LIFO（Last In, First Out，后进先出法）和AC（Average Cost，平均成本法）。但是由于通货膨胀的关系,采用不同的方式,不管是 FIFO 还是 LIFO,都会对期末库存产生不同的影响,进而导致计算出来的库存周转期有所不同。

FIFO:最早进入的库存会被最先使用,这是最常被使用的方式。在价格上涨的情况下,更昂贵的库存会留在资产负债表上。FIFO 可以增加纯收入,这是因为使用了比较旧的库存(比较低的采购成本)作为 COGS(Cost Of Goods Sold,销货成本)估值。不过这样也意味着,较高的净收入会带来更高的税费付出。

LIFO:最新的库存被用作销货成本的估值。较便宜的旧库存将会在以后出售。但是在通货膨胀的环境下,由于新库存的成本更高,因此 LIFO 销货成本更高,导致的结果就是净收入或利润降低,不过这也因此使得税费变低,从而受益。

AC:采用这种算法的时候,就是将不同采购的单价按照数量平均分摊到每个单位上,产生的结果会介于 FIFO 和 LIFO 之间。

下面的例子反映出不同方法下带来的差异。

某公司原有在库库存 1000 件,其采购单价是 8 美元,之后又陆续购入了三批,而三批的采购单价分别是 10 美元、12 美元、15 美元,如表 1-6 所示。

表 1-6

分 类	数量(件)	采购单价(美元)	总价(美元)
在库库存	1000	8	8000
第一批采购	1000	10	10 000
第二批采购	1000	12	12 000
第三批采购	1000	15	15 000

在进行销售之后,共售卖出 3000 件,每件售价是 20 美元,如果分别采用 FIFO、LIFO 和 AC,则会得出不同的结果,如表 1-7 所示。

表 1-7

项 目	FIFO(美元)	LIFO(美元)	AC(美元)
销售	60 000	60 000	60 000
期初库存	8000	8000	8000
采购	37 000	37 000	37 000

续表

项　　目	FIFO（美元）	LIFO（美元）	AC（美元）
期末库存	15 000	8000	11 250
销货成本	30 000	37 000	33 750
管理费用	10 000	10 000	10 000
净收入	20 000	13 000	16 250

这是怎么回事呢？我们逐一分析，对比来看。

销货成本：在 LIFO 的情况下，最先出售的是最后进来的库存，也就是单价为 15 美元的第三批采购，因此卖出了 3000 件的情况下，销货成本就是 15 000+12 000+10 000=37 000（美元）。而在 FIFO 的情况下，则相反，即先把最早的库存出售了，也就是初始的 8000 美元的库存先销售，所以销货成本是 8000+10 000+12 000=30 000（美元）。至于在 AC 的情况下，就根据所有库存的平均单价来计算售货价值，也就是 (8000+10 000+12 000+15 000)/ 4000 × 3000=33 750（美元）。

期末库存：不同批次的 3000 件销售了，剩下的期末库存价值自然就不同了。在 LIFO 的情况下剩下的就是最陈旧的 1000 件库存，因此价值是 8000 美元；在 FIFO 的情况下，剩下的就是最后一批的采购品，所以价值是 15 000 美元；至于在 AC 的情况下，也就是平均单价下的 1000 件库存的价值，就是 11 250 美元。

在不同的计算结果下，出现的库存周转率也有所不同，如表 1-8 所示。库存周转率按照销货成本除以平均库存（期初库存与期末库存的平均数）来计算（均以金额作为计算单位）。

表 1-8

项　　目	FIFO	LIFO	AC
周转率（次）	2.61	4.63	3.51

不同的算法会导致成本差异较大，因此在评估库存的时候，又或者进行周转率比较的时候，应该注意使用了哪一种算法。

第六节　常被忽视，却关系成败的库存持有成本

库存持有成本（Inventory Carrying Cost，ICC）是持有一定库存的相关成本。它是以采购价格或者生产成本来计算的，而不是用销售价格来计算的。库存持有成本的计算比较简单，它是由年库存持有成本的百分比乘以平均库存的价值而得出的。

假如一个企业的年库存持有成本百分比是20%，该企业年度平均库存价值是100万元，那么它的年库存持有成本就是 $100 \times 20\% = 20$（万元）。

不同行业的年库存持有成本百分比有所不同，并不能一概而论。一般年库存持有成本百分比为20%～25%。

库存持有成本主要由以下这些费用组成。

一、资金成本

这是库存持有成本的重要组成部分，也就是说这部分可以投资在其他渠道的资金，现在投资在库存上并被库存占用了。如果这部分资金是来源于贷款的话，则还要考虑利息的支付，这意味着企业可以使用基本贷款利率来确立这部分成本，因为它能够以基本利率在资本市场上获得投资在库存上的资金。

不过更多的时候会引入机会成本来考虑这部分成本。企业通过对这部分资金的投资，以期望获得的收益来制定一个高于基本贷款利率的成本率。比如企业估算投资在某个其他地方时，年投资回报率能够达到10%，那么如果库存价值是100万元的话，把这笔资金投资在其他地方时，它的获利就是100万元乘以10%，即10万元了。这个就是它的资金成本。

不同行业、不同企业所需的资金成本差异很大。企业管理层应该明确并制定资金成本政策。

二、贬值成本

当产品超过了预期的销售时段时，会导致其出现贬值的情况，这在时尚行业中特别常见。由于流行元素的褪去、款式过时等，产品的价值会迅速降低。另外，在产品的存储过程中出现的老化、损坏、变质等情况，也会让产品贬值。

贬值成本的高低，和产品的生命周期有很大的关联。产品生命周期越短，贬值的速度就越快。一个生命周期只有六个月的产品，即使期初库存价值是100万元，六个月后，这个产品的库存价值就不会是100万元了，甚至可能因为要报废，价值变为零。

三、仓储成本

有时容易混淆，把仓储成本视为库存持有成本，实际上它只是库存持有成本的一部分，即存储这部分库存所需要的空间成本。仓储成本和库存的价值并没有直接的关联，仅仅根据货物的实际数量和体积所占用的物理空间来计算，当数量和体积占用更多空间的时候，仓储成本就会上升。

四、管理成本

这是库存管理的相关处理成本，包括搬运、收货、点验、存储成本。同时一些与其有着莫大关联的，诸如仓库人员的工资，设备的投入和折旧等，都属于这部分成本。当库存增加的时候，对应管理需要的人手、作业时间都要增加，管理成本也必然上涨。

五、税费与保险

税费是根据库存价值计算的，库存还会产生防火防盗等保险费用。一般来说，税费都是随着库存水平的不同而不同的。

库存持有成本往往容易被忽略，或者只被注意到其中的一部分。比如因为库存的增加，需要增加使用的仓库数目，那么目光就往往只聚焦在新增仓库的费用上。同时，在库存持有成本中，确定合适的库存持有成本百分比并不容易,需要对与库存相关的成本进行分摊,而有些分摊诸如税费、贬值成本、保险等因产品特性不同而有所不同,因此增加了计算难度,这也是一个容易被忽略的原因。

【小插曲】库存怎样算高

当这个月的库存金额比上个月高出0.1亿元的时候,库存管理负责人就会高声宣扬:"库存维持较高水平,请各位注意!"

虽说库存要控制在合理范围内,但如何算是合理呢?比如"库存维持较高水平",怎么个高法呢?多少是较高?多少是较低呢?用数字比较的话,当然是100高于99,但是综合来说呢?

库存水平的一个很重要的参考因素是库存持有成本。

库存持有成本包括库存成本的银行利息、仓储租金、管理费用、贬值成本、报废成本、保险及相关的成本,还有一般人很容易忽略的机会成本。这个机会成本可以用企业的平均资产投资回报率来计算,比如说100元的库存,投资的话会有10%的投资回报率,那么这个机会成本就是10元,但是用于库存时,相当于库存持有成本增加了10%。

下面对某企业的数据进行分析。

该企业这个月的库存平均成本是1.4亿元,比上月高出了0.1亿元,而该企业年度平均库存成本为1.3亿元,销货成本为13.5亿元,同时库存持有成本百分比为27%。

那么其年库存周转率为13.5/1.3=10.3(次)(保留一位小数)。

而每单位的年库存持有成本百分比就是27%/10.3=2.6%(保留一位小数)。

该企业产品的毛利润率为7%,那么在扣除年库存持有成本百分比后,单位的盈利率为7%-2.6%=4.4%。

但是该企业在年度预算上把盈利率目标定为5%。那么现在就有5%-4.4%=0.6%的差异。

在不考虑其他诸如管理成本等的情况下,要弥补这个差异,年库存持有成本百分比就要控制在2%(7%-5%),以此反推的话,周转次数就要达到13.5

次，所以库存金额要维持在 1 亿元及以下的水平。如此一来，作为库存管理人员就不用说出这么毫无技术含量的话了，而是该说："本月库存金额达 1.4 亿元，按照年度盈利率预算目标，其应该在 1 亿元及以下的水平，因此库存金额高出 0.4 亿元，请各位注意！"

这才是一个懂供应链物流、负责库存管理的人说出的话。

第七节　供应链指标与库存指标的关系

库存周转率（Stock Turnover Rate，STR）是一定时期内库存周转的频率，用以反映库存周转的速度。周转频率越高，意味着产品卖得越快，企业的变现能力越强。

库存周转率的公式为：

$$库存周转率 = 销货成本 / 平均库存$$

而平均库存为期初库存和期末库存之和的算术平均数，因此库存周转率公式可以演化为：

$$库存周转率 = 销货成本 /[(期初库存 + 期末库存)/2]$$

例如，某公司年度销货成本是 500 万元，期初库存是 50 万元，期末库存是 150 万元，那么该公司的年库存周转率为：

$$库存周转率 =500/[(50+150)/2]=5（次）$$

通过库存周转率可以计算出库存周转天数。库存周转天数（Inventory Turnover Day，ITD）是指企业从取得货物开始，至货物消耗、销售完毕所经历的天数。这个时间越短，说明企业库存持有的时间越短，企业的流动资金使用的效率就越高。

库存周转率是衡量库存水平的一个重要指标。同时，库存也是现金的另一种表现形式，更是衡量现金流的重要构成。

供应链表现卓越的指标有不少，比如无延迟的交付率、响应速度。我们应该知道，企业存在的目的主要就是逐利，那么把反映企业表现的关键财务指标和供应链绩效联系起来，就是我们衡量供应链水平的重要指标——现金周转期（Cash

Conversion Cycle，CCC）。

现金周转期指的是将原材料或者采购的物品转为销售收入所需的时间，而这个指标又与库存周转率密切相关。库存周转率越高，现金转化的速度就越快，这同时也是供应链的目标，即控制并降低从订货到交货所需的时间。

这个指标表示了每个净输入货币（如美元）在生产和销售中被占用多长时间才转换为收到的现金。该指标反映了企业需要多少时间出售库存，需要多长时间来收取应收账款，以及需要多长时间来支付账单而不产生罚款。

该指标的公式为：

现金周转期 = 应收账款周转天数 + 库存周转天数 − 应付账款周转天数

应收账款（Accounts Receivable，AR）指企业在正常的经营过程中因销售商品、产品，提供劳务等业务，应向购买方收取的款项，包括应由购买方或接受劳务方负担的税金、代购买方垫付的各种运杂费等。此外，在有销售折扣的情况下，还应考虑商业折扣和现金折扣等因素。应收账款是伴随企业的销售行为发生而形成的一项债权。

应付账款（Accounts Payable，AP）指企业因购买材料、商品和接受劳务供应等经营活动应支付的款项，通常是指因购买材料、商品或接受劳务供应等而发生的债务，这是买卖双方在购销活动中由于取得物资与支付货款在时间上不一致而产生的负债。

其中库存周转天数和应收账款周转天数（Days Sales Outstanding，DSO）都和企业的现金流入有关，而应付账款周转天数（Days Payables Outstanding，DPO）则与企业的现金流出有关，因此，企业的应付账款周转天数是计算公式中唯一要减去的值。

CCC 展示了用于业务活动的现金的生命周期。这些现金首先转换为库存和应付账款，然后转换为产品或服务开发的支出，再转换为销售和应收账款，最后又转换为现金。从本质上来说，这个数值自然是越低越好。

在供应链管理中，我们可使用 CCC 来跟踪多个时间段内的业务，并将企业与竞争对手进行比较。通过跟踪企业多个季度的 CCC，我们可以判断企业运营效率是在改善、维持还是在恶化。现金周转期长，说明企业的资金周转严峻；现金周转期短，说明企业资金周转迅速，操作方便。

【小插曲1】海澜之家供应链水平的指标

音乐天王周杰伦成为海澜之家的代言人一度引发舆论热潮，登上各大网站热搜。我们可以从供应链一个重要的指标——现金周转期指标来看看这家让周杰伦作为代言人的企业的表现。

该企业的财务数据如图 1-1 所示（这些财务数据均来自同花顺财经）。

单位（元）

年度	2011	2012	2013	2014	2015	2016	2017	2018	2019	2020	2021	2022
应收账款金额	184 889 000	116 457 600	134 855 700	504 532 100	633 266 200	660 668 500	511 459 400	687 901 300	773 366 700	972 434 200	1 022 677 300	1 130 734 100
库存金额	332 211 200	450 423 100	4 516 012 700	6 086 277 000	9 579 731 400	8 632 129 100	8 492 687 300	9 473 636 700	9 044 042 600	7 416 375 200	8 120 319 500	9 455 106 300
应付账款金额	117 334 900	135 474 000	4 356 765 500	6 421 062 800	9 673 358 900	9 375 287 000	8 470 025 000	7 719 605 600	7 032 395 600	4 245 061 700	9 536 404 800	
营业收入	1 394 951 936	1 368 045 062	7 150 241 927	12 338 441 101	15 830 109 606	16 999 591 676	18 200 091 432	19 089 728 384	21 969 688 665	17 958 535 867	20 188 035 567	18 561 742 244
营业成本	975 312 900	866 883 500	4 517 674 600	7 417 111 100	9 455 071 100	10 371 371 400	11 110 419 200	11 293 474 200	13 299 871 800	11 238 416 700	11 983 197 300	10 500 314 900

图 1-1

按照相应的计算公式，应收账款周转天数 = 平均应收账款 × 360 天 / 营业总收入。

例如，2012 年度海澜之家的应收账款周转天数为 2011 年度应收账款和 2012 年度应收账款的平均数，乘以 360 天再除以 2012 年度的营业总收入，其计算为 [(1.85+1.16)/2 × 360]/ 13.68=39.64（天）。[①]

海澜之家各年度的应收账款周转天数如图 1-2 所示。

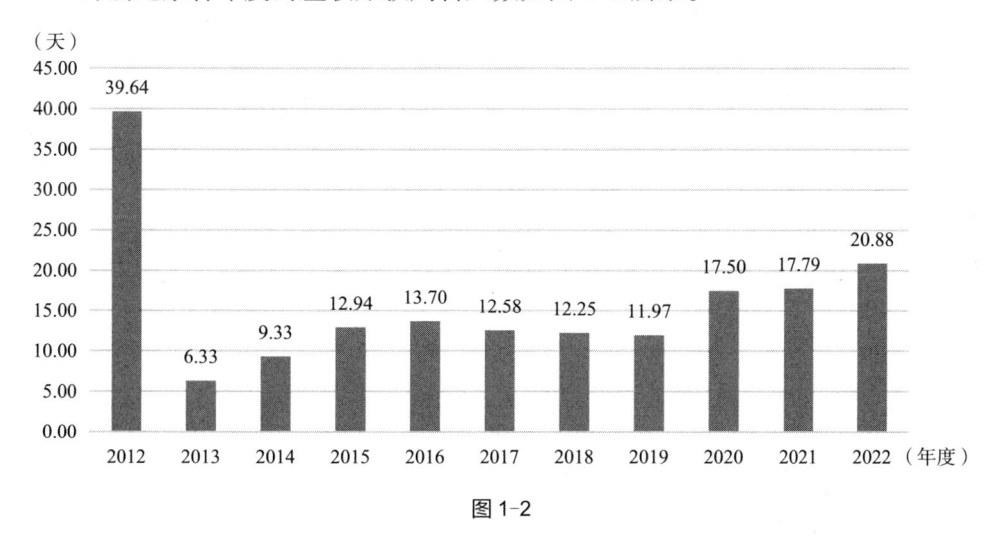

（天）

年度	天数
2012	39.64
2013	6.33
2014	9.33
2015	12.94
2016	13.70
2017	12.58
2018	12.25
2019	11.97
2020	17.50
2021	17.79
2022	20.88

图 1-2

---

① 为了版面整洁、提高可读性，该公式中的数据只保留了两位小数（四舍五入），按这些数据计算所得的结果并非 39.64（天），这里只是根据 Excel 计算结果而填的值。两个结果不同是因为 Excel 计算使用的是完整的数据而不是只保留了两位小数的数据。本书其他地方如有相似的情况，均是同样的原因。

应收账款周转天数是企业具备应收账款的权利到收到款项并转为现金需要的时间，该指标反映了企业使用和管理向客户提供的信贷的能力及短期债务的收取或偿还速度。其数值越小，表示企业越能够在短时间内收到资金，从而增强现金流。

从 2012 年度开始，海澜之家应收账款周转天数大幅度减少，具体发生了什么事呢？

库存周转天数是测量企业库存水平的指标，它表示该企业销售其库存所需要的时间。该数值越小，表示企业货物越能够被迅速销售处理。相应的计算公式为：库存周转天数 = 平均库存 / 营业成本 ×360 天。

海澜之家各年度的库存周转天数如图 1-3 所示。

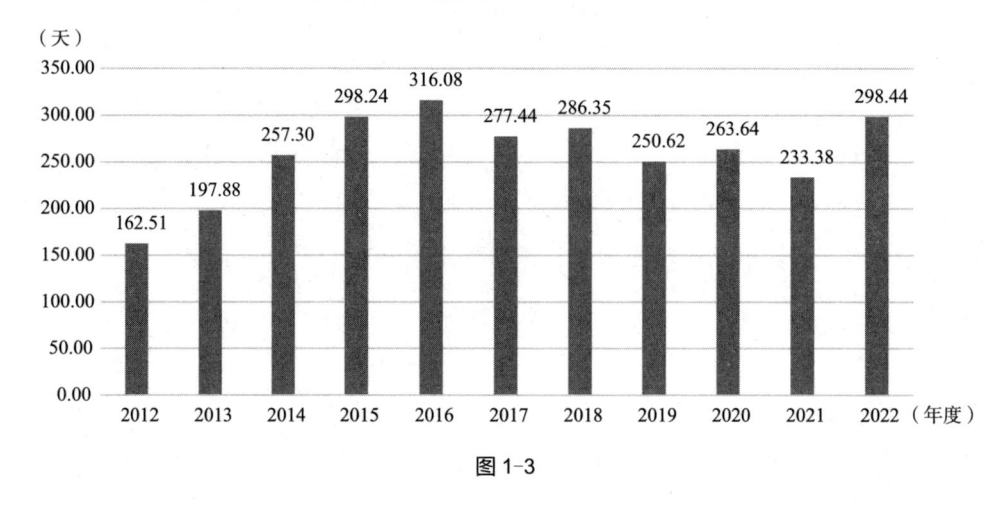

图 1-3

通过图 1-3 会发现另一个有趣的历史数据：从 2012 年度开始，海澜之家的库存周转天数也大幅度上升，从 2012 年度的 162.51 天一直攀升到 2016 年度的最高峰值 316.08 天，此后则一直维持 200 天以上的库存周转天数。

最后，让我们看看海澜之家的应付账款周转天数，该指标表示企业欠其供应商的库存和采购货物的金额，以及偿还这些款项所需的时间。其数值越大，表明企业持有现金的时间越长，从而可以将其用于各种领域的投资。相应的计算公式为：应付账款周转天数 = 平均应付账款 ×360 天 / 营业成本。

海澜之家各年度的应付账款周转天数如图 1-4 所示。

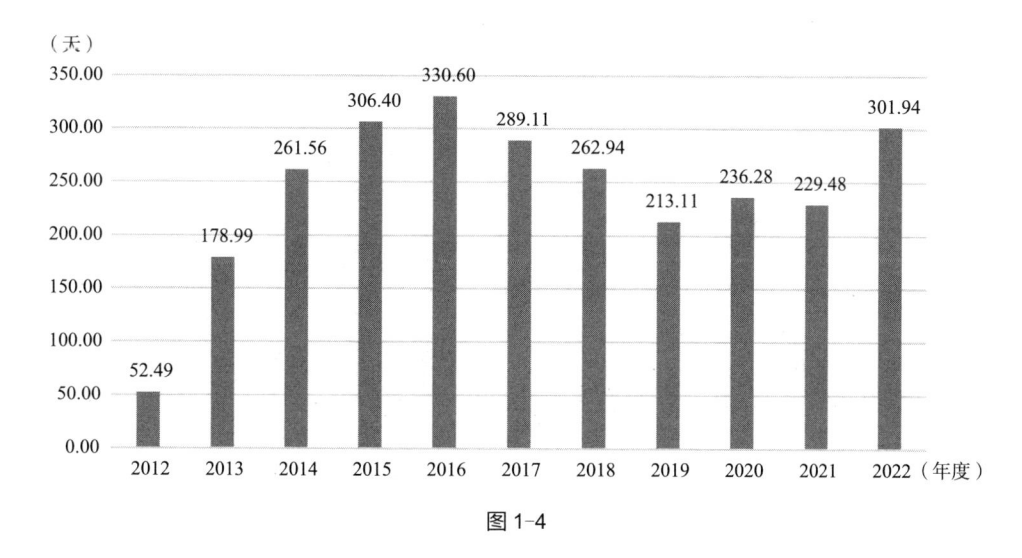

（天）
350.00
300.00　　　　　　　　　　330.60
　　　　　　　　306.40　　　　　　　　　　　　　　　　　　　　　301.94
250.00　　　　　261.56　　　　　289.11
　　　　　　　　　　　　　　　　　262.94
200.00　　178.99　　　　　　　　　　　　213.11　236.28　229.48
150.00
100.00
 50.00　52.49
  0.00
       2012 2013 2014 2015 2016 2017 2018 2019 2020 2021 2022（年度）

图 1-4

应付账款周转天数是一种对短期流动性的度量，用于量化企业偿还其供应商欠款的能力。应付账款周转天数表明企业需要多长时间付清供应商的欠款。当然，对于企业来说，这个时间越长越有利，但是相应的压力就会转向供应商，对于供应链整体来说，并非一件好事。

整合以上数据后，我们可以得到海澜之家的 CCC，如图 1-5 所示。CCC，即现金周转期，其计算公式为：现金周转期 = 应收账款周转天数 + 库存周转天数 - 应付账款周转天数，是三个阶段的时间整合，体现出库存管理、销售实现和应付账款这三个关键点的重要性，其中任何一点处理不善，都会使企业的现金流受到影响。CCC 是反映企业运营效率的指标，同时也是供应链管理中一个非常值得留意的指标，它追踪了企业在供应链中用于业务活动的现金的情况。在供应链中，这些现金首先转换为库存和应付账款，然后转换为产品或服务开发费用，再通过销售和应收账款，最后又转换为现金。从本质上讲，CCC 代表了公司将用于业务活动的现金从投资转换为回报的速度。自然，CCC 数值越低越好。

年度	2012	2013	2014	2015	2016	2017	2018	2019	2020	2021	2022
应收账款周转天数（天）	39.64	6.33	9.33	12.94	13.70	12.59	12.26	11.07	17.50	17.70	20.00
库存周转天数（天）	162.51	197.88	257.30	298.24	316.08	277.44	286.35	250.62	263.64	233.38	298.44
应付账款周转天数（天）	52.49	178.99	261.56	306.40	330.60	289.11	262.94	213.11	236.28	229.48	301.94
现金周转周期（天）	149.66	25.22	5.07	4.78	-0.82	0.91	35.67	49.48	44.86	21.68	17.38

图 1-5

海澜之家各年度的 CCC 如图 1-6 所示。

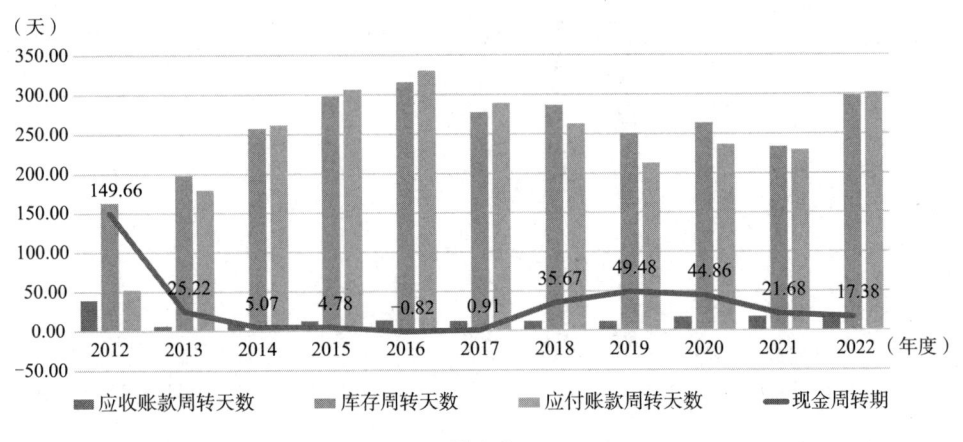

图 1-6

可以看出，从 2012 年度开始，海澜之家的供应链指标有了明显的改善，CCC 从 2012 年度的 149.66 天大幅度改善为 2013 年度的 25.22 天，2016 年度的 CCC 甚至为 -0.82 天，也就意味着海澜之家在准备向供应商支付款项的 1 天前，就从产品销售中收集了资金，即它在无须承担债务的情形下获得可观的财务杠杆。

海澜之家的运营模式，其成功之处就是把库存的压力乃至销售的压力转移到供应商身上，同时让加盟商保持轻装，避免受到库存压力。它一般以每年两次的采购计划从供应商那里赊账获得产品，从而安排销售。产品由供应商负责设计，海澜之家负责卖。海澜之家同时凭借强大的开店能力，不断吸收加盟商。加盟商要支付 100 万元的加盟保证金，5 年的合同期满后，在无违约的情况下，海澜之家无息退还保证金。而加盟商不需要做什么，海澜之家会负责门店的日常经营，比如店铺开设、信息系统维护、员工培训、物流运输等，当然也包括库存管理。每天的利润按照 65∶35 的比例分成，海澜之家占大头。一旦库存销售不出去，则按照之前供应商给出的 100% 退货承诺，将库存等相关风险转移到了供应链上游。

根据海澜之家的 2022 年报，其加盟店超过了 6500 家。参考表 1-9 所示的海澜之家店铺数据，以平均每家加盟店 100 万元的加盟保证金计算，这里的现金流入量可不少。

表 1-9

品　牌	门店类型	2021年年末数量（家）	2022年年末数量（家）	2022年新开（家）	2022年关闭（家）	2022年门店净增数（家）
海澜之家系列	直营店	727	1054	375	48	327
	加盟店及联营店	4945	4888	125	182	-57
其他	直营店	388	524	212	76	136
	加盟店及联营店	1592	1753	575	414	161
合计	—	7652	8219	1287	720	567

如此看来，海澜之家的供应链模式说是利用供应链集资也不为过，以赊账形式拿货，再从加盟商那里拿资金（加盟保证金）盘活，估计这个模式是在2013年开始使用的，因此供应链的CCC指标也是从2013年起开始变得耀眼。

但是到了后期，市场中开始有了质疑之声，海澜之家的CCC指标数值也开始回升，重回两位数字，考验其现金流的时候到了。伴随着消费市场的萎缩，以及庞大的门店数量，这个品牌的供应链模式也开始遇到困境了。

库存周转天数虽然由2016年的316.08天的高位开始有所下降，不过始终没法回到2013年及以前的200天以内的水平，而应付账款周转天数方面也由330.60天下降到2021年的229.48天。这是由于疫情的问题，导致一部分以外销为主的供应商资金出现压力，因此对海澜之家的赊账和账期必然有所要求，这是造成它供应链CCC指标开始上升的主因之一。不过在2022年，应付账款周转天数的增加又帮助提升了CCC指标。

表1-10所示的是海澜之家2022年报中的账期超过1年的重要应付账款。该指标反映了海澜之家存在的供应链问题，也就是通过拉长对供应商的支付周期，从而提升自身的现金流表现，但时间过长的话，则会对供应商自身运营造成影响。

表 1-10

单位：元

项　目	与本公司关系	期末余额	未偿还或结转的原因
第一名	非关联供应商	113 424 448.46	
第二名	非关联供应商	85 559 889.78	
第三名	非关联供应商	46 369 552.46	
第四名	非关联供应商	29 540 789.24	

续表

项　目	与本公司关系	期末余额	未偿还或结转的原因
第五名	非关联供应商	28 758 876.61	
合计		303 653 556.55	

此外，海澜之家的应收账款出现下滑，加盟保证金开始减少了。这就是这个供应链模式的一个潜在问题：一旦服装消费整体疲软，店铺销售额停滞乃至下降，新的加盟商就不愿意进入了，旧的加盟商又会要求返还保证金，这样一来现金流就比较吃紧了。

通过观察供应链的各项指标，我们可以看到企业的运营情况。其中，CCC指标是一个非常具有导向价值的指标。

【小插曲2】如何判断库存是否合理

为了判断库存是否处于合理水平，有些企业的做法就是和历史数据比，比如去年企业销售了8亿元，库存3亿元，如果今年企业销售了16亿元，那么库存6亿元以内就合理，超过6亿元就不合理。又有些企业则和行业内其他企业对比，比如规模相似的A企业的库存周转天数是60天，那么本企业的80天就不合理。这种做法或许有一定道理，不过仔细想想，销售和库存并非绝对有固定的比例，不能说销售额扩大一倍，库存也要随之扩大一倍，如果超出范围就判断为不合理。再者，如果过往历史数据实际上是不合理的，那么往后推算也自然是不合理的了。至于相似规模的企业，如果供应链模式不一样，比较起来也会有不足之处，比如不能因为飒拉（ZARA）库存周转天数是60天，就说优衣库（UNIQLO）100天的库存周转天数不合理。飒拉走流行时尚的路线，必须在流行期内完成库存销售，以避免出现滞留库存；而优衣库走的是日常服的路线，卖点是物美价廉，因此即使库存周转天数多一点，也会销售完毕，不用过于担心其成为滞留库存。

某日，某企业年终报告出来了。小王看着报表里自己项下的120万元年均库存，不由得叹了口气。他刚达到600万元的销售额，因此被高层质疑库存是否过高，然后某个管理部门就要搞降库存活动，要求小王今年库存不能超过120万元。当然，库存降归降，销售任务不可能落下，小王明年的销售计划被定为750万元。

小王一脸为难，本来去年的库存计划就有点问题，虽然有120万元，但有好几次差点出现缺货现象，有一次还甚至不得不安排紧急空运，大幅提高了物流成本才渡过了难关。现在不但销售任务加大，居然还要搞降低库存活动。但是这120万元的库存怎么判断是否合理？是否真如被质疑的那样过高，要降低呢？

要知道库存是供需的一个结果产物，可以说是需求前的一个供应缓冲。库存的最终目的当然就是卖出去并得到收入，那么要评估库存是否合理，和财务挂钩是理所当然的。

接下来就要用这些概念组成的公式来试算库存的合理性了。

CCC = DSO+ITD-DPO，即现金周转期等于应收账款周转天数加上库存周转天数再减去应付账款周转天数。这个很容易理解，就是支付款项购买某产品，存储了一段时间后再卖出并收到款项的时间了。

AI = (BI+EI)/2，即平均库存（Average Inventory，AI）为期初库存（Beginning Inventory，BI）和期末库存（Ending Inventory，EI）的和再除以2，一年都是以年平均库存来计算，因此很多企业都先算月平均库存，再按月计算一年的平均库存。

STR = COGS/AI，即库存周转率等于销货成本除以平均库存。

ITD = 360 / STR，即库存周转天数为自然年的360天除以库存周转率。

有了以上"武器"后，我们就可以运用它们来判断库存的合理性了。

小王去年的销售实绩是600万元，因为其COGS占比80%，则可以计算为600×80%=480（万元）。而通过120万元的平均库存，可以计算出STR=480/120=4（次）。这样看来库存周转天数则为360/4=90（天）。

小王翻查记录，发现自己的所有产品库存周转天数一个都没有超过90天，甚至最长的一个也只有83天。

由此可见，这120万元的库存完全合理！

通过交涉和沟通，高层最终认同了小王的说法。可是由于业界竞争激烈，高层对于库存金额挤占现金流不是很满意，尤其是90天的库存周转天数，考虑到其相应的DSO是30天，DPO是45天，因此CCC是30+90-45=75（天），要两个多月才能收回款项。粗略地估算，每天的COGS达到了480/360=1.33

（万元）（保留两位小数），要 75 天才能收回款项，这意味着有近 100 万元的资金流转压力。而管理部门喊出的降库存的活动，自然是势在必行的。

小王又头疼起来，如果库存不能上升，也就意味着库存的最大限度还是维持在去年的 120 万元，搞不好还要发生空运等增加成本的物流作业，如果处置不好，甚至会出现缺货，令客户不满，进而可能丧失订单并完成不了销售任务。再就是成本上升后，COGS 占比估计将由 80% 涨到 82%，小王越想越惆怅。

750 万元的销售目标，加上 COGS 占比是 82%，再加上平均库存规定在 120 万元之下，那么 STR 就要做到 750×0.82/120 =5.125（次）了，也就是说 ITD 最长不能超过 70 天。由于应收账款周转天数和应付账款周转天数都是相对稳定的账期，因此 CCC 就是 55 天了。虽然 COGS 增加了，不过 CCC 压缩了，因此企业实际需要的资金只有 94 万元左右，资金流转压力有所下降。

看到自己今年大部分（估算为 85%）产品的 ITD 在 60 天左右，除了增加新的销售产品，小王明白另一个重要任务就是和客户交涉，把库存周转天数超过 70 天的产品尽快销售出去，并且适当减少订购量，增加订购频率，从而减少产品的库存周转天数。本来就有信心并很大可能做到 800 万元销售额的小王，现在没有担忧了，因为前进的方向和目标更加清晰和明确了。

第二章
供应链库存管理

　　库存在很多场合中都是被批判的对象,但凡进行相关的改善活动,对待库存的方法多是削减、消除等,甚至提出零库存的人也不是少数,因此容易把库存定性为负面的存在。正如在第一章中提到的,库存持有过多时,的确会对企业的运营造成负面的影响。不过库存本身并非负面的存在,而是在于怎么持有。如果合理持有的话,对企业运营、供应链的顺畅运作是起着极大的推进作用的。

　　界定库存是否合理,不是一件容易的事情。

第一节　源于供需不平衡的库存

库存其实是供需不平衡的结果。

仅仅着眼于结果的话，是难以客观地判断库存是否合理的。同时，即使要对库存进行改善，如果单从结果着手，是难以彻底改善的。

供需情况不是供大于求就是供小于求。当供给大于需求的时候，需求得到满足之余，剩下的部分无法完全消耗，因而成了库存；而供给小于需求的时候，需求不能被满足，从而导致缺货。对于企业来说，比起库存问题，供给不足造成的缺货问题更让人担忧，除了丧失了盈利的机会，还会引发流失客户、丧失市场份额等一连串的后果。为了避免这样的情况发生，企业又会加大供给，最后导致供给大于需求了。这一切就是由供需不平衡造成的。

除此之外，还有一个很重要的原因，就是客户需求的提前期和供应的提前期之间存在时间上的差异。也就是说，假设客户的需求是三瓶牛奶，并且需要在想要的时候去购买的瞬间就能够得到。但是如果在客户有需求的想法产生后，才去从母牛身上挤奶，再安排加工、包装、运输等，会花费很长时间，客户是难以忍受和等待的。为了在客户想要的瞬间能够满足他的需求，就需要建立库存来解决客户需求和供应之间的提前期差异。

不过，假如在客户想要的需求产生之前，已经安排了牛奶的生产，而且当客户想要的那一瞬间，牛奶恰好送到店铺以供购买，这就是很多企业希望做到的 JIT 模式。这个模式似乎并没有产生库存，但这仅仅是需求现场没有成品库存。牛奶库存在客户需求产生前并没有在店铺中，不过却在其他地方，如运输途中、调拨仓库中。这瓶牛奶的瓶身、瓶盖乃至母牛身上挤出来的奶，都是库存。极端地说，为了让客户购买瓶装牛奶，当奶从牛身上挤出来时，库存就产生了。

为了使库存更加合理化，就要尽量使得供需平衡。不仅要追求需求和供给的数量的平衡，也要追求供需提前期之间的平衡。

不过，供应链运作的本身始终存在方方面面的影响因素，比如需求无法准确把握，又比如提前期无法稳定，这些都会导致库存出现差别。

为此，就要了解库存的特征，从而发现影响供需平衡的因素，并对此进行改善。

第二节 给库存上个"车牌"

处理库存问题，首要的就是认识库存，并对库存特征进行区分，这有助于理解库存特性并按照特性寻找合适的方法来应对。

给库存提供一个身份标识，是一种有效的方法。正如在马路上，只要见到车的车牌，就可以得知该车来自什么地方，比如"粤"代表这是一辆来自广东省的汽车，而"沪"则代表这是一辆来自上海的汽车。

同样地，为库存加上一个"车牌"，就能从中读取所含的信息，有助于更加迅速和准确地制定库存策略。

一、ABC 分类：VIP 优先，区别对待

ABC 分类，又称为帕累托分类法、二八法则，是普遍认同的主流库存分类控制法。

ABC 分类最主要的意义是分清楚重点和主次，把主要精力投放在需要重点管理的库存上，抓住主要对象，从而达到事半功倍的效果。很多时候，库存存货的种类非常多，甚至能够高达上万个 SKU，如果不分主次一把抓，不仅收效不大，还容易出现混乱。

ABC 分类的本质，是源于经济学家帕累托的观察：80% 的人只掌握了 20% 的财富，而剩下 20% 的人却掌握了 80% 的财富。后来，这个发现被管理学家戴克应用于库存管理，也就是 20% 的库存材料往往占据了 80% 的库存价值，而剩下的 80% 的库存，其价值只有库存价值的 20%。

一般来说，库存价值占据累计百分比前 80% 的 SKU 被视为 A 类，随后的 15% 被视为 B 类，剩下的则被视为 C 类，如图 2-1 所示。这个累计百分比并非

固定，可以根据实际情况进行相应的调整，例如将前 70% 视为 A 类等。

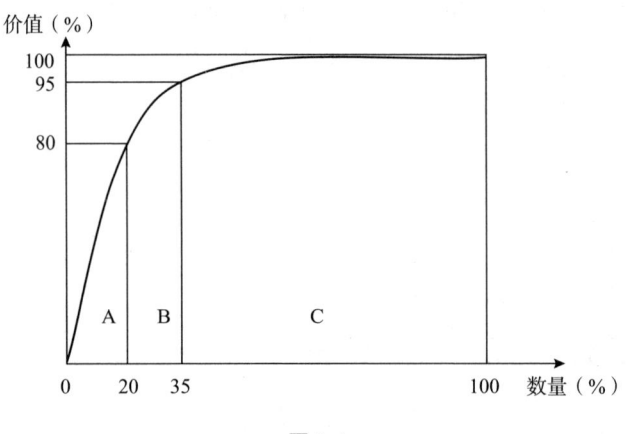

图 2-1

分类方法步骤如下：

（1）计算每个库存 SKU 的金额。

（2）按照金额从大到小排序。

（3）计算每一个 SKU 金额所占库存总金额的百分比。

（4）计算累计百分比。

（5）根据累计百分比，划分 ABC 区间，进行分类。

例如，某企业有 20 个 SKU，库存金额各有不同，如表 2-1 所示。

表 2-1

SKU	库存金额（元）
M1	6 207 850.56
M2	3 630 158.75
M3	200 898.45
M4	709 272.72
M5	16 698.42
M6	3 390 761.52
M7	415 047.92
M8	227 233.90
M9	17 411.60
M10	366 529.50

续表

SKU	库存金额（元）
M11	34 358.88
M12	693.28
M13	178 551.52
M14	21 144.48
M15	111 862.38
M16	50 075.28
M17	7503.84
M18	8871.51
M19	1005.90
M20	1221.48

然后根据库存金额大小对它们进行排序，并计算累计金额和对应的百分比以及累计百分比（百分比数据四舍五入到小数点后两位），如表2-2所示。

表2-2

SKU	库存金额（元）	累计金额（元）	所占百分比	累计百分比
M1	6 207 850.56	6 207 850.56	39.80%	39.80%
M2	3 630 158.75	9 838 009.31	23.27%	63.07%
M6	3 390 761.52	13 228.770.83	21.74%	84.81%
M4	709 272.72	13 938.043.55	4.55%	89.36%
M7	415 047.92	14 353 091.47	2.66%	92.02%
M10	366 529.50	14 719 620.97	2.35%	94.37%
M8	227 233.90	14 946 854.87	1.46%	95.83%
M3	200 898.45	15 147 753.32	1.29%	97.12%
M13	178 551.52	15 326 304.84	1.14%	98.26%
M15	111 862.38	15 438 167.22	0.72%	98.98%
M16	50 075.28	15 488 242.50	0.32%	99.30%
M11	34 358.88	15 522 601.38	0.22%	99.52%
M14	21 144.48	15 543 745.86	0.14%	99.66%
M9	17 411.60	15 561 157.46	0.11%	99.77%
M5	16 698.42	15 577 855.88	0.11%	99.88%
M18	8871.51	15 586 727.39	0.06%	99.93%

续表

SKU	库存金额（元）	累计金额（元）	所占百分比	累计百分比
M17	7503.84	15 594 231.23	0.05%	99.98%
M20	1221.48	15 595 452.71	0.01%	99.99%
M19	1005.90	15 596 458.61	0.01%	100.00%
M12	693.28	15 597 151.89	0.00%	100.00%

根据分类情况，累计百分比在 0% 到 85% 的为最重要的 A 类，累计百分比在 85% 到 95% 的为比较重要的 B 类，而累计百分比在 95% 以上的则为不甚重要的 C 类。因此 ABC 分类如表 2-3 所示。

表 2-3

SKU	价格（元）	累计金额（元）	所占百分比	ABC 分类
M1	6 207 850.56	6 207 850.56	39.80%	A
M2	3 630 158 75	9 838 009.31	23.27%	A
M6	3 390 761.52	13 228 770.83	21.74%	A
M4	709 272.72	13 938 043.55	4.55%	B
M7	415 047.72	14 353 091.47	2.66%	B
M10	366 529.50	14 719 620.97	2.23%	B
M8	227 233.90	14 946 854.87	1.46%	B
M3	200 898.45	15 147 753.32	1.29%	C
M13	178 551.52	15 326 304.84	1.14%	C
M15	111 862.38	15 438 167.22	0.72%	C
M16	50 075.28	15 488.242.50	0.32%	C
M11	34 358.88	15 522 601.38	0.22%	C
M14	21 411.60	15 543 745.86	0.14%	C
M9	17 411.60	15 561 157.46	0.11%	C
M5	16 698.42	15 577 855 88	0.11%	C
M18	8871.51	15 586 727.39	0.06%	C
M17	7503.84	15 594 231.23	0.05%	C
M20	1221.48	15 595 452.71	0.01%	C
M19	1005.90	15 596 458.61	0.01%	C
M12	693.28	15 597 151.89	0.00%	C

20 个 SKU 中，A 类 SKU 有 3 个，B 类有 4 个，至于 C 类则有 13 个。因此，原来要分配精力在全部 20 个 SKU 上，现在可以从 C 类 SKU 中释放出更多的精力，放在 A、B 类 SKU 上了。

现实世界中，各行各业都采用这种分类法，把重点的群体划分为 VIP。最典型的例子是银行业，会设立专门的 VIP 客户服务区，VIP 客户会得到相当多的优先和优待服务，和在普通柜的客户相比得到了区别对待，因为这类 VIP 客户比起普通客户，能让银行获得更大的利益，同时他们的某些举动也会对银行产生不小的影响。因此，要重点对待 VIP 客户，即投入更多的精力和服务在他们身上。

二、XYZ 分类：从波涛汹涌到波澜不惊

ABC 分类有助于我们认识哪些货物值得更加注意，投入更多精力；XYZ 分类则可以更加明确地指出货物特征，从而有策略地对应处理这些货物。

通过 ABC 分类，只会知道某个货物很贵重，价值很高，或者由于是大批量导致占用企业资金很多。而 XYZ 分类会有更加明确的货物特征，一瞬间会让你判断出如何处理这些货物。而且不仅是库存管理，甚至计划预测方法都可以结合 XYZ 分类来使用。

XYZ 分类是一种根据需求变化特征进行分类的方法。通过三个不同的特征，将货物划分为 X、Y、Z 三个类型。

X 类：相互之间差异很小。X 类的特点是随着时间的推移，值的表现稳定，仅仅在恒定水平上出现小幅度的波动。在预测时也可以可靠地预测未来需求。

X 类产品（虚线为水平趋势线）的需求特征如图 2-2 所示。

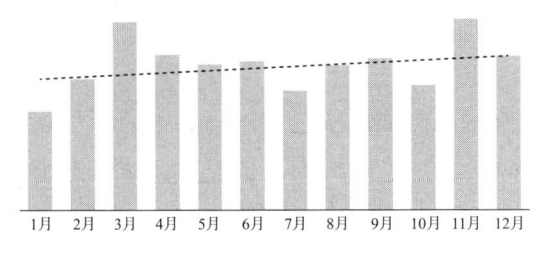

图 2-2

Y 类：相互之间的差异相对较大。尽管对 Y 类的需求不是稳定的，但可以在一定程度上预测需求的变化。这通常是因为需求波动是由已知因素引起的，

如季节性、产品生命周期、竞争对手的行为或经济因素等。准确预测 Y 类的需求比 X 类更加困难。

Y 类产品（虚线为波动趋势线）的需求特征如图 2-3 所示。

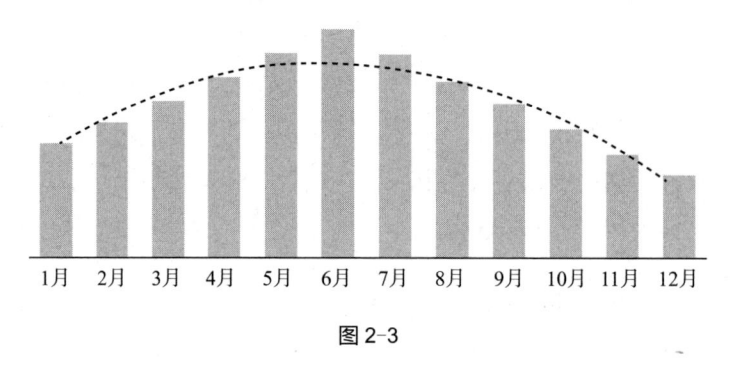

图 2-3

Z 类：相互之间的变化很大，甚至需求中会出现零值，即没有需求的情况。Z 类的需求可能剧烈波动或偶尔发生，意味着这种货物并非经常使用，在某些时候甚至完全没有消耗。在预测时，Z 类没有趋势或可预测的因果关系，因此无法进行可靠的需求预测。

Z 类产品（没有表现出趋势）的需求特征如图 2-4 所示。

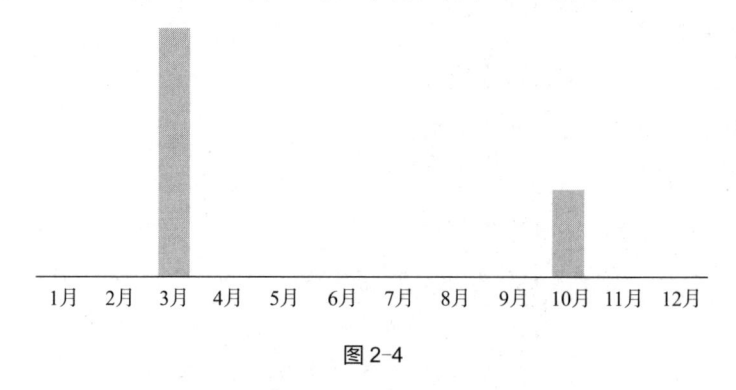

图 2-4

XYZ 分类的目的就是根据历史表现——这种表现呈现相对恒定、有所波动或者非常不规律的状态——对货物进行分类，从而采用相适应的库存策略和预测方法。不过，在某些情况下会采用预测数据而非历史数据来作为分类依据。

分类方法步骤如下：

（1）列出所涉及 SKU 需要计算的周期，如过往 12 个月的需求量。

（2）计算每个 SKU 需求量的算术平均数。

（3）计算每个 SKU 需求量的标准差。

（4）通过标准差除以算术平均数，得出变异系数（Coefficient of Variation，CV）。

（5）对变异系数按照大小进行排序。

（6）根据变异系数的排序，划分 XYZ 区间，进行分类。

一般来说，变异系数在 0.5 以下的 SKU 被视为 X 类，变异系数超过 1 的被视为 Z 类，剩下的 SKU 被视为 Y 类，如图 2-5 所示。

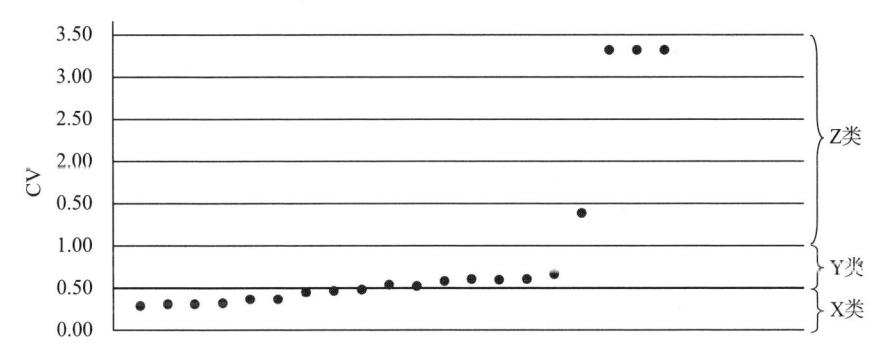

图 2-5

某企业对 20 个 SKU 进行 ABC 分类之后，希望继续对此进行 XYZ 分类，那么就要列出它们过往 12 个月的需求量，如图 2-6 所示，并据此计算出算术平均数（Average）和标准差（Standard Deviation，SD）。标准差数值越高，说明该序列越不稳定。

图 2-6

然后，用标准差除以算术平均数，可得出各 SKU 的变异系数，如表 2-4 所示。SKU 的变异系数越接近零，则它的波动性就越低，需求表现越平稳。

表 2-4

SKU	Average	SD	CV
M1	6120	1871	0.31
M2	6082	1824	0.30
M3	110	49	0.45
M4	116	42	0.36
M5	24	13	0.54
M6	4090	5661	1.38
M7	726	197	0.27
M8	388	169	0.44
M9	38	21	0.54
M10	52	30	0.57
M11	156	91	0.58
M12	1	4	3.32
M13	188	68	0.36
M14	25	8	0.31
M15	122	57	0.47
M16	63	37	0.59
M17	7	4	0.65
M18	6	4	0.60
M19	1	4	3.32
M20	2	5	3.32

接着，将变异系数按照大小排序，其中系数在 0.5 以下的视为 X 类，系数超过 1 的视为 Z 类，剩下的则为 Y 类，如表 2-5 所示。

表 2-5

SKU	Average	SD	CV	XYZ 分类
M7	726	197	0.27	X
M2	6082	1824	0.30	X
M1	6120	1871	0.31	X

续表

SKU	Average	SD	CV	XYZ 分类
M14	25	8	0.31	X
M4	116	42	0.36	X
M13	188	68	0.36	X
M8	388	169	0.44	X
M3	110	49	0.45	X
M15	122	57	0.47	X
M5	24	13	0.54	Y
M9	38	21	0.54	Y
M10	52	30	0.57	Y
M11	156	91	0.58	Y
M16	63	37	0.59	Y
M18	6	4	0.60	Y
M17	7	4	0.65	Y
M6	4090	5661	1.38	Z
M20	2	5	3.32	Z
M12	1	4	3.32	Z
M19	1	4	3.32	Z

通过这个分类，我们就能够迅速知道货物的特征，并且相应的图示也能立刻在脑海里浮现，从而对货物需求的波动有了基本的掌握。X 类货物有着很平稳的需求；而 Y 类货物的需求则有着一定的波动；至于 Z 类，其需求起伏很厉害。根据这三类货物不同的特征，可以选择相应的方法来制定库存策略，进行库存管理。

这三种不同特征的货物，在需求的波动呈现上截然不同，X 类可以说是波澜不惊、平平稳稳，Z 类则起伏很大、波涛汹涌，如图 2-7 所示。

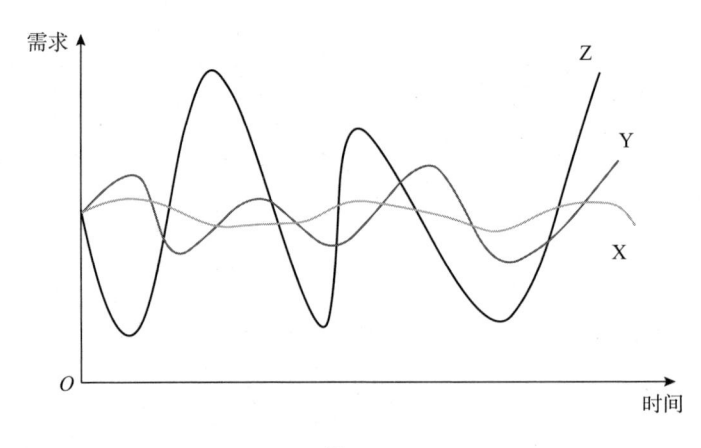

图 2-7

三、ABC-XYZ 分类：库存的因材施法

XYZ 分类会反映货物需求的波动特征，起着很重要的货物需求指示作用；ABC 分类则标识了货物的区别对待程度。两者结合就更加有助于我们制定库存策略。

货物价值和需求变动的结合，形成了九种货物特性，如 AX、BY 等，如图 2-8 所示。

图 2-8

每一种组合代表着一种特性，如图 2-9 所示是对这九种组合特性的说明。

	A	B	C
X	AX 价值高 需求平稳 预测可靠	BX 价值中等 需求平稳 预测可靠	CX 价值低 需求平稳 预测可靠
Y	AY 价值高 需求波动 预测不太可靠	BY 价值中等 需求波动 预测不太可靠	CY 价值低 需求波动 预测不太可靠
Z	AZ 价值高 需求剧烈波动 预测不可靠甚至无法预测	BZ 价值中等 需求剧烈波动 预测不可靠甚至无法预测	CZ 价值低 需求剧烈波动 预测不可靠甚至无法预测

图 2-9

如果产品的特性是 AX，则它们的需求非常稳定，并且库存价值较高，因此要避免持有大量库存，减少积压在库存上的资金。可以设置计算机定期进行自动订货处理，辅以人工干预。

而产品的特性为 AY 或 BX 时，虽然 AY 的库存价值较高，需求有一定的波动，但属于可以控制的风险，因此可以参考过去需求的平均值来持有备货库存。不过因为库存价值高，在注意减少备货量的同时，也要认识到因此存在的缺货风险。同样，BX 库存价值相对低一点，但需求平稳，也可以参照过去需求的平均值来备货，库存不需要备太多，足够在一定程度上安全保证供应即可。这两者也可以设置为计算机自动订货。

AZ 类型的产品，价值高且需求不稳定，可以在有共识的订货时期进行连续的小批量订货，从而减少持有库存，以避免占用更多的资金，甚至可以仅根据订单备货，并让客户明白和接受备货的提前期。BY 类型的产品也可以采用类似的策略，考虑到库存价值相对低一点，需求也较平稳一点，订货的数量和库存持有量可根据波动特征，例如季节性等适当增加。对于 CX 类型的产品，其需求平稳，价值不高，可采用双堆法。

BZ 类型的产品需求不确定，需要较大的库存覆盖率。一个有用的方法是采用定量订货，当库存降低到一定程度的时候，可以添购至某个得出共识的最大库存量。至于 CY 类型的产品，其库存价值低且具有可控制的风险，可设立较小的库存覆盖率来满足需求。

最后，特征是 CZ 的产品存在积压的高风险，尤其不要为这些产品准备过多库存，甚至可以根本不保留任何库存，只要按照订单备货即可。

除此之外，还可以根据这九种不同特征，设立不同的库存周转天数限制，从而对各类型的 SKU 进行有效的库存管理。比如 AX 类型的产品的库存周转天数限制值设为 10 天，而 AY 类型的产品则设为 15 天，如图 2-10 所示。

	X	Y	Z
A	10天	15天	20天
B	7天	10天	15天
C	5天	3天	0/1天

图 2-10

【小插曲】洞中窥天，能见全貌？从样本推算总体

标准差可以衡量一组数据的离散程度。我们通常可以利用 Excel 函数来帮助我们计算。不过函数却有两个，分别是 STDEV.P 和 STDEV.S。同一组数据，分别标记为 A 组和 B 组，两个函数计算出来的标准差结果却是不相同的，如图 2-11 所示。

组别	JAN	Feb	Mar	Apr	May	Jun	Jul	Aug	Sep	Oct	Nov	Dec	标准差	
A	574	574	560	406	728	826	546	798	868	1078	714	1036	196.65	STDEV.P(B2:M2)
B	574	574	560	406	728	826	546	798	868	1078	714	1036	205.40	STDEV.S(B2:M2)

图 2-11

A 组数据使用 STDEV.P 来计算，结果是 196.65；B 组数据使用 STDEV.S 来计算，结果是 205.40。

标准差的计算是方差的开方。方差是一组数据，反映数值与均值的偏离程度。

当手头拥有一组数据，并且知道这组数据的全部时，那么它的方差公式如下：

$$\sigma^2 = \frac{\sum(\chi-\mu)^2}{n}$$

其中 σ^2 为总体方差；μ 为总体均值；n 为样本数。

但是即使手头拥有一组数据，如果只是知道这组数据里的某部分而非全部，那么是无法计算出这组数据的方差的，而只能通过所知道的有限数据估算这组数据的总体方差。其公式就是：

$$S^2 = \frac{\sum(\chi-\bar{\chi})^2}{n-1}$$

其中 S^2 为样本方差；$\bar{\chi}$ 为样本均值；n 为样本数。

在这里，用 S^2 来表示样本的方差，和 σ^2 这个总体方差进行区分。至于用样本数 n 减去 1，是因为它是利用已知的部分样本数据来估计总体的方差。为了估计得更准确一些，分母用了 $n-1$，而不是 n，这样得出来的结果会略大一些。

经过证明，使用分母 $n-1$ 计算的这个公式在任何时候都能够得到比较接近总体标准差的结果，这就是所说的无偏估计。用数学的说法，就是这个估计值与正值之间的误差是收敛的。用通俗的话说，就是这个估计值比较靠谱。

从数学上讲，当 n 越大时，这个估计值就越接近真值。实际意义就是，样本数量越大，就越能代表总体。

总体标准差的公式如下：

$$\sigma = \sqrt{\frac{\sum(\chi-\mu)^2}{n}}$$

在 Excel 中就是函数 STDEV.P，用以计算总体数据的标准差。如上例 A 组中，12 个数据就是整组数据的全部，那么就可以以此计算出这一组数据的标准差了。

而样本标准差的公式如下：

$$S = \sqrt{\frac{\sum(\chi-\bar{\chi})^2}{n-1}}$$

在 Excel 中就是函数 STDEV.S，用以估算总体数据的标准差。如上例 B 组中，12 个数据只是其中一部分数据，并不知道全部数据，因此要通过这 12 个样本数据来估算出总体数据的标准差。

按照中心极限定理，样本平均数约等于总体平均数，且不管总体是什么分布，任意一个总体的样本平均数都会围绕在总体平均数的周围，并且接近正态分布，如图 2-12 所示。

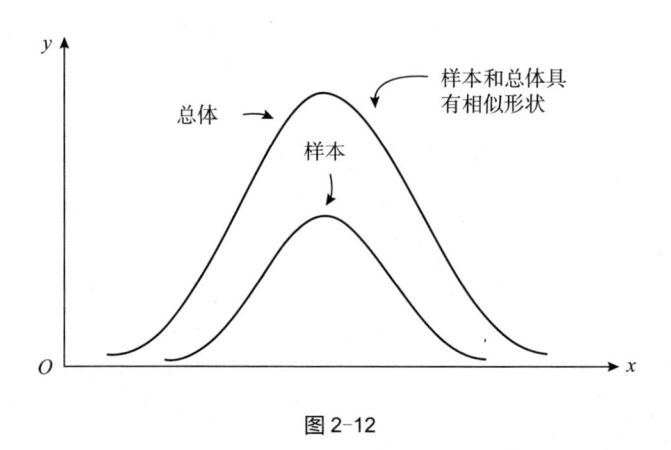

图 2-12

一般在现实处理中，我们获得总体数据来处理库存的机会很大，那么使用总体数据计算标准差自然更为适宜。另外，无论是用 STDEV.P 还是 STDEV.S 函数计算标准差，得出变异系数和 XYZ 分类，两者结果的差异并非大得无法接受。而且 XYZ 分类的重点在于区间的划分，而非过分着眼于计算的精确度，因此即使都以 STDEV.P 计算也无妨。

第三节　XYZ 分类：行云流水，任意所至

XYZ 分类方法并不复杂，根据算术平均数和标准差计算出变异系数，再根据变异系数划分 X、Y、Z 三个不同的区间。一般以 0.5 和 1 为界限，即 0.5 以下是 X 类，0.5 到 1 是 Y 类，1 以上是 Z 类。不过这个界限标准只是一个普遍选择，并非必需。还有一种界定方法，就是把 1 平分三等份来确立 X、Y、Z 区间，即 0.33 以下是 X 类，0.33 到 0.66 为 Y 类，0.66 以上为 Z 类。如图 2-13 所示。

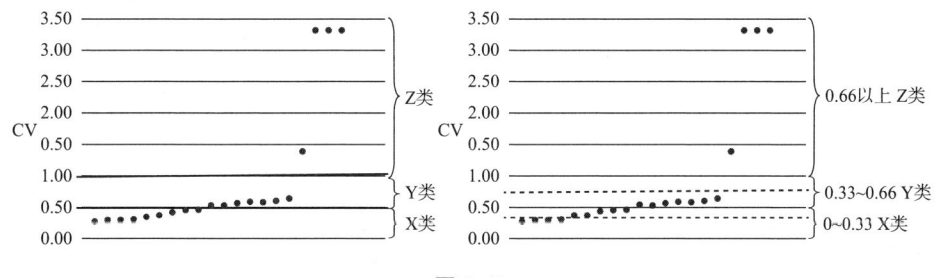

图 2-13

实际上，无论怎么界定划分都是可以的，这个没有特定的限制标准，不过 Z 类的界限最好在 1 以上，因为当变异系数是 1 时，意味着算术平均数和标准差是相等的，而当标准差大于算术平均数的时候，也就是变异系数大于 1 的时候，可以认为它的波动是剧烈的，因此适合被划分为 Z 类。

XYZ 分类的目的是认识不同货物的特性，因此不管怎么划分，都是为了区分出不同的特征以做对应的安排。

金庸名著《笑傲江湖》里描述了风清扬教导令狐冲剑法时，提出的一个观点：行云流水，任意所至。在传授独孤九剑之前，风清扬可以说并没有教令狐冲太多东西，只是提出了剑术之道。但这区区八个字，让令狐冲一下子进入了另一个境界。

这八字的剑术之道，同样也适用于 XYZ 分类。并非一定要把三个类别的区分点定在 0.5 和 1 上。当全部货物的变异系数都在 1 以下时，这个时候就要活用，不必拘泥，尝试把区分点设在 0.4 和 0.8 上。通过不断调整，对货物做出适当的特征区分。

一个好的方法就是计算所有 SKU 的变异系数后，根据系数排序，然后观察各 SKU 的变异特征，再选择合适的划分线来制定分类标准。可以参照 ABC 分类，甚至可以通过散点图观测各变异系数分布的位置，从而划分出合适的区间。

分类的系数不是重点，分出特征才是重点。

XYZ 分类是根据一定时期的数据表现来划分区域的，但是这个一定时期有怎样的选择和计算的标准呢？应该是按日、按周，还是按月甚至按年？

首先这个计算并没有约束，不管是选择日、周、月、季还是年都可以，最重要的是匹配好自身的运营模式。同时，这个计算的标准必须统一，总不能这一堆 SKU 选择以周来计算，另一堆 SKU 则选择以月来计算。

然而，不同的时间颗粒度选择，带来的效果也是不同的。如某材料按周和按月分别试算变异系数，如图 2-14 所示。

月	1				2				3				平均值	标准差	变异系数
周	1	2	3	4	5	6	7	8	9	10	11	12			
周销售量（个）	590	560	330	270	220	380	520	620	130	270	420	640	413	165	0.40
月销售量（个）	1750				1740				1460				1650	134	0.08

图 2-14

按周来计算的话，这个材料的销售量波动具备一定的起伏特性，可以认为是 Y 类货物，但是如果按月来计算的话，这个材料的销售量则相当平稳，是典型的 X 类货物。

尽管每周的销售量有所起伏，但是在同一个月里各周的起伏相互削峰填谷，造成了月份的数据表现平稳。

至于如何选择合适的时间颗粒度，则要根据自身行业特征，将补货策略和销售策略等结合。假如每月定期补充货物，库存用以支持销售，且至少是以月为单位的，那么不妨选择按月计算的 XYZ 分类。因为不管这个月内是月初销售量变化剧烈，还是月末才出现剧烈起伏，只要前一个月备货相应的库存以应对便可以了。

如图 2-14 所示的例子中，1 月的销售量是 1750 个，其中第 1 周和第 2 周需求较大，均超过 500 个，而第 3 周和第 4 周则销售量下滑。不过要是以月为备货单位，那么只要备足 1750 个就可以了。

或者，可以选择按周来计算。例如，快消品经常以周为计算单位。一般时尚产品以季度为单位来做计划，如以春夏和秋冬两季甚至以春夏秋冬四季来安排计划，这个时候引入周数的值来作为 XYZ 分类会比较合适。

同样作为分类依据，时间长度选择也没有必然的标准。以月为计算单位的时候，选择过去的 12 个月，还是 24 个月呢？以周为单位的时候，选择过去的 52 周，还是过去的 13 周呢？

这个和时间颗粒度的选择是一样的，即要根据自身行业特征，将补货策略和销售策略等相结合。

比如某些快消品行业，是以春夏和秋冬两季作为销售周期的，那么可以考虑选择过去的 13 周，即约一个季度作为计算单位来判断其特征，又或者以最近 30 日或 14 日的销售量作为计算单位。各行业有不同的特征，其销售灵敏度是不尽相同的，因此，时间长度是否足够反映销售货物特征是选择的首要考虑点。

又比如一些需求相对稳定的行业，如汽车行业，则可以选择过去 12 个月的时间长度作为计算单位。

XYZ 分类是依据过去历史数据特征的划分方法，但是受季节性影响的货物，某些近期的数据不足以反映实情。假如现在是非应季时期，那么销售量可能是平稳的，当突然转入应季时期时，货物的销售量可能会因此迎来大幅度变化。除了根据相对近期的数据来判断划分，还可以根据不同时间长度来对比检视，比如过去一年该货物的销售量波动和近 30 天的波动。

第四节　XYZ 分类需要滚动吗

XYZ 分类并不是恒久不变的，不能说一个货物被划分为 X 类，那么这个货物就一直是 X 类货物。XYZ 分类一样也需要滚动。有些货物的表现特征是会反复的，这个月是 X 类，下个月会变成 Y 类，再下个月又变成 X 类。

另外，我们要注意那些分类连续变化，并且呈现出一种发展趋势的货物。

比如表 2-6 所示的 SKU A 和 SKU B，其 XYZ 分类呈现出这样的变化趋势：SKU A 的波动性不断增加，从相对稳定的 X 类开始波动，最终变为 Z 类；至于 SKU B 则是相反，从很不稳定的 Z 类，最终变成了比较稳定的 X 类。因此值得研究其背后原因并快速制定新的应对策略。

表 2-6

SKU	8月	9月	10月
A	X	Y	Z
B	Z	Y	X

如果某些 SKU 的分类反复地变更，并不能稳定维系在一个类别里，一会儿是 X 类，一会儿转成 Y 类，然后又成为 Z 类，那么究竟应该如何确立它的分类

呢？按照最新的分类是否合适呢？

在这种情况下，光是采用最新一期的 XYZ 分类结果，并不能恰当地确立它的分类。我们可以考虑采用权重，参照一定时期的历史数据来判断。当然，从数据上来说，越接近现在的数据，越能反映现在的情况。也就是说，对于近期的数据，可赋予较大的权重；对于远期的数据，可赋予较小的权重。

这样做就涉及两个问题：一是一定时期的历史数据，这个一定时期是多久呢？这个并没有铁律，要根据行业特征来判断、选择和确立。对于使用月份数据的，可以选择近六个月的数据；对于使用周数数据的，可以选择近 13 周的数据；若是使用年份数据的，那么近三年的数据也可以。二是权重怎么配置？这个也是根据自身判断和选择的，不过权重合计要等于 1。近期的权重要大一些，远期的权重要小一些。

如表 2-7 所示的 SKU A 反复在 X、Y 类间变化，那么可以根据近六个月的类型变化情况和各月数据所占权重，算得 X 类的权重合计结果为 0.47，Y 类的权重合计结果为 0.53，因此应定义 SKU A 为 Y 类。

表 2-7

SKU A	8月	9月	10月	11月	12月	1月
分类	X	Y	Y	X	X	Y
权重	0.02	0.07	0.13	0.19	0.26	0.33

当然，直接取最近一期的类型定义其类型也可以，比如在表 2-7 的数据中，可以根据 1 月的情况而把它定义为 Y 类，不过还是建议根据一定时期的历史数据做综合判断。

【小插曲】游程判断 Z 类货物的随机性

在 XYZ 分类法中，Z 类是比较麻烦的一类货物，它的标准差远远高于算术平均数，从而表现为销售情况起伏得很厉害，有时销售量很高，有时又很低，甚至更多时候销售量为零。如果货物价值很高，客户对其需求很重视，对缺货容忍度不大的话，就更麻烦了。

然而有时候，管理库存、订货甚至进行预测的人，却不会、不能、不敢和相关销售、市场部门探讨，以获取它们对此类产品走向的看法等。那么这时就可以从数据上入手，可以运用 SPSS 软件并结合游程检验的方法判断这个货物的销售量的随机程度。如果随机程度不足的话，就更要深入研究，了解为什么这个货物销量会起伏。要查明是不是数据的问题，如因订单积压、延期等而没有及时、真实地记录需求，或者有什么其他的主导原因。

游程检验是对二分类变量的随机检验，主要用于判断数据序列中两类数据的发生过程是否随机。

在一个仅有 0 和 1 两个元素组成的序列中，连续出现的一组 0 或 1 就称为游程。一个游程中所含 0 或 1 的个数则是游程长度。

举个简单的例子：在 110000100111 这个序列中，就有五个游程，长度分别是 2（11），4（0000），1（1），2（00）和 3（111）。

如果一个序列具有某种趋势，那么它的游程就会很少，例如 0000101111；如果一个序列具有某种周期性，那么它的游程就会很多，如 101010101010。

任何趋势和周期都不是随机的体现，因此，一个随机序列的游程应该多于趋势序列的游程，但少于周期序列的游程。

将一组 24 期的销售数据输入 SPSS，如图 2-15 所示。

期数	销售量
1	0
2	0
3	19
4	0
5	0
6	0
7	4
8	18
9	17
10	0
11	0
12	0
13	0
14	0
15	3
16	0
17	0
18	19
19	0
20	0
21	0
22	5
23	4
24	5

图 2-15

然后在菜单栏中选择“分析”→“非参数检验”→“旧对话框”→“游程”命令，再把“销售量”加入“检验变量列表”，并勾选“平均值”复选框为分割点，如图 2-16 所示。

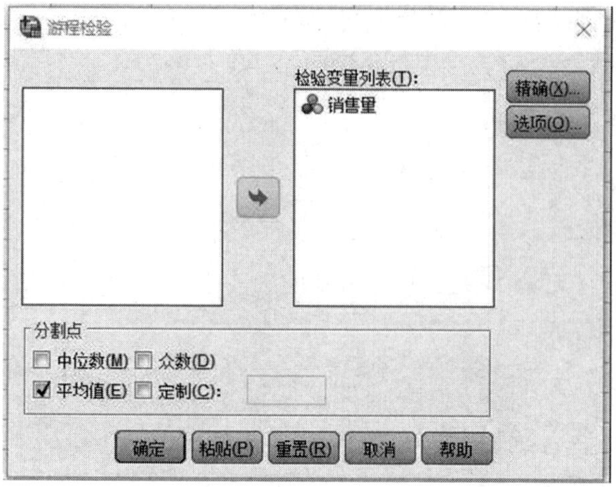

图 2-16

在"精确检验"对话框中选择"仅渐进法"单选按钮,如图 2-17 所示。其中仅渐进法默认的显著性水平为 0.05,这就是说大于 0.05 的计算结果被视为随机,否则被视为非随机。

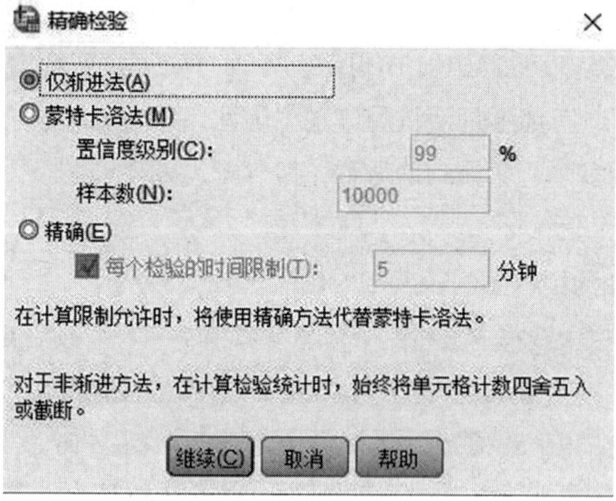

图 2-17

精确检验的三种方法的比较如下。

仅渐进法:系统默认的计算显著性水平的方法。显著性水平的计算基于检验统计量的渐进分布假设,如果显著性水平计算结果大于 0.05,则检验结果被认为存在显著性差异。仅渐进法的显著性水平计算要求数据量足够大,如果数据量比较小或频率过低，则检验结果可能失效。

蒙特卡洛法：精确显著性水平的无偏差估计。它是利用给定样本集，通过模拟方法重复取样来计算显著性水平的，该方法不要求仅渐进法中的假设。在处理不满足渐进假设的巨量数据，且由于数据的巨量无法得到精确的显著性水平时，可以选择该方法。选择该方法时，需要在"置信度级别"一栏中输入计算的显著性水平的置信度，系统默认为99%，并在"样本数"一栏中输入取样数量。

精确：精确计算显著性水平的方法。该方法能得到精确的显著性水平计算结果，不需要仅渐进法的假设，但不足之处是计算量和所需的内存太大了。选择该方法后，可以选择每个检验的时间长度来设置计算时间限制。默认时间限制为5分钟，超过该时间后，系统会自动停止运算并给出计算结果。

最后，通过SPSS运算，我们得到的结果如图2-18所示。

描述统计

	个案数	平均数	标准差	最小值	最大值	第25个	第50个（中位数）	第75个
销售量	25	3.88	6.642	0	19	0.00	0.00	4.50

游程检验

检验值	3.88
个案数＜检验值	17
个案数＞=检验值	8
总个案数	25
游程数	9
Z	-1.125
渐近显著性	0.261

图2-18

在"描述统计"中我们可以看到相关样本数据的结果，其中标准差几乎是平均数的2倍。假如定义系数大于1的为Z类货物，那么这个货物就是波动非常厉害的Z类货物。

通过"游程检验"结果得知，小于平均数的样本数为17个，大于或等于平均数的样本数则有8个，游程数有9个，其中渐进显著性结果是0.261，大于

0.05，也就意味着这些数据是随机的。

因此，我们可以认为这个销售量有很大的随机因素。

这样一来，我们可以通过使用双堆法，设立每一堆的库存线，而这些数据样本的最大值是 19，可以考虑用最大值的 80% 来设立库存线，又或者计算销售获利和残值的临界以参考设立库存线等。因为随机是难以把握的未来，过去的规律难以对这种随机起到很强的指导或参照作用。

第五节　四大因素结合的订货模型

库存的产生来自供需之间的不匹配。而这种不匹配，既有需求和供应之间的不匹配，也有这两者提前期之间的不匹配，这就涉及数量和时间的问题了。因此，订货根据其特性出现了定期和不定期（时间）、定量和不定量（数量）的对应，并组合产生了四种订货方法。

一、定期定量

该方法按预先确定的订货间隔时间进行订货，每次的订货数量都是固定的。这个方法在现实中实现的可能性不大，往往由于提前期和需求的变动较大，不管是定期还是定量，总有一方面无法匹配。不过从供应商的角度考虑，这个方法的好处就在于固定的周期和固定的数量，可以帮助供应商减少自身在生产排期计划中的混乱，实现均衡生产。对于那些难处理的货物的订货，或者从大供应商处订货，这个方法有其可取之处。

如图 2-19 所示的模型显示的是典型的定期定量订货方法，Q 是定量订货的数量，T 是定期的订货间隔时间。

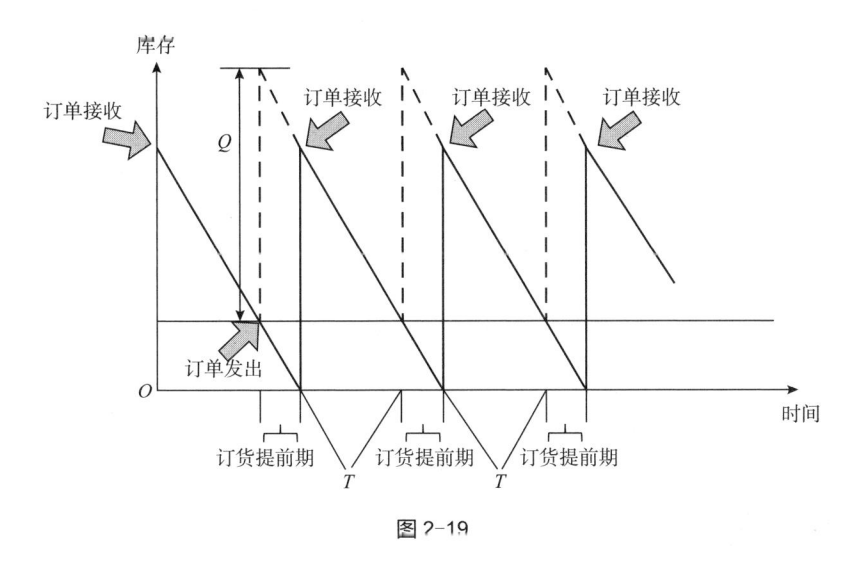

图 2-19

二、定期不定量

该方法按预先确定的订货间隔时间进行订货，每次订货会根据市场和库存情况来订购不同的数量。该方法适合固定周期下订单进行补货，尤其在需求均衡的情况下。

如图 2-20 所示的模型显示的是典型的定期不定量订货方法，Q_1 和 Q_2 分别是第一期和第二期订货的数量，T 是定期的订货间隔时间。

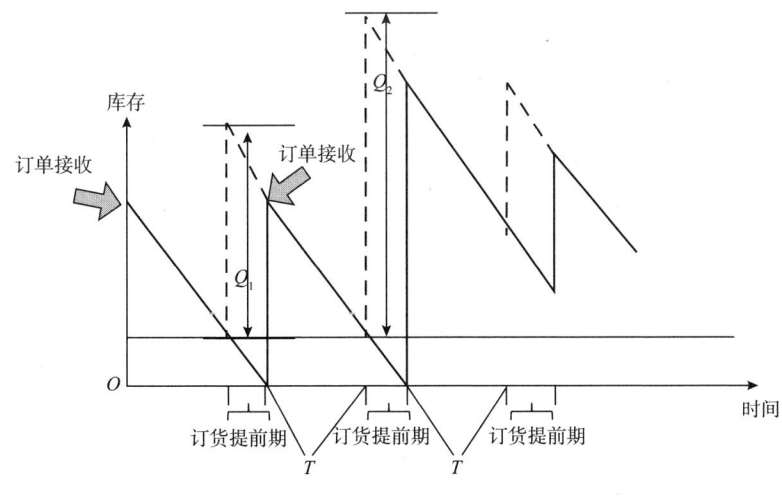

图 2-20

三、不定期定量

该方法虽然每次订货都是相同的数量,不过订货间隔时间并不相同。在某些场合下,其可被称为极值点订货法,即当库存下降到某个确立的订货点(最小值)的时候,就立刻定量订货,将库存补充至确立的最大值。假设确立的订货点是 2000 件,确立的库存最大值是 5000 件,当库存下降到 2000 件的时候,就安排订货 3000 件,从而使库存(在手库存加上在途库存)达到 5000 件。其中,库存下降到 2000 件可能需要两周,也可能需要三周,因此这个订货间隔时间也就可能是两周或者是三周。这就是不定期定量的订货方法。

如图 2-21 所示的模型显示的是典型的不定期定量订货方法,即在两个不相同的订货间隔时间 T_1 和 T_2 后,都进行相同数量 Q 的订货。

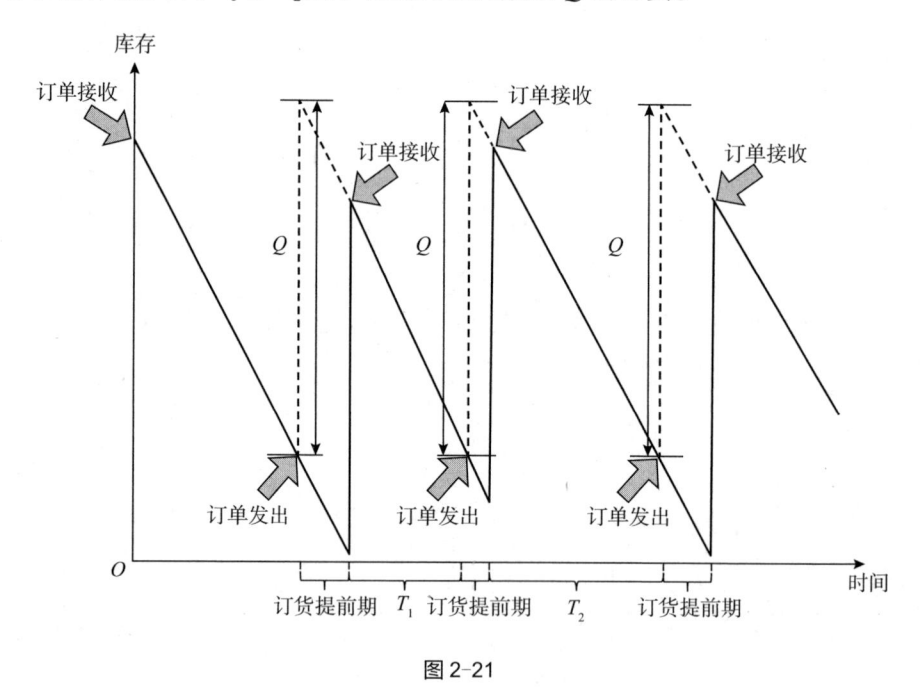

图 2-21

四、不定期不定量

该方法的每次订货间隔时间和每次订购的货物数量都不尽相同,这种不确定性是由各种因素导致的,因此要不断调整订货点或者库存策略来应对。

如图 2-22 所示的模型显示的是典型的不定期不定量订货方法，即在两个不相同的订货间隔时间 T_1 和 T_2 后，分别进行不同数量 Q_1 和 Q_2 的订货。

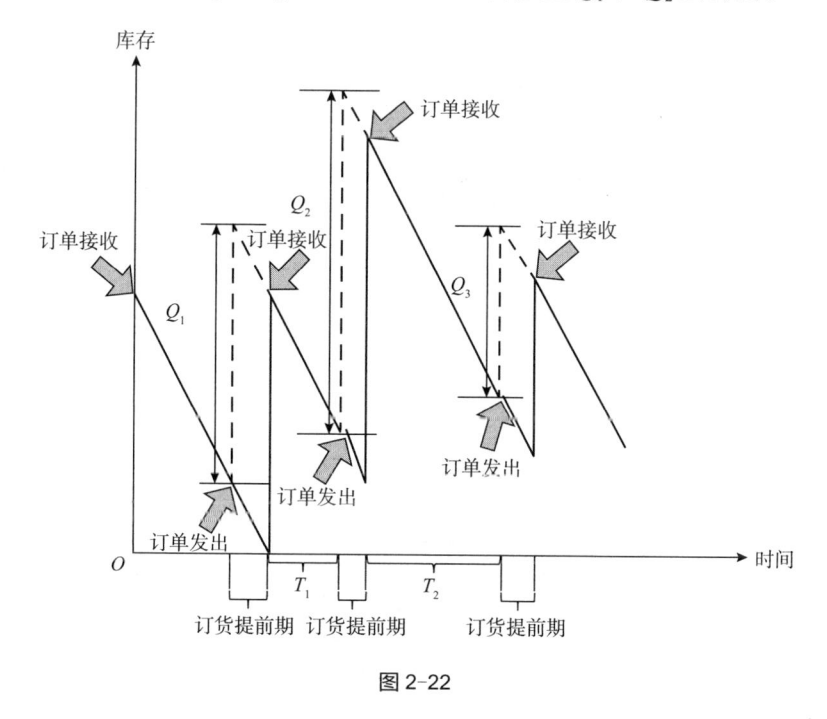

图 2-22

第六节　懒人订货：双堆法

双堆法也叫两箱订货法，顾名思义就是运用两个箱子的订货方法。我们可以准备两个同样大小的箱子并确定好放入的货物数量（视为两堆货物），购入货物后，两个箱子内都要放入确定数量的货物，并且没有剩余空间，然后从其中一个箱子开始消耗库存货物，当这个箱子内的货物数量消耗完毕的时候，就安排订货。

例如，12 瓶一箱的百事可乐准备好两箱，在第一箱的可乐喝完最后一瓶，也就是第 12 瓶后，就马上订购新的一箱可乐。

这其实是一种无意识的检查库存的方法，一旦其中一箱空了，就会知道库存不足，要安排订货了。单从箱子是否变空就能够判断订货时机，这是一个相当简单的订货方式。

当然，货物也许不是瓶装的，存储货物的也许不是箱子而是其他容器，这些所谓的容器我们可以作为一个概念去理解。比如 24 辆玩具小汽车就是一个容器内的量，或者称为一堆，准备好 48 辆玩具小汽车，也就是备货两堆。当销售完第 24 辆玩具小汽车的时候，也就意味着概念上其中一个容器或者一堆已经被清空了，这个时候就要安排补货了。

双堆法尤其适合波动起伏很大的 Z 类货物，同时，对于库存价值不高的 C 类甚至 B 类货物，采用这个方法也可以省去不少精力消耗。双堆法本质上是一种不定期定量的订货方法。如图 2-23 所示，当第一箱货物耗尽的时候，就要马上安排补货了。

图 2-23

第三章
库存管理的统计学思维

统计学是通过搜索、整理、分析、描述数据等手段，认识客观现象规律性的方法论科学。它是应用数学的一个分支，主要通过利用概率论建立数学模型，收集所观察系统的数据，进行量化的分析、总结并进行推断和预测，来为相关决策提供依据和参考。

统计学中的数据分析能够用适当的统计分析方法，对收集的大量数据进行提炼、分析，从数据中发掘出能够完善供应链管理的规律，以帮助人们做出判断，并采取适当的决策和行动。

第一节　统计学是让数据说话

在库存管理上，涉及不少数据处理分析，因此非常适合使用统计学相关的知识帮助我们制定合理的策略。

一、你知道数据有哪些吗

进行库存管理的时候，我们会接触到各种各样的数据，比如最近三个月进库1000吨，第一季度平均在库是250吨，或者上周销售量是160件，又或者某电商网站，来自亚洲区域的点击有5700次，而来自欧洲区域的点击有2300次。不过并非只有1000吨、250吨、160件才叫数据，实际上，来自亚洲区域和来自欧洲区域的点击次数都可视为数据。

数据的类型因为采用的计量尺度不同，分为以下三种。

（一）分类数据

该类型数据只能从特定集合中取值，表示一系列可能的分类。它是对事物进行分类的结果，数据表现为类别，是用文字来表达的。分类数据是由分类尺度计量形成的。如针对某电商网站的点击情况，就可以根据区域的不同将"来自亚洲区域"和"来自欧洲区域"划分成亚洲和欧洲等分类。

（二）顺序数据

该类型数据只能归于某一有序类别的非数字型数据，属于定性数据或品质数据。它是由顺序尺度计量形成的。如职称上的高级、中级、初级等分类。

（三）数值型数据

该类型数据指按数字尺度测量的观测值，属于定量数据或数量数据。数值型数据是使用自然计量单位或度量衡单位对事物进行测量的结果，其结果为具体的数值，如身高的1米、1.2米，或书本页数的100页、300页。

二、连续和离散数据分布

数值型数据可以分为连续和离散两个类别。

离散数据是其数值只能用自然数、整数、计数单位等描述的数据，其数据的取值是不连续的，每个数值之间都有明确的间隔。

王家卫导演的电影《花样年华》在海内外获奖无数，同时，男女主角的精彩演出更是获得了大家的赞赏。

《花样年华》讲的是一个含蓄的爱情故事，大多数的电影片段都靠男女主角的语言、肢体表情来展现和推进，因此两人独处的画面频频出现。这样的镜头之中，对于人数，就只有2这个数值，不会存在1.5或者1.75这样的数值，因为人数只有2个，不会有0.5个梁朝伟或者0.75个张曼玉的存在。这个数据就是离散数据了。

连续数据是指在一定区间内可以取任意值。相邻的数值可进行无限分割。

《花样年华》这部典型的王家卫作品是边拍边构思的，并没有一个完整的剧本。王家卫最终把拍摄的所有片段剪辑成一个简单而充满内涵的故事。不过当中也剪掉了一些精彩片段，这些精彩片段没有被安排上映。其中男女主角在房间里跳舞这一段被剪掉了，甚是可惜。跳舞过程中，两人的距离渐渐拉近，近到0.5米，不过更加精准的话，可能是0.53米，甚至精确为0.535125米，这个距离值能够取到多少位小数，取决于量度的精度。这样的数值无限分割下去，就是连续数据了。当然，《花样年华》这个故事的结局很是遗憾，两人的距离纵使再近，都只是一个连续数据，而无法为零。

其他典型的连续数据，如身高，既可以是183厘米，也可以是183.15厘米，甚至精确为183.151712厘米。

而数据在统计图中的形状，则称为它的分布。因此，离散数据在统计图中的形状为离散分布，连续数据在统计图中的形状就是连续分布。

离散分布和连续分布分别如图3-1、图3-2所示。

图 3-1

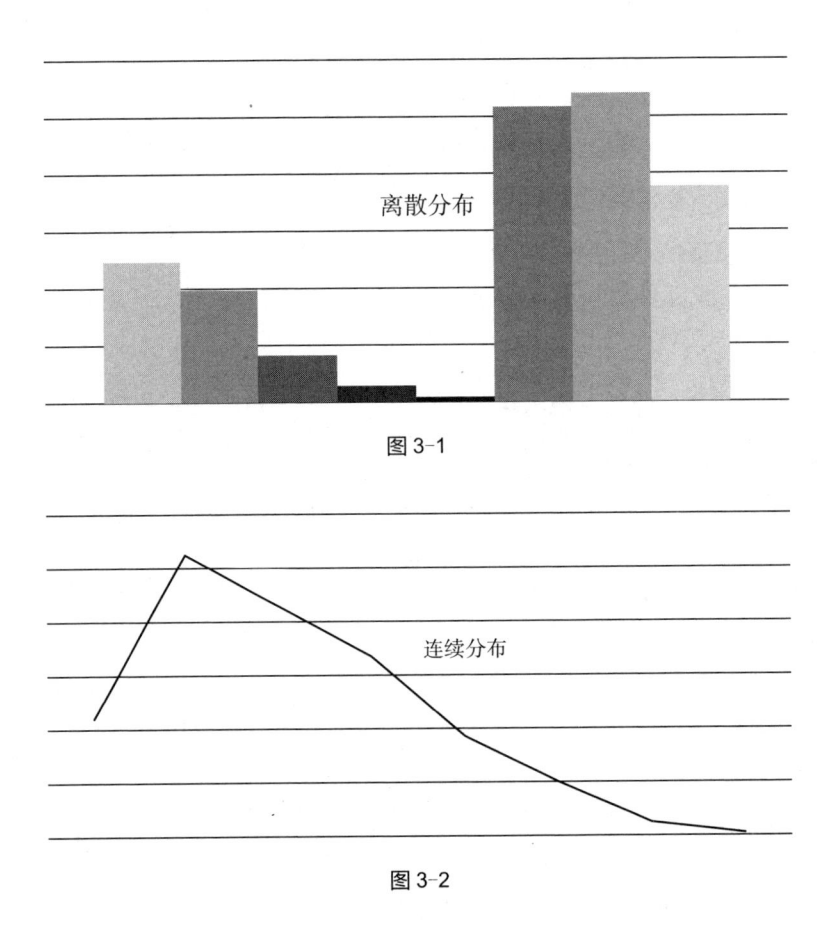

图 3-2

很多计算安全库存的公式，都是基于正态分布演化而来的，而正态分布是连续分布的一种。但并非所有分布都属于正态分布，这说明安全库存的计算存在不适应性，如果需求的情况不服从正态分布的话，计算就毫无意义。

区分连续数据和离散数据其实很简单。离散可以度量"可数事物"的多少，而连续则可以度量"不可数事物"的多少。

三、为什么我总是拖了全市平均工资的后腿

平均数在库存管理、计划管理中起着重要的作用，比如在不少公式的应用背景中都涉及正态分布（也叫高斯分布）。这个分布的重点就是关注平均水平，而把意外当作极端问题。

我们熟知的平均数实际上为算术平均数，除此之外还有几何平均数和调和

平均数等。算术平均数就是把所有数字加起来，然后除以数字个数。在统计学中，这个算出来的数称为均值，符号为 μ，它是一个希腊字母（读作"缪"）。

公式记为：

$$\mu = \frac{\sum x}{n}$$

$\sum x$ 表示的是所有数字的集合，n 指的是数字个数。

均值的计算在 Excel 中可以通过 AVERAGE 函数快速地得出结果。如图 3-3 所示为某企业过去 12 个月的月销售量，根据相关函数就可以计算出平均每月的销售量了。

月份	销售量（个）
1	700
2	1100
3	950
4	1050
5	850
6	1300
7	1200
8	1100
9	1000
10	1000
11	780
12	1230
每月平均	1022

图 3-3

在库存管理中，时间过于久远的历史数据不能直接用作参考数据，应对其根据时间远近做出合理的权重分配，越接近现在的数据越值得信赖，权重越高，从而利用全部数据并算出加权平均数。

其公式为：

$$\mu = \frac{\sum f(x)}{\sum f}$$

其中 $\sum f(x)$ 表示各数字乘以对应的权重后再求和，而 $\sum f$ 表示权重之和。

某企业过去 12 个月的月销售数字，根据发生时间的远近应赋予不同的权重，前六个月权重均为 0.05，接下来的四个月权重均为 0.1，而最近的两个月权重则均为 0.15，权重合计为 1。使用 Excel 函数 SUMPRODUCT 和 SUM 可以快捷地求出加权平均数，如图 3-4 所示。

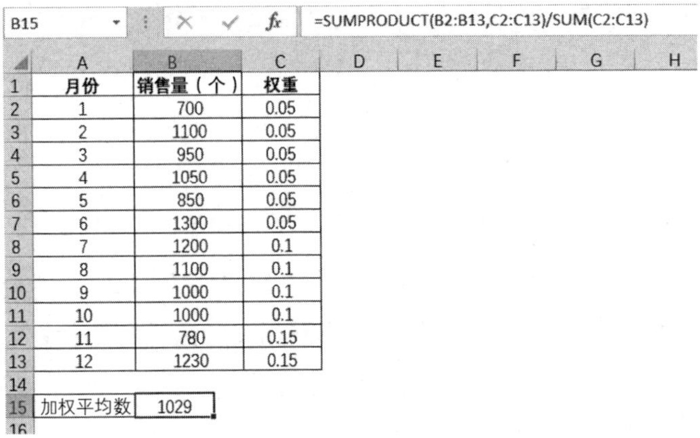
B15 =SUMPRODUCT(B2:B13,C2:C13)/SUM(C2:C13)

月份	销售量（个）	权重
1	700	0.05
2	1100	0.05
3	950	0.05
4	1050	0.05
5	850	0.05
6	1300	0.05
7	1200	0.1
8	1100	0.1
9	1000	0.1
10	1000	0.1
11	780	0.15
12	1230	0.15
加权平均数	1029	

图 3-4

均值是一组常规样本大概率上最有代表性的统计量。比如哪一支篮球队选手的身高会更高一些，哪一个仓库中库存的放置时间更长一些，可以通过了解均值来了解样本的整体情况。

不过，均值却是个“坏家伙”，它可骗了不少人。

2021 年全国各省、自治区和直辖市税前平均工资如表 3-1 所示。该表公布的时候，不少人的朋友圈都是满满的吐槽，都是这么一句话：自己拖后腿了。

表 3-1

序　号	省 / 自治区 / 直辖市	2021 年税前平均工资（元）
1	上海	8513.16
2	北京	9758.13
3	天津	5896.18
4	重庆	6412.68
5	河北	5815.43
6	河南	5755.05
7	湖北	6166.08
8	湖南	6279.40
9	西藏	7195.38
10	海南	5658.60
11	青海	6024.34

续表

序　号	省/自治区/直辖市	2021年税前平均工资（元）
12	贵州	5835.58
13	江苏	6687.55
14	浙江	6570.13
15	广东	7015.52
16	广西	5641.82
17	山东	5782.01
18	山西	6201.25
19	四川	6421.14
20	新疆	5959.73
21	福建	6215.39
22	内蒙古	6233.76
23	陕西	5784.34
24	云南	5633.71
25	宁夏	5787.05
26	甘肃	5746.01
27	江西	6138.07
28	安徽	6220.21
29	黑龙江	5123.98
30	辽宁	5131.95
31	吉林	5178.62

一心要追上平均工资的员工，莫不抱着"给我涨工资"的心态，提出诉求。

然而老板们以一脸冷漠的表情反驳道："身在福中不知福啊！我国还有6亿人月入不足1000元，你比那6亿人好多了！"

然而，事实上真的有那么多高工资的人吗？还是尚有6亿人月入不足1000元？

均值只是大概率上反映了整体情况，那是因为其样本有着特殊情况，并不能反映样本数据的真实特征。当一些特殊的数据，即非常高的工资收入纳入计算样本中时，最终得出的均值就无法描述整体的真实情况了。

引入中位数、众数作为参考值，连同均值，才能更加清晰地了解整体的真实情况。

中位数是样本升序排列后最中间的数。根据数据个数的不同,计算方法分为两种。

当数据个数为奇数时,中位数即最中间的数,如果有 n 个数,则中间数的位置为 $(n+1)/2$,比如最近 5 天的销售数据为 10、20、30、40、50,那么中位数就是按大小排序后最中间的数。由于是 5 天的数据,最中间的数的位置就是 (5+1)/2=3,排序第 3 位的数就是 30 了。

当数据个数为偶数时,中位数为最中间两个数的均值,中间位置的算法是 $(n+1)/2$。比如最近 6 天的销售数据为 10、20、30、40、50、60,由于是 6 个数据,其中间位置就是 (6+1)/2=3.5,即排序后的第 3 位和第 4 位的中间,也就是这两个数的均值,因此就是 (30+40)/2=35 了。

均值容易受到特殊数据的影响,而中位数则不会,因此中位数能相对客观地反映出整体的情况。

刚才的最近 5 天销售数据,通过计算得出中位数和均值,都是 30,如图 3-5 所示。

10	20	30	40	50

中位数	30
均值	30

图 3-5

如果再加入前一期的销售数据 500,这个数据非常大,和最近 5 天的数据有着明显的差异,由此而得出的中位数和均值也相应地变化,如图 3-6 所示。

500	10	20	30	40	50

中位数	25
均值	108

图 3-6

均值因为这个特殊数据的加入,产生了较大的变化,并且得出的结果和这 6 个数据都相差甚远,而中位数则变化不大。中位数的计算和每个数据的位置有关系,即使有极端的特殊数据加入,也是排在两端的位置上,而不会插在中间。对于求中间位置数据的中位数而言，这样的特殊数据不会造成太大的影响。那么，在无法利用均值很好地反映整体情况的时候，中位数可以作为重要的参考。

众数是指出现次数最多的那个数据。

众数能够反映数据样本的局部特征。如图3-7所示的6个数据中，通过中位数、均值、众数，可以明白由于有相当数量的数据150，从而使得处于多数的小数据被拉动，导致均值为60，但是中位数为25的结果。

| 150 | 150 | 20 | 30 | 10 | 0 |

中位数	25
均值	60
众数	150

图 3-7

合理参考均值、中位数、众数，加上最大值和最小值的话，就可以抹除掩盖数据的重重遮挡，了解数据的全貌，从而避免被部分展现的数据欺骗。

在得知工资数据的各种情况后，就很容易明白，并非你拖了平均工资的后腿，而是高工资的那些人的工资太高了，拉高了均值而已。

四、四分位法让广告商放弃了姚明和苏炳添的加入

四分位数是指把一组数据由小到大排序后，分成四等份，处于三个分割点位置的数据。

四分位划分的用处就是将一批数据一分为四，找出起主要作用的数据。最小的四分位数称为下四分位数，最大的四分位数称为上四分位数，中间的四分位数则是中位数。而四分位距则有助于了解处于中心部分的50%的数据的情况，可以把极大值和极小值等异常值排除在外。

四分位距 = 上四分位数 - 下四分位数，它是50%中间数据形成的一个间距。

关注四分位距可以减少异常值的影响。在上四分位数以上25%的数据，以及下四分位数以下25%的数据，包含了数据中的极大值和极小值，因此当仅仅关注四分位距内，即中位数附近的数值时，就会剔除这些包含了极大值和极小值

的异常值,从而得到不会被异常值扭曲的结果,如图 3-8 所示。

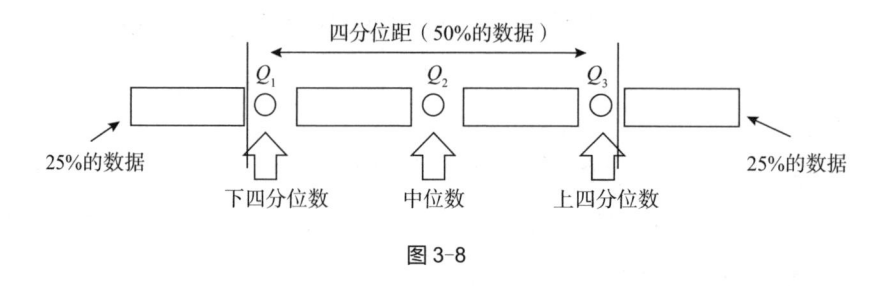

图 3-8

例如,爱美斯乐集团这些日子准备挑选一批高个子的人来拍摄一组宣传照片,借此推广企业的产品。产品的亮点要建立在阳光形象上,因此爱美斯乐集团决定使用身材高大的模特,这会让每个看过这个广告照片的人都在心里留下深刻的印象。当然,要是模特本身具备相当的人气,自然会带来更好的效果。很快,八位高个子模特被选为候选人,他们身高均在 1.88～1.93 米。这队模特并肩而立,颇具吸引力,如图 3-9 所示。

图 3-9

不过,很快有人表示可以说服姚明加入这个队列。然而,姚明加入的话,他那 2.26 米的身高就会特别显眼。模特们原本差不多的身高高度,会因为高大的姚明加入而出现明显的不一致,如图 3-10 所示。

图 3-10

与此同时,为了增加广告话题性和效果,也有人提议邀请被誉为"苏神"的苏炳添加入。作为首位进入奥运会百米男子短跑决赛的黄种人,苏炳添身高只有 1.72 米，和广告计划的一队高个子模特并不契合，不过如果姚明加入，从总体的高度来说，依然是一队高个子模特。但这样一来，这队模特的身高会变得参差不齐，视觉效果就打了折扣，如图 3-11 所示。

图 3-11

为此反复讨论后，爱美斯乐集团最终否决了请姚明和苏炳添加入的想法。对于那八位身高在 1.9 米左右的模特而言，姚明和苏炳添的身高就是两个异常值。本来八位模特的身高均值和中位数都在 1.9 米左右，苏炳添和姚明的加入让数据产生了扭曲，并带来了身高落差的视觉效果。相较之下，仅仅保留那八位 1.9 米左右的模特会更好。这八位模特的身高值都是中位数附近的，处于数据集中心的 50% 的数据中。同时，广告的聚焦点在产品上，而非在两大人气者——姚明和苏炳添上。

四分位法对于认识货物特征有着重要的辅助作用。例如，华尔公司就是通过四分位法来提升对货物特征的认识的。

华尔公司的第 1 周到第 11 周的销售数据如表 3-2 所示。计算出来的平均销售量是 129 个单位。

表 3-2

周	销售量（个）
1	120
2	90
3	140
4	100
5	170
6	30
7	110
8	300

续表

周	销售量（个）
9	130
10	100
11	130

很多时候当不考虑太复杂的情况时，一般设定库存计划，都是简单地用提前期乘以该期内的平均销售量来确立一个安全库存，从而覆盖提前期不确定性带来的影响。而一旦使用了因为异常值而扭曲了的均值，库存势必增大，极有可能损害库存管理的健康程度。

该公司的供货提前期是 8 周，如果按照提前期乘以平均销售量 [$8 \times 129 = 1032$（个）单位] 来做库存计划，安全库存就要设立为 1032 个单位。

不过，当把这组销售数据转换成图 3-12 并进行观察时，发现其中有两个数据是非常值得留意的。图 3-12 中两个圆圈所圈着的数据，和其他数据偏离较大。以这组数据来说，这两个数据可以视为异常值。

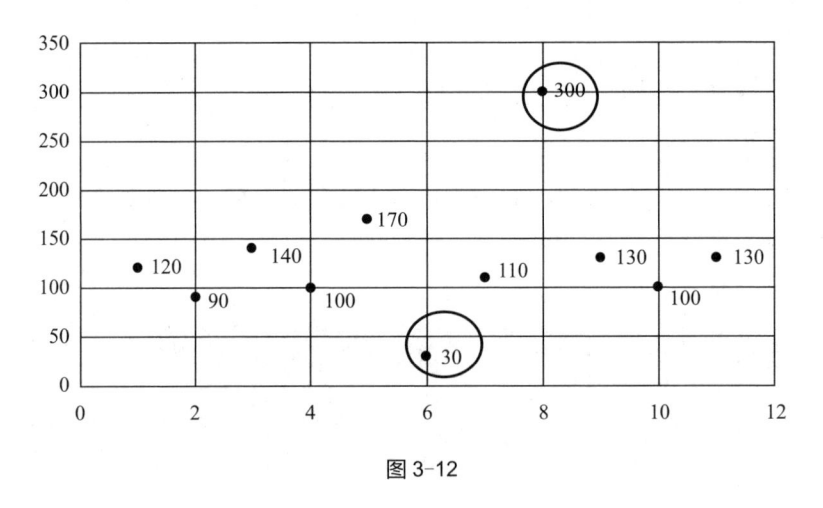

图 3-12

下面就要根据这组数据的特征，审视一下这两个异常值是怎么回事了。如果能分析出造成这些销售量差异的具体原因，比如是品牌联动带来的影响，例如优衣库和 KAWS 联名 T 恤造成抢购这类情况导致销售量大增，又或者是异常事件导致突然的销售量下滑，那么可以根据实际分析得到的情况，看这个销售量是否为小概率事件并决定是否引入计算中。

剔除异常值，找出四分位数，可以利用 Excel 函数计算。先通过函数 MIN、MAX、MEDIAN 分别计算出最小值、最大值和中位数，如图 3-13、图 3-14、图 3-15 所示。

图 3-13

图 3-14

| E3 | | | fx | =MEDIAN(B2:B12) |

	A	B	C	D	E
1	周	销售量（个）		最小值	30
2	1	120		下四分位数	
3	2	90		中位数	120
4	3	140		上四分位数	
5	4	100		最大值	300
6	5	170			
7	6	30			
8	7	110			
9	8	300			
10	9	130			
11	10	100			
12	11	130			

图 3-15

然后通过函数 QUARTILE.INC 计算出下四分位数和上四分位数，如图 3-16、图 3-17 所示。

| E2 | | | fx | =QUARTILE.INC(B2:B12,1) |

	A	B	C	D	E	F
1	周	销售量（个）		最小值	30	
2	1	120		下四分位数	100	
3	2	90		中位数	120	
4	3	140		上四分位数	135	
5	4	100		最大值	300	
6	5	170				
7	6	30				
8	7	110				
9	8	300				
10	9	130				
11	10	100				
12	11	130				

图 3-16

| E4 | | | fx | =QUARTILE.INC(B2:B12,3) |

	A	B	C	D	E	F
1	周	销售量（个）		最小值	30	
2	1	120		下四分位数	100	
3	2	90		中位数	120	
4	3	140		上四分位数	135	
5	4	100		最大值	300	
6	5	170				
7	6	30				
8	7	110				
9	8	300				
10	9	130				
11	10	100				
12	11	130				

图 3-17

在图 3-16、图 3-17 中，函数中的 B2:B12 后面的数字 1 和 3 表示第一个四分位点（1/4）和第三个四分位点（3/4），四分位距则是 135-100 = 35，从而可以知道 50% 的销售量都在这 35 的距离中波动。

上下四分位内的均值是 118，如果使用公式计算 8 周提前期的库存，则为 8×118 = 944（个）单位。944 个单位的库存比起之前并没有剔除异常值而计算的 1032 个单位少了 88 个单位，下降了 8% 的库存。

使用四分位法有助于防止结果被异常值扭曲，从而不轻易被均值带来的扭曲所欺骗。

特别是在 XYZ 分类中，假如变异系数设立 0.5 为分界点，并借此分出 X 类和 Y 类，那么变异系数为 0.53 或者 0.55 的货物就会被归入 Y 类。这些接近 X 类的货物，非常可能是由于少数的异常值导致波动增大而未能归入 X 类。因此，这些异常值就欺骗了我们，从而使我们不能正确认识这个货物的特征，导致我们选择了并非最恰当的预测或者库存计划方法。四分位法有助于我们减少异常值带来的问题，避免把本应该是 X 类的货物错误地分类为 Y 类。

四分位法还可以用于多个方面，比如提前期的计算等。

此外，还可以根据四分位法的原理，把数据分成十份，而不是四份，这就是十分位法了。此时，每一个数据块将包含 10% 的数据，而起分割作用的数称为十分位数。若把数据分成一百份，起分割作用的数就称为百分位数了。

根据实际的情况，除了选用四分位法，还可以使用十分位法、百分位法等。

五、赌王何鸿燊为什么说"不赌就赢"

大数定律是描述相当多次重复实验的结果的定律。从这个定律可知，样本数量越多，其算术平均数就会有越高的概率接近期望值。

大数定律说明了一些随机事件的均值的长期稳定性。

以投骰子为例。骰子的六面分别为 1、2、3、4、5、6，投出来任何一面的概率都是相等的。那么每次投出骰子后，出现点数的期望值就是 (1+2+3+4+5+6)/6=3.5 了。

根据大数定律，如果多次抛掷骰子，随着抛掷次数的增加，期望值（样本平均数）应该接近 3.5。比如第一次投出来可能是 2，第二次可能是 1，那么两次的平均数就是 1.5，但随着投的次数越来越多，平均数就渐渐地向 3.5 靠拢，如图 3-18 所示。也就是说，当投的次数为 n 次时，n 次投出来的平均数 x_n 与期望值 x 之间的差距随着 n 的增长而趋向于零。

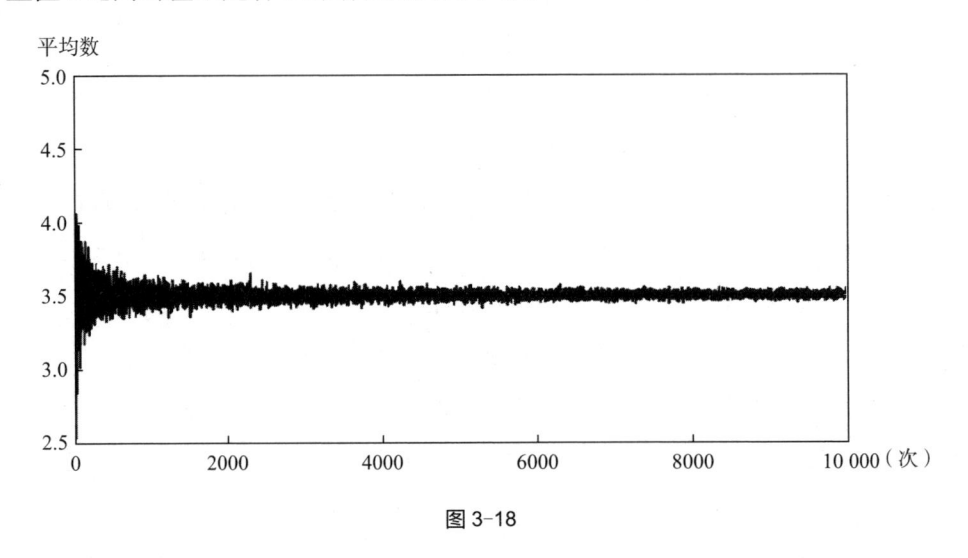

图 3-18

实际上，这个向平均数靠拢，因强大数定律和弱大数定律而有所不同。

强大数定律就是这个 x_n 必然趋近期望值，而弱大数定律则不能保证 x_n 趋近期望值，不过随着 n 的增大，也就是投骰子的次数越来越多，这个趋近的概率将越来越大。

著名的赌王何鸿燊能够达成其赌业成就，也是基于大数定律而非赌技。电影中的赌神、赌侠、赌圣，凭着小小的赌本就能赢得大额的财富，但现实中，失败和全部输掉的概率也存在。一场公平的赌博游戏，每一局对于对赌双方而言都是概率平等的。而一连串的赌博，都落在同一个概率分布上，也就是说，一方一直赢下去，会随着局数的增加而变得越来越难。

除了深知赌场十赌九输的道理，何鸿燊能够稳赢，是因为他立足于大数定律中。他曾经说过："再有钱也不够赌场赌的，我没那么笨也去赌一份！"

他接着就此说道："我一向劝人赌博当是一种玩耍、娱乐，千万不要过分赌，因为你过分赌未必有得赢，因为我是抽水的，但是人们不听。即使 40 把不输不赢，打平手，你也已经全都没了。"

何鸿燊之所以这么说，是因为大数定律揭示的就是这么一回事。

假如赌场设置为"51%∶49%"的预期概率，即赌场胜率至少是51%，只要赌场不断运营下去，赌局持续不断，随着不断演变，输赢的概率就会越来越趋近"51%∶49%"这个预期比例。对于赌客来说，虽然赌局有赢有输，看似每一局胜负以平等的"50%∶50%"来划分，但在设立的"51%∶49%"的预期概率下，赌客的期望值是负的，而赌场的期望值是正的，只要积累下去，赌客必然是输的，而赌场是赢的。

赌场背后就是不可打破的大数定律这个逻辑理论。作为赌场的运营者，何鸿燊自然立于不败之地，稳坐赌王之位。

赌王也因此提醒世人："不赌就是赢。"

赌场不管何时都欢迎客人来赌，24小时都华灯高挂，为的就是赌博输赢的随机性长期稳定下去，最终趋近期望值。

大数定律揭示了大量随机变量的平均结果，不过没有涉及随机变量的分布问题。这个问题就交由中心极限定理解释了。

中心极限定理说明的是在一定条件下，大量独立随机变量的平均数是以正态分布为极限的。

随着抽取样本数的渐渐增加，从15个样本增加到30个样本，再增加到60个样本，随机变量的分布渐渐向中心（平均数）靠拢，慢慢近似为正态分布。

中心极限定理就是说不管总体是什么分布，任意一个总体的样本平均数都会围绕在总体的整体平均数周围，并且呈正态分布，如图3-19所示。总有极少数的样本平均数远大于或者远小于总体平均数，而有一些样本平均数稍大一点，另一些则稍小一点。

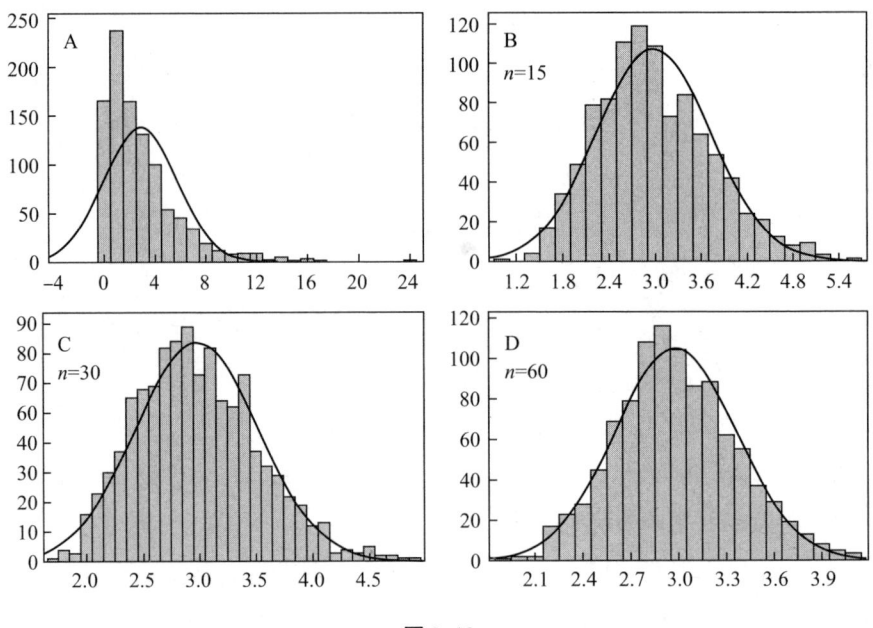

图 3-19

正态分布是常见的一种分布，其形状像一只倒扣的钟，也因此被称为钟形分布，如图 3-20 所示。两头低，中间高，那是因为大部分数据集中在平均数及其附近，小部分分布在两端。

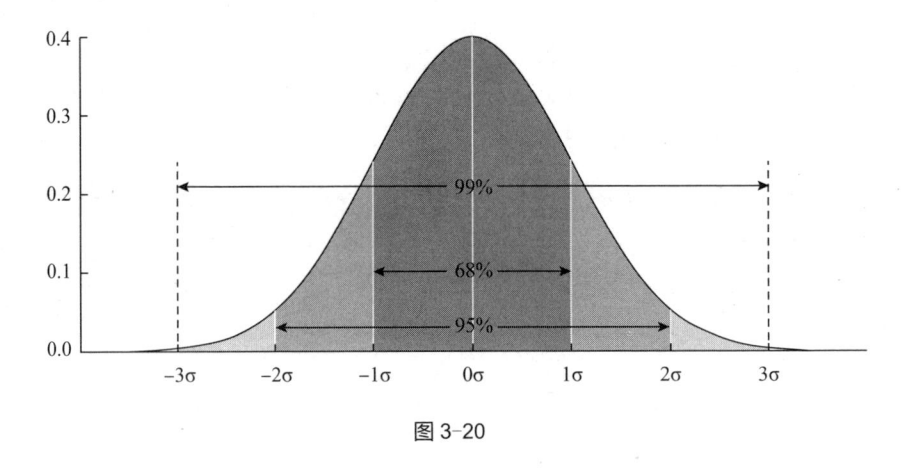

图 3-20

正态分布告诉我们，约 68% 的数据分布在距离平均数 1 个标准差之内的范围内，约 95% 的数据分布在距离平均数 2 个标准差之内的范围内，以及约 99% 的数据分布在距离平均数 3 个标准差之内的范围内。

正态分布在库存管理上有着重要的指导作用。如果数据服从正态分布，就可以算出相应的概率并因此设置对应的库存了。正态分布是不少安全库存计算公式的基本出发点。

第二节 给意外上一点保险：安全库存

安全库存是为了应对不确定性因素导致货物需求超过预期，原来的计划应对不了而额外准备的库存。这种不确定性因素包括需求大幅度增加，或者订货提前期因各种意外导致延长。因此，要增加实际需求以外的额外库存来预防这些风险带来的供货不足的情况。

一、安全库存公式的进化

安全库存并不是说有了这个库存，就什么都安全了。安全库存实际上是为了应对由于不可预知的因素导致可能出现的库存短缺而设立的缓冲。不可预知因素一般就是预测和需求的不符，或供应时间长于预期的供应时间。因此，这个安全库存的"安全"就是为了应对这两个不确定性：一是需求的不确定性，二是提前期的不确定性。

虽说是为了应对这两个不确定性带来的问题，但实际上这两个不确定性包含了许多涉及的风险，比如预测错误、供应商不可靠、生产提前期的变动或物流问题。设置安全库存在缓解这些问题的同时，又容易造成新的问题，比如库存过多，又或者库存成本远超预算。

为了恰到好处地解决风险问题，又尽量避免造成新的问题，从而产生了几种不同的库存公式，来计算这个安全库存。

以下为所有公式使用的符号。

SS（Safe Stock）：安全库存。

AS（Average Sale）：平均销售量。

MS（Maximum Sale）：最大销售量。

LT（Lead Time）：提前期。

ROP（Re-Order Point）：再订货点。

(一) 原始经典安全库存公式

$$SS = AS \times 销售天数$$
$$ROP = SS + AS \times LT \tag{3-1}$$

设立这个安全库存就是为了确保你可以在未来一段时间内的销售有所供应。假如某个产品每天平均销售量是 100 个单位，为了能够安全地销售 8 天，得到足够的供应，设立的安全库存就是 100×8 = 800（个）单位，同时这个产品的供货提前期是 10 天，因此再订货点就是 800 + 100×10 = 1800（个）单位。

也就是说，对于这个安全库存为 800 个单位，再订货点为 1800 个单位的某产品，在产品库存降到 1800 个单位的时候，就要马上下订单补充库存了。从下订单到新订产品到达需要 10 天的提前期，期间将消耗 1000 个单位（平均每天 100 个单位的销售量销售了 10 天）的产品，这时候产品库存为 800 个单位，同时新订产品到达，产品的库存水平得到提升。

这个原始的公式应用于供应链中容易暴露出不少问题，如安全库存设立的目的是应对需求和提前期的不稳定性，而这个公式却恰恰因为需求和提前期的稳定性从而能够被好好运用。假如提前期不是固定的 10 天，5 天或者 30 天都有可能，又假如需求虽然平均每天为 100 个单位，但是波动很大，有些天可以高达 500 个单位，而有些天会出现 30 个单位的低需求，就面临不少问题了。不过，这个公式一旦放在表现平稳的供应链中，就是最好用的。特别是在 ABC-XYZ 分类中，该公式适用于 X 类这种需求平稳的产品，当然还要注意提前期的平稳性。

(二) 最大 - 平均差异计算公式

$$SS = (MS \times LT_{最大值}) - (AS \times LT_{平均数})$$
$$ROP = SS + AS \times LT_{平均数} \tag{3-2}$$

原始经典安全库存公式仅仅是为了保证安全销售的那些天数而设立的安全库存，但实际上，需求和提前期往往都有一定的波动性，这样的波动性带来了不确定性因素，从而超出安全库存的覆盖范围，因此有了一个进阶的安全库存公式,即最大-平均差异计算公式。

这个公式就是取最大值和平均数的差异来确立安全库存以缓解不确定性因素带来的风险,把风险的界限设立在已知的最大值处,包括提前期,包括销售量。

比如有一组过往12个月的销售数据、配送次数及提前期数据,如表3-3、表3-4所示,就可以求出它们的平均数和最大值了。

表3-3

月 份	销售量(个)
1	700
2	1100
3	950
4	1050
5	850
6	1300
7	1200
8	1100
9	1000
10	1000
11	780
12	1230
合计	12 260
每月平均	1022
平均销售(每日)	34
最大销售(每日)	43

表3-4

配送次数	提前期(日)
1	38
2	37
3	37
4	42
5	35
6	28
7	36
8	38
9	36
10	27
平均提前期	35
最大提前期	42

通过这组数据,得知每日平均销售量为34个单位(根据每月平均销售量1022个单位除以30天得出),每日最高销售量为43个单位(根据最大值的6月销售量1300个单位除以30天得出),而这12个月总共发生了10次配送来支持这些销售,每次配送的平均提前期为35天,最大提前期为42天。

因此代入公式可得:

SS=(43×42)-(34×35)= 616(个)

ROP =616 + 34 × 35 = 1806（个）

当库存降低到 1806 个单位的时候，就要安排订货了。回顾过往 12 个月的情况并以此作为参考，安全库存应设立为 616 个单位，如图 3-21 所示。根据过去的数据显示，它不太可能出现 1806 个单位的月销售量，这个每日最大销售量和最大提前期同时出现的情况，是特别极端的情况下才会发生的。这个因极端情况而出现的销售量和平均销售量之间的差异，就是安全库存。

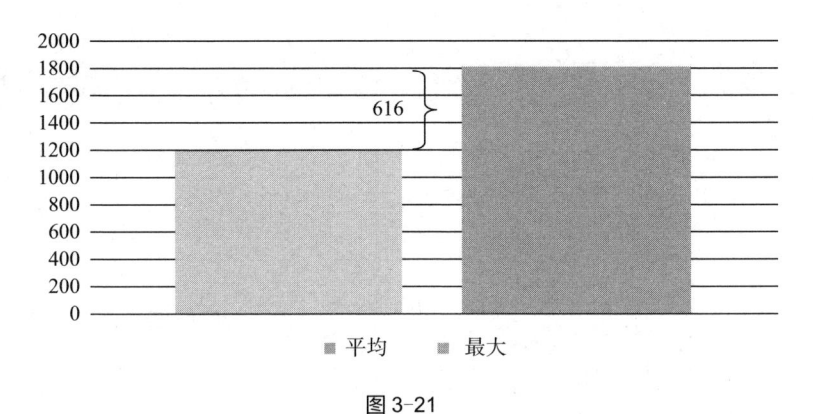

图 3-21

有足够多数据的话，这个方法简单又快捷，同时有较大可能性覆盖足够多的风险因素。当然，在使用这个公式之前，应该了解提前期长短不一致的原因，如果是因特殊情况而导致一些提前期非常长，将会对这个公式的计算结果产生很大的影响。我们可以剔除这些数据，或者把销售数据和提前期数据限制在某个百分比范围内，比如距离平均数 ±70% 以内。

（三）需求不确定的正态分布计算公式

$$SS = Z \times AS_{标准差} \times \sqrt{LT_{平均数}}$$
$$ROP = SS + LT_{平均数} \times AS \tag{3-3}$$

最大 - 平均差异计算公式可以说很好地覆盖了已知的不确定性因素带来的最大的边界限制，然而要知道，库存对于现金流来说，并不是一件很好的事，积压的库存意味着积压着资金，那么过多的安全库存就是过多地积压资金了。因此，虽然最大 - 平均差异计算公式应最大限度地覆盖风险，但是有些时候出现最大值的情况可能是偶然，不是必要因素造成的，那么是否有必要按此最大值衡量？同时，这个公式没有考虑客户的目标覆盖率。

因此，就出现了正态分布的计算公式。这个公式可以根据不同的考虑因素，设立目标覆盖率，确立对应的安全库存。

如前面所说，正态分布属于统计学的范畴。数据是否属于正态分布，最好还是通过检验来判断，如使用 SPSS 软件等，只要导入数据，就可以很快地检验出数据是否属于正态分布。

如图 3-22 所示的是标准的正态分布图。正态分布以均值为中线向两侧对称分布，并且出现在均值附近的可能性要比出现在两端的可能性要高。也就是说，假如平均需求是 1000 个单位，那么出现 200 个单位或 2500 个单位的需求的可能性比出现 1000 个单位的需求的可能性要低。

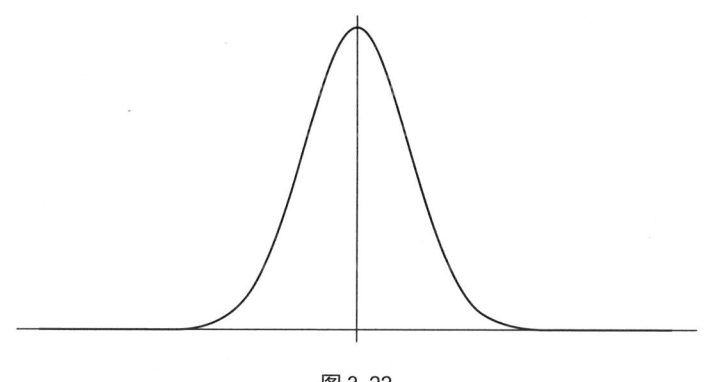

图 3-22

这个计算公式的单位必须一致，如果需求数据以月为单位，提前期以天为单位，那就要彼此统一单位了，变成均以月为单位或者均以天为单位。需求越不稳定，需求的偏差值就会越大。

假设设定目标服务覆盖率为 90%，也就是根据过往需求表现和提前期数据，可以得出安全库存能够有 95% 的概率应对不确定性因素风险导致的库存不足。注意，95% 的概率可以看作在同样的情况下，100 次里有 95 次不会发生，但是有可能恰恰要发生的就是另外的 5 次，虽然这 5 次发生的可能性不高，但不能视为不会发生，哪怕概率为 99% 也同样如此。

目标覆盖率 90% 为什么会视为 95% 的概率？可参看本节后面的"【小插曲 2】安全库存系数为什么多选 95% 来计算 Z 值"。

有一组过往 12 个月的销售数据、配送次数及提前期数据如表 3-5、表 3-6 所示。

表 3-5

月　份	销售量（个）
1	700
2	1100
3	950
4	1050
5	850
6	1300
7	1200
8	1100
9	1000
10	1000
11	780
12	1230
合计	12 260
每月平均	1022
平均销售（每日）	34
最大销售（每日）	43
目标覆盖率	90%
Z 值	1.28
需求标准差	174

表 3-6

配送次数	提前期（日）	提前期（月）
1	38	1.27
2	37	1.23
3	37	1.23
4	42	1.40
5	35	1.17
6	28	0.93
7	36	1.20
8	38	1.27
9	36	1.20
10	27	0.90
平均提前期	35	1.18
最大提前期	42	1.40
提前期标准差	4	0.14

90% 目标覆盖率对应的 Z 值是 1.28（保留两位小数），我们可以通过查相关表或者使用 Excel 函数 NORMSINV 得出。通过这个数据，我们得知每天平均销售 34 个单位（根据每月平均销售 1022 个单位除以 30 天得出），标准差是 174 个单位，而这 12 个月总共发生了 10 次配送来支持这些销售，平均每次的提前期为 35 天，标准差是 4 天。由于销售数据是按月份来计算的，因此提前期单位都要统一为月，而不采用天作为计算单位。

因此代入公式可得：

$$SS = 1.28 \times 174 \times \sqrt{1.18} = 242 \text{（个）（四舍五入取整）}$$

ROP = 242 + 1.18 × 1022 = 1448（个）（四舍五入取整）

当库存降低到 1448 个单位的时候，就要安排订货了，其中安全库存设立在 242 个单位的水平，按照过往 12 个月发生的情况来看，它能保证在同样情况下有 95% 的概率不会缺货。

值得注意的是，这个公式仅仅用在不确定性因素只反映在需求上，而提前期相对稳定并且可以预测的情况中（注：此数据在提前期上存在不合理性，只为演示使用）。

（四）提前期不确定的正态分布计算公式

$$SS = Z \times AS \times LT_{标准差}$$
$$ROP = SS + LT_{平均数} \times AS \qquad (3-4)$$

既然有了需求不确定这个考虑因素，那么同样地就会有提前期不确定的风险存在，因此也就出现了关于提前期不确定的正态分布公式，来覆盖因为提前期因素而导致的风险波动。当然，这个公式也只考虑单边风险，即风险仅落在提前期因素上，而需求是相对稳定的状态，从而不考虑需求的不确定性这个风险。当问题只反映在提前期上，并且有可靠的预测时，则使用这个提前期不确定的正态分布计算公式。

同样的数据，还是那组过往 12 个月的销售数据和配送次数以及提前期数据，如表 3-5、表 3-6 所示。

代入公式计算可得：

SS = 1.28 × 1022 × 0.14 = 183（个）（四舍五入取整）
ROP = 183 + 1.18 × 1022 = 1389（个）（四舍五入取整）

当库存降低到 1389 个单位的时候，就要安排订货了，其中安全库存设立在 183 个单位的水平，按照过往 12 个月发生的情况来看，它能保证在同样情况下有 95% 的概率不会缺货。

值得注意的是，这个公式仅仅用在不确定性因素只反映在提前期上，而需求相对稳定并且可以预测的情况中（注：此数据在提前期上存在不合理性，只为演示使用）。

（五）不确定的提前期和需求，正态分布且独立的计算公式

$$SS = Z \times \sqrt{LT_{平均数} \times AS_{标准差}^2 + (AS \times LT_{标准差})^2}$$
$$ROP = SS + LT_{平均数} \times AS \qquad (3-5)$$

公式（3-3）和公式（3-4）都只考虑了单一方面的不确定因素，如果两者同时发生呢？进一步发展得到的这个将两种因素都纳入考虑范围的安全库存公式，也是现今流行并为大多数人所宣传的公式。但是，尽管两者的不确定性程度都很高，两者却是独立的、不互相影响的。

比如说雨伞。买伞是为了一旦下雨可以起到遮挡作用（此处不考虑防晒、防紫外线，以及装饰、衣服搭配之类的用处），那么不管提前期如何，都不会影响这个需求。需求的影响因素仅仅在于人们是否需要购买这把雨伞挡雨用，它们是相互独立的。不会因为雨伞早到货就多买，迟到货就少买。这就是独立性的表现。

同样的数据，还是那组过往 12 个月的销售数据、配送次数及提前期数据，如表 3-5、表 3-6 所示。

代入公式得出：

$$SS = 1.28 \times \sqrt{1.18 \times 174^2 + (1022 \times 0.14)^2} = 303 （个）（四舍五入取整）$$
$$ROP = 303 + 1.18 \times 1022 = 1509 （个）（四舍五入取整）$$

这个计算结果说明了提前期和需求都有不确定性的因素时，当库存降低到 1509 个单位的时候，就要安排订货了，其中安全库存设立在 303 个单位的水平，有 95% 的概率可以应对这些因素带来的库存不足的危机。

（六）不确定的提前期和需求，正态分布且相关的计算公式

$$SS = Z \times AS_{标准差} \times \sqrt{LT_{平均数}} + Z \times AS \times LT_{标准差}$$
$$ROP = SS + AS \times LT_{平均数} \qquad (3-6)$$

现今流行的公式（3-5），是基于两个不确定因素相互独立而设立的，因此又会引申出一个新的情况：如果需求和提前期这两者的不确定性是相互影响的呢？

也就是说提前期的变动会影响需求，反之亦然。因此，应运而生的新公式就是把需求不确定的公式（3-3）和提前期不确定的公式（3-4）相结合。

同样的数据，还是一组过往 12 个月的销售数据、配送次数及提前期数据，如表 3-5、表 3-6 所示。

代入公式得出：

SS=1.28×174×$\sqrt{1.18}$+1.28×1022×0.14=425（个）（四舍五入取整）

ROP=425+1022×1.18=1631（个）（四舍五入取整）

这个计算结果说明了在提前期和需求都有不确定性的因素，且两个不确定性的因素互相影响的情况下，当库存降低到1631个单位的时候，就要安排订货了，其中安全库存设立在425个单位的水平，有95%的概率可以应对这些因素带来的库存不足的危机。不过这种情况非常极端，在现实中出现的机会很少，因此也不太推荐使用公式（3-6）。

二、安全库存公式的阿喀琉斯之踵

六个安全库存公式通过对应不同的因素而一层层地进化发展，但是无论如何，它们基本上都脱不了正态分布的限制，各自有不适用的情况和缺陷。这正如希腊神话中的英雄阿喀琉斯，哪怕全身刀枪不入，也依然有脚踵这个致命死穴。

特别是公式（3-3）、公式（3-4）、公式（3-5）、公式（3-6）都得益于数学定律的计算，但是要知道，现实世界中充满各种可能性，并非所有需求都必然服从于同样的数学定律，有些需求会服从于其他非正态的分布，如泊松分布等。因此，上述公式的使用有条件限制。

同时，安全系数 Z 不具有季节性。在季节性表现很强的需求中，计算出来的安全库存就不见得那么理想了。

这些计算容易忽视一些极端情况，因为正态分布始终认为极端情况的概率是非常低的，一旦极端情况出现，比如供应质量、生产问题，就算设立认为足够的安全库存也会带来缺货等问题。要知道，低概率并不代表不会发生，这可能导致供需双方产生不信任，对计算结果不认同，最终人为地提高库存水平。比如一家企业只希望并需要90%的目标覆盖率，实际上却人为地提高到了99%，从而带来库存负担。

可以从以下几个方面考虑以便正确应用这些安全库存公式。

首先，可以结合ABC-XYZ分类法，对不同类别的货物设立不同的目标覆盖率等。

其次，要注意数据的真实可靠性，因为安全库存公式都是以过往数据来计算的。

再次，数据太少的时候可以考虑最大-平均差异计算公式；如果数据较多，可以考虑正态分布计算公式，前提是数据必须符合正态分布条件。

最后，计算的结果数据不代表一切，要人为结合现实各方面做最终的判断！

【小插曲1】安全库存公式的 Z 值是怎么回事儿

在几个安全库存公式的计算中，都会出现一个 Z 值。那么 Z 值究竟是怎么一回事儿？要知道在标准正态分布下，随着得出的目标覆盖率（也可以称为目标服务水平）的结果不同，Z 值也因此不同，比如 84% 的目标覆盖率对应的 Z 值就是 1，一般都说成达到这个目标覆盖率要 1 个标准差，如图 3-23 所示。如果在标准正态分布下要达到 95% 的目标覆盖率，就要 1.65 个标准差，那么 Z 值就是 1.65。

覆盖率（%）	Z值
84	1
85	1.04
80	1.28
95	1.65
97	1.88
98	2.05
99	2.33
99.9	3.09

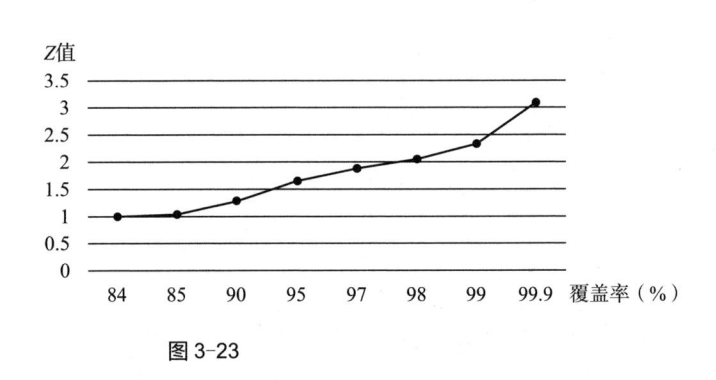

图 3-23

Z 值是一个临界值，是标准化的结果。但是这个值本身是没有意义的，有意义的是其在标准正态分布模型中代表的概率。

这里引入一个例子去理解这个 Z 值。

某公司有 50 位员工，这意味着有 50 个工资数据，从 3000 元到 15 000 元不等，假如当中的平均数是 7500 元，其中有的人是 3000 元，有的人是 9000 元，这些员工的工资数据合计再除以总的员工数，就是平均数 7500 元。如果只知道平均数，而不知道各员工工资的具体数值，那么为了衡量这些人的工资是相当接近还是彼此差异很大，就要用标准差了。标准差有助于理解某数据离平均数有多远，差距有多少。同样是 7500 元的平均数，标准差是 2500 元和标准差是 5000 元，后者的贫富悬殊就比前者严重得多。

如果数据量很大的话，数据就不好计算。比如一个个体的标准差是 10，另一个是 50，如果有一万份数据，就有一万个标准差数据。所以要引入 Z 值，Z 值就是用来衡量标准差的标准，它用来度量某一原始数偏离平均数的距离。

Z 值的公式是：

$$Z=\frac{\chi-\mu}{\sigma}$$

其中 χ 是要衡量的值，μ 是平均数，σ 则是标准差。

如上面提到 7500 元的工资平均数，如某员工的工资是 10 000 元，在不同的标准差下，Z 值是不同的。

标准差是 2500 的情况下，Z 值是 1，表示这个员工的工资比平均数多了 1 个标准差；标准差是 5000 的情况下，Z 值是 0.5，表示这个员工的工资比平均数多了 0.5 个标准差。

Z 值也有正负之分，当该公司的工资平均数不是 7500 元而是 15 000 元，而某员工的工资还是 10 000 元的时候，在标准差是 2500 元的情况下，Z 值是 -2，这代表该员工的工资离平均数少了 2 个标准差，如图 3-24 所示。

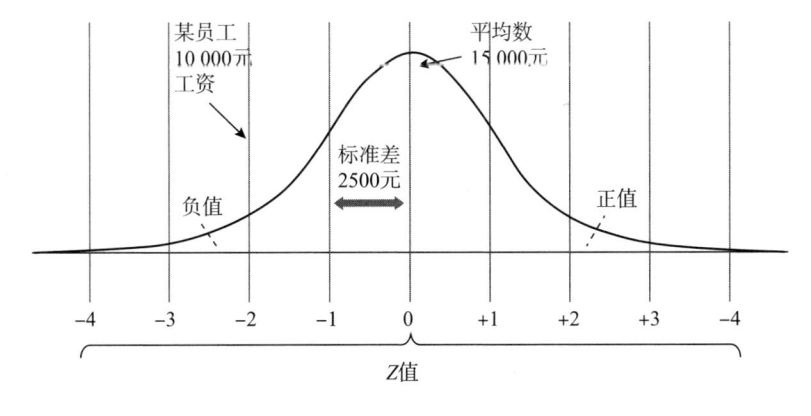

图 3-24

【小插曲2】安全库存系数为什么多选95%来计算Z值

在安全库存公式（3-5）中，不管是平均提前期、平均需求、提前期标准差，还是需求标准差，都是根据过往历史数据，实际计算出来的，是客观存在的，唯独Z值需要计算人员的主观意愿来选择和决定。而在这个决策过程中，有时会根据一定规律，有时是根据常理。

所谓一定规律，是指标准正态分布，约68%的数值分布在距离平均数正负一个标准差之内的范围内，约95%的数值分布在距离平均数正负两个标准差之内的范围内，以及约99%的数值分布在距离平均数正负三个标准差之内的范围内。

选择两个标准差，或者三个标准差作为计算的依据，也就意味着选择95%或者99%的Z值来作为计算依据，如图3-25所示。

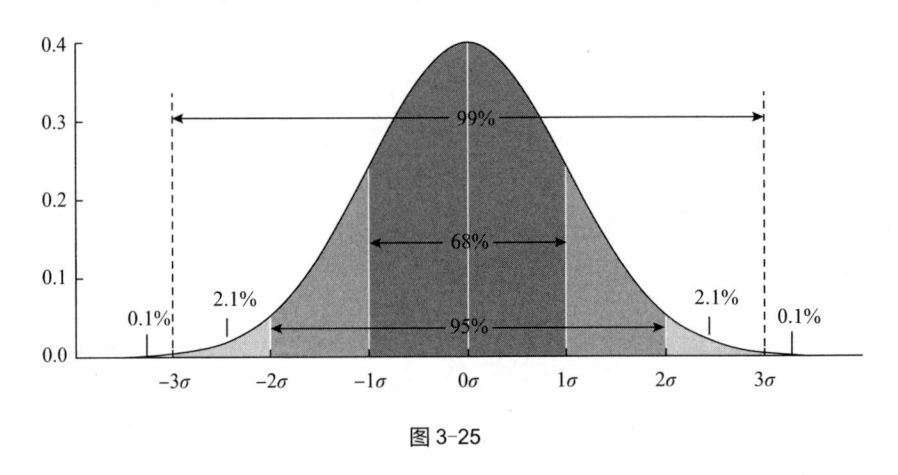

图 3-25

另外，有些基本懂得数理、统计学概率的人员，会选择95%作为计算依据，因为在数学范畴上，剩下的5%会被视为"不会发生的事件"，依照著名的"黑天鹅理论"，这种"不会发生的事件"也就是"黑天鹅不存在"，然而现实告诉我们，"黑天鹅"是存在的。

对于库存计算，因为库存不会出现负数，所以不需要考虑均值左侧超出-2σ的情况，而只需要考虑均值右侧超出2σ的情况。那么，这个时候得到的概率采用正数单边值（负值那边忽略），因此"黑天鹅"存在的概率只有一半，即$5\%/2 = 2.5\%$。所以，当选择90%目标覆盖率的时候，在进行库存计算时，实际上落在左侧的负值不在考虑范围内，因此实际涉及的目标覆盖率就是95%了，如

图 3-26 所示。

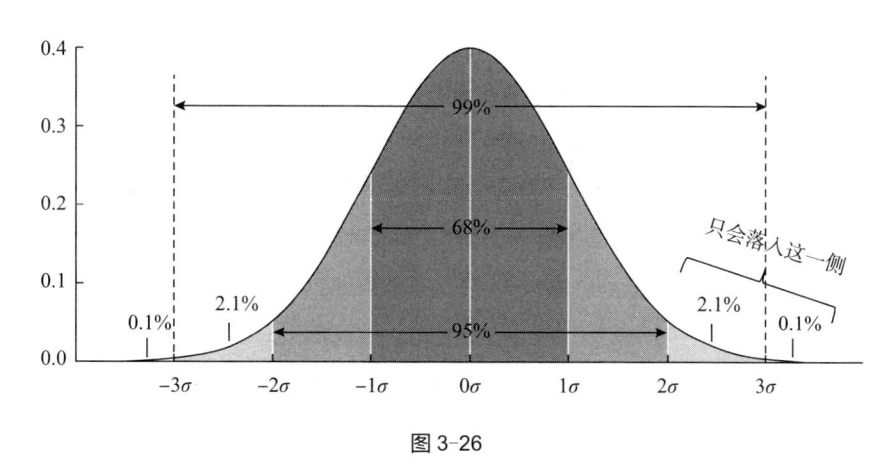

图 3-26

在这一点上,根据客观数学理论而计算出的库存,很容易因为这个 Z 值的主观性受到质疑,特别是对于不懂数理化,或者信奉经验主义的人。如果这些人是最终决策者的话,往往容易如此质疑:"为什么要 95% 的覆盖率?不能降为 93% 吗? 95% 覆盖率需要的库存很高啊。""95% 的覆盖率不就意味着还有 5% 的缺货概率吗?要高点,100% 不行,那至少要 99%,没货导致客户流失你担当得起吗?"

类似这样的事肯定存在。在 Z 值的选择上,存疑或者为此头痛的人也会有不少。整个安全库存计算公式都是基于客观数字的,唯独 Z 值是主观选择的。这个 Z 值得出的概率可以理解为主观概率。

主观概率是指建立在过去的经验与判断的基础上,根据对未来事态发展的预测和历史统计资料的研究而确定的概率。它没有客观资料和实验的背书,仅仅是人的臆测。

在日常生活中,常说"大概 9 成就可以了",这里的"9 成"并非概率上的 90%,即 0.9 这种明确数值,而是主观上的数值,也就是从以往经验来看,大概这样就行了。

因此,在主观概率上,细微的数值变化是没有太大意义的。在库存公式中,95% 和 93% 的计算依据不是注意的焦点,重要的是对等性和大小关系。因为主观地思考事件发生的难易程度的时候,不是为了决定数值本身,而是会想比起某事更容易发生（大小关系），和某件事同样容易发生（对等性）。那么，主观概率可以看作针对事件的发生的难易程度，以大小关系、对等性为基轴分配的概率，也就是对发生的可能性分配发生难易程度的数值。这个分配方法有从统计等方面切入的客观因素（过往经验），当然也有自己这么认为的主观因素。

选择什么样的 Z 值，并不能有客观、标准的指导，因为这个选择是主观的。不过从数学范畴来看，因为很多推算等都选择 95% 作为计算依据，这个可以作为参考和使用的依据。

公式（3-5）在计算时推荐采用 20 个以上的样本，少一点的话，10 个也勉强可以。该安全库存公式的概率计算，是计算该现象在过去发生的相对频率，并将其数值转换成未来可能性的数值，其背后隐含着未来重现过往所发生的事情的可能性。因此，样本数据越多，推算的概率越可靠。

尽管 Z 值含有主观因素，但是相对来说，整个安全库存公式都是比较客观的数据计算。不过这种计算得出的安全库存，在追加了新的信息之后，安定性就变得更容易被打破了。市场份额的蚕食行为、促销行为、市场动荡等，都会打破过去重现的安定性，减少再现性的可能。因此，计算还必须和市场贴合，尤其要多和相关部门，如销售、市场等部门沟通，获取他们的主观因素，结合数据计算来确定一个适当的库存水平，从这一点来考虑，就不必执着于安全系数（目标覆盖率）的具体选择了。

同时，也应该清楚这个选择的主观性，这样有助于沟通。正如上面提到的，如果决策者质疑 95% 的安全系数，非要选择 99%，那么可以试算两者结果，并对比、分析最终结果的差异及和过往表现的匹配情况，最重要的是还要了解时下的市场资讯，最终通过沟通获得彼此认同的最终数值。

第三节　知己知彼，百战不殆：剖析经典安全库存公式

安全库存公式（3-5）是不少文献、书籍不断提到的公式，可以说是经典的安全库存公式。

完全以数学符号来表达的话，公式（3-5）可以演化成以下公式：

$$SS = Z\sqrt{\mu_L \sigma_D^2 + \mu_D^2 \sigma_L^2}$$

各符号的含义如下。

SS：表示安全库存。

Z：表示目标覆盖率的对应系数（Z值）。

μ_L：表示提前期的平均数。

σ_D：表示需求数量的标准差。

μ_D：表示需求数量的平均数。

σ_L：表示提前期的标准差数。

通过这个看似复杂的公式算出的数值会清楚地告诉你，建立的安全库存有多安全，有多大的缺货可能性，当你选择了怎样的服务水平时就可以达到一个安全的数字，然后又夹杂了一堆标准差之类的内容，似乎包含了非常强的科学性和技术性，因此一些初入行者非常容易屈服在这个公式之下。然而，绝大多数的文章对于这个公式都只是彼此互转，并没有足够的说明。

这个公式必须在正态随机分布且需求独立的情况下才适用，因此包含了三个必须弄清楚的概念，那就是：正态分布、独立需求、随机需求。而这个公式的计算所包含的原理，就是从过往的历史数据中，推导计算出未来发生事情的概率。

一、正态分布

正态分布是连续分布的一种。与连续分布相对的是离散分布。

连续分布的数据是通过测量得到的，测量结果取决于测量精度，它是连绵不断地分布的。而离散分布的数据是通过计数得到的，数据之间有明确的间隔。

举个例子，一个画室之中只有 A 和 B 在。A 和 B 是两个人，两个人的数据就是离散的，因为不可能有 1.5 个 A 或者 0.75 个 B。1 个人和另一个人相互独立，有着明确的间距。但是 A 站在 B 的不远处，距离可以是 3.15 米，再精确一点的话，可以是 3.1564 米，再继续精确的话，是 3.1564287 米，一直精确下去，可以是 3.15642874624…米，这个数据就是连续的。

正态分布是连续分布的理想模型，它又被称为高斯分布。其分布呈钟形曲线，通过参数均值 μ 来确定曲线的中央位置，通过标准差 σ 来指出分散性。

正态分布图形如图 3-27 所示，标准正态分布就是指均值为 0、标准差为 1 的分布，即以 0 为中心，向两边对称分布。

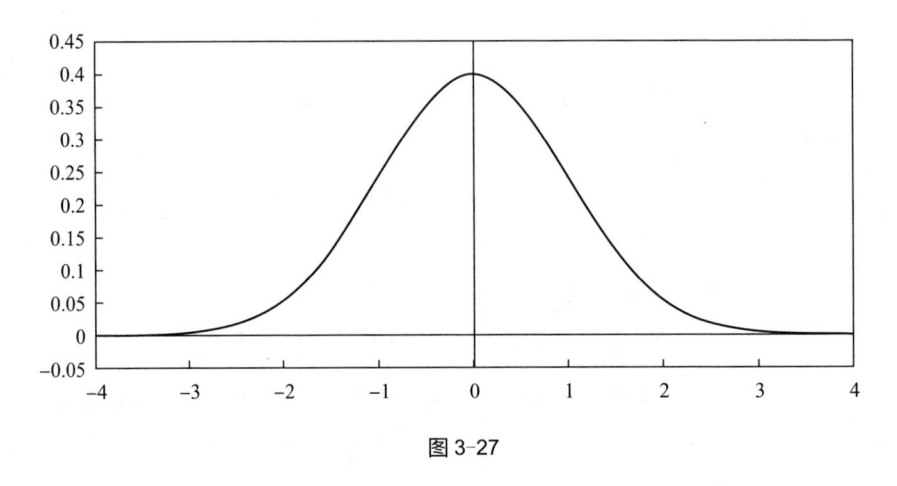

图 3-27

在某些论调中，有一种误导：一般来说，非正态分布情况下，数据样本足够大的话（样本大于 30），其分布就会近似正态分布。因此，总有人以为抽取 30 个样本数据就可以用来计算安全库存公式了。

事实上，所谓 30 个样本这种说法是根据中心极限定理而来的。中心极限定理提出，在一定的条件下，大量独立随机变量的平均数是以正态分布为极限的。大意可以这么理解：如果样本的数量大小 $n \geqslant 30$，且属于任何均值为 μ、标准差为 σ 的抽样总体，这个样本均值会近似服从正态分布。

注意，是样本均值近似正态分布，并非样本个体。也就是说，如果我们有过去数年的历史数据，假设是五年（按月来说，就是 60 个月），每次抽取 30 个月计算其均值，抽取 n 次来计算，这里可以有 30^n 种抽取方法（可重复数据），其均值组合就近似正态分布，而不是 60 个月中只要有 30 个月的数据，这 30 个月就近似正态分布。

二、独立需求

独立需求就是指 A 需求的需求时间和需求数据与 B 需求没有直接的关系。从统计学上来说，就是彼此都是独立变量，它们相互之间对对方的概率没有影响。比如我买了一个雪糕，和张曼玉是否买雪糕并没有什么关系，她可能想吃雪糕而选择购买，也可能因为没有兴趣而不想买。我的需求和张曼玉的需求不存在直接关系。

相反的就是相关需求。生产一台汽车，就有座椅的需求、轮胎的需求，它们是相关的。这个轮胎的需求是取决于汽车的需求的，不可能没有汽车的需求，就产生了轮胎的需求。

三、随机需求

随机性是偶然性的一种形式，是具有某一概率的事件集合中的各个事件所表现出来的不确定性。简单的例子就是硬币具有正反面，抛出去，出现正面和反面的概率是相等的，都是50%，集合起来就是100%，正反面就是所有的集合。抛出去有出现正面或反面的不确定性，出现什么面就是它的随机性。

因此，随机需求就有不同因子导致它出现不同概率的其中之一的情况。比如需求100，又或者需求50，都具有不确定性。

安全库存公式简化理解就是一个安全系数（Z值）乘以标准差，意味着一个确立的安全范围覆盖了多少个标准差。而标准差是由方差开方得来的。那么经典安全库存公式实际上可演化为：

$$SS = Z\sqrt{Var(X)}$$

Var 代表方差（Variance）。X 表示的是提前期 T 内需求量 D 的和。因此公式可演化为：

$$SS = Z\sqrt{Var[D(T)]}$$

不过，要最终得出熟知的安全库存计算公式，就需要知道方差的定义公式：

$$Var(X) = E(X^2) - E^2(X)$$

其推导过程如下：

$Var(X) = E^2(X-\mu)$

$Var(X) = E^2[X-E(X)]$

$Var(X) = E\{[X-E(X)][X-E(X)]\}$

$Var(X) = E[X^2 - 2XE(X) + E^2(X)]$

$Var(X) = E(X^2) - 2E[XE(X)] + E[E^2(X)]$

$\text{Var}(X) = E(X^2) - 2E[E(X)E(X)] + E[E^2(X)]$

$\text{Var}(X) = E(X^2) - 2E^2(X) + E^2(X)$

$\text{Var}(X) = E(X^2) - E^2(X)$

上面式子中的 E 表示期望值（Expected Value）。

四、期望值

在概率论和统计学中，期望值是指在一个离散性随机变量试验中每次可能结果的概率乘以其结果的总和。

例如，美国赌场中经常用的轮盘上有 38 个数字，每一个数字被选中的概率都是相等的。赌注一般压在其中某一个数字上，如果轮盘的输出值和这个数字相等，那么下赌者可以将相当于赌注 35 倍的奖金和原赌注拿回（总共是原赌注的 36 倍），若输出值和下压数字不同，赌注就输掉了。因此，如果赌注是 1 美元的话，这场赌博的期望值是：

$$(-1 \times 37/38) + (35 \times 1/38) + 1 = 0.947$$

也就是说，平均每赌博一次就会输掉 0.053 美元（1-0.947），反之，每下一美元赌注，收益的期望值只有 0.947 美元。

变量 X 的期望值写成：

$$E(X)$$

有时候也会写成 μ，这个也是均值的符号，因此被记作：

$$E(X) = \mu$$

用 P 表示概率的话，那么期望值的公式就是：

$$E(X) = \sum xP(X=x)$$

小写字母 x 表示的是每一个可能出现的数值，如投骰子的话，$x=1,2,3,4,5,6$。

当得知方差公式是 $\text{Var}(X) = E(X^2) - E^2(X)$ 时，把 $D(T)$ 代入 X 可得：

$$\text{Var}[D(T)] = E[D^2(T)] - E^2[D(T)]$$

接下来可以通过引入条件期望值来研究这个公式。

五、条件期望值

条件期望值是一个实数随机变量相对于一个条件概率分布的期望值。这句话理解起来有点麻烦,借用一个例子就是,如果我们要计算某个年级学生的平均分,常用做法就是这个年级的所有学生的成绩全部加总,然后除以这个年级的学生数,这样就可以得出其平均分。这个方法可以记为:

$$E(X)$$

第二个方法就是先计算出每个班级的平均分(第一次平均),然后再把每个班级的平均分加起来除以班级数(第二次平均),该方法可以记为:

$$E[E(X|Y)]$$

在这个例子里,每个班级相当于 Y,计算每个班级的平均分相当于固定一个 $Y=y$,y 指数值取值,比如1、2、3等,因此先有了:

$$E(X|Y)$$

然后再求班级的平均分,也就出现了:

$$E[E(X|Y)]$$

以班级数为条件来计算均值,就是条件期望值了。由于这两个方法是通用的,因此两式是相等的:

$$E(X)=E[E(X|Y)]$$

对于计算安全库存的条件期望值,就是以 T 时间为条件计算 D 的需求,那么 X 就是 $D(T)$,Y 就是 T,代入公式就是:

$$\text{Var}[D(T)|T]=E[D^2(T)|T]-E^2[D(T)|T] \qquad (3-7)$$

接下来再次引入条件期望值和条件方程,即在给定一个确认的 T 时期,计算 $D(T)$ 的期望值和方程。这里涉及两个公式:公式3-8 和公式3-9。

$$E[D(T)|T]=T\mu_D \qquad (3-8)$$

这里指 T 时间里的期望值需求。每天需求是独立的,T 是5天,就是5天乘以每天的需求期望值,也就是乘以每天的均值,均值符号是 μ,需求的均值表示为 μ_D。注意,不是均值被称为期望值,只是计算方法相似,在大数定律下均值依概率收敛于期望值(关于这点,专业的统计学书籍里有详细的解释)。打个比方,均值和期望值是双胞胎,但一出生就由不同人家领养。

$$\text{Var}[D(T)|T]=T\sigma_D^2 \qquad (3\text{-}9)$$

首先，标准差是方差的开方，因此需求标准差的平方 σ_D^2 就代表其方差。假如提前期是 5 天，5 天内需求量的方差就是每天需求量方差的 5 倍，并且每天需求量的方差也是独立的。

把公式 3-8 和公式 3-9 代入公式 3-7 中，演化得出：

$$E[D^2(T)|T]=\text{Var}[D(T)|T]+E^2[D(T)|T]$$
$$=T\sigma_D^2+T^2\mu_D^2$$

返回原来的公式：

$$E(X)=E[E(X|Y)]$$

把 $D(T)$ 代入 X，T 代入 Y，就得出：

$$E[D(T)]=E\{E[D(T)|T]\}$$
$$=E(T\mu_D)$$
$$=\mu_D E(T) \qquad (3\text{-}10)$$
$$=\mu_D\mu_L$$

同理，套入下列公式中：

$$E[D^2(T)]=E\{E[D^2(T)|T]\}$$
$$=E(T\sigma_D^2+T^2\mu_D^2)$$
$$=E(T\sigma_D^2)+E(T^2\mu_D^2)$$
$$=\sigma_D^2 E(T)+\mu_D^2 E(T^2) \qquad (3\text{-}11)$$
$$=\sigma_D^2\mu_L+\mu_D^2 E(T^2)$$
$$=\sigma_D^2\mu_L+\mu_D^2(\sigma_L^2+\mu_L^2)$$

再把公式 3-10 和公式 3-11 代入下列公式中：

$$E[D(T)]=E[E[D(T)|T]]$$
$$=E(T\mu_D)$$
$$=\mu_D E(T) \qquad (3\text{-}12)$$
$$=\mu_D\mu_L$$

$$\text{Var}[D(T)]=E[D^2(T)]-E^2[D(T)]$$
$$=\sigma_D^2\mu_L+\mu_D^2(\sigma_L^2+\mu_L^2)-(\mu_D\mu_L)^2 \qquad (3\text{-}13)$$
$$=\mu_L\sigma_D^2+\mu_D^2\sigma_L^2$$

把上面的公式 3-13 用到安全库存公式 SS=$Z\sqrt{\text{Var}(X)}$ 中,也就是:

$$SS=Z\sqrt{\text{Var}[D(T)]}$$
$$=Z\sqrt{\mu_L\sigma_D^2+\mu_D^2\sigma_L^2}$$

经典的安全库存公式就这样得出来了!

第四节 现实并非都是正态分布、泊松分布和指数分布的

很多安全库存公式,包括经典的安全库存公式都是基于正态分布的,不过现实并非都是正态分布的状态。正态分布属于连续分布的一种。除了正态分布,往往还有离散分布。

在现实生活中,往往容易面对一种情况,就是有些货物尽管备了库存,但由于某些特殊情况,库存在某段时间(比如上午)基本消耗完毕,在这个时候,是否做出迅速补货的决策是一个挑战。一旦指示加急补货(由于销售比预想要高,突然成为热卖,若做出常规补货,就可能错失这个销售热潮时段),引发的问题就涉及两个方面,一是是否加急,加急补货多少,二是加急补货发生的费用是否值得。

加急补货多少,实际上就是一个库存建立的问题。而确定建立的量应该有多少,则是一个不容易的挑战。因为需求往往具备不确定性,如果库存过少,容易导致需求得不到满足,最终流失客户,损害企业的盈利。如果库存过多,又容易造成过剩而废弃,同时库存积压资金,不利于周转,从而给企业带来沉重的负担。

尤其在零售业中,消费往往面临许多不确定性,而对于企业来说,一旦缺货而无法满足顾客即时的消费需求,除了错失盈利机会,还会影响消费者的体验感,甚至有可能拱手把这个潜在的消费机会让给竞争对手,从而损失市场份额。

消费具有很大的随机性,有时可能一件商品也卖不出,有时又可能卖出好几件。针对这样的情况,应该怎样制定库存策略呢?

在这样的情况下,泊松分布有助于我们制定相应的策略。

泊松分布适合描述单位时间内随机事件发生的次数的概率。因此,未来一个时间段内销售货物的件数的概率是可以通过泊松分布计算出来的,这是建立库存的一个数据依据。

泊松分布的概率函数分布公式为:

$$P(X=k)=\frac{e^{-\lambda}\lambda^k}{k!}$$

该公式给出了在一个时间段内观察到 k 个事件的概率、该时间段的长度和事件的均值。其中:e 是固定的常数,为自然对数的底数,是一个无限不循环的小数,一般根据自身需要取值前几位,e=2.71828…;X 是事件出现的次数;k!是 k 的阶乘,即 $k \times (k-1) \times (k-2)\cdots$;$\lambda$ 是 X 的期望值。当 λ=20 时,泊松分布接近正态分布,而当 λ=50 的时候,可以认为泊松分布呈正态分布了。

泊松分布是应用在离散分布上的,除此之外,还必须符合以下四个条件:

(1)这个事件是一个小概率事件。所谓小概率事件是指一个事件的发生概率很小,它在一次试验中是几乎不可能发生的,但在多次重复试验中是必然发生的。统计学上一般用 P 值分析。

(2)事件的每次发生是独立的,不会互相影响的。A 和 B 的发生是独立的,不是因为 A 才有 B 这种关系。

(3)概率是稳定的。

(4)事件发生的概率与时间段的长度成正比。例如,事件在 2 小时内发生的可能性应是事件在 1 小时内发生的可能性的两倍。

因此可以这样理解:某个订单处理中心在某个时段(如一小时)内平均接到录入的订单为 10 张,虽然平均每小时是 10 张订单,不过理论上在一小时内,它可以接到任意数量的订单,不管是 5 张还是 20 张,而每张订单都是独立的,一张订单没有理由影响另一张订单,也就是 A 订单的发生不会影响 B 订单发生的概率,并且假设在前半小时收到订单的概率和后半小时收到订单的概率是相同的。

例如,表 3-7 显示的是某饮料过去一年的销售数据,其中有 44 天并没有发生销售,而有 105 天则每天有 1 瓶的销售发生。

表 3-7

销售件数	发生频率
0	44
1	105
2	86
3	67
4	37
5	20
6	5
7	1
总计	365

从表 3-7 这个历史销售数据，即包含了 365 天的样本数据（运用泊松分布公式的样本数据要尽可能多）中得知每日的平均销售量为 2 瓶。这个情况下我们使用 Excel 的函数 POSSION 去计算每日销售件数的概率分别是多少，从而判断应建立的库存是多少。

如果代入泊松分布的公式来计算：$P(X=k)=\dfrac{e^{-\lambda}\lambda^{k}}{k!}$，那么公式中的 X 就是每日销售件数，也就是变量；λ 值表示过去的平均销售量，也就是每日平均销售 2 瓶；k 是期望的每日销售量，可以是 1、2、3，即代表每日销售 1 瓶、2 瓶、3 瓶的期望值；e 是常数，为 2.71828。

最方便快捷的方法自然是使用 Excel 中的 POISSON 函数（不同的 Excel 版本可能有区别，有些版本没有 POISSON 函数，需要用的是 POISSON.DIST 函数）。在这个函数中，需要录入三个数值。例如，输入"POISSON(0,12,0)"，其中第一个数字"0"代表期望值是 0，即销售件数期望为 0；第二个数字"12"代表均值是 12；第三个数字"0"代表期望值对应的概率，而此处输入"1"时则代表期望值对应的累积概率。

概率分布计算如图 3-28 所示。

```
D2    fx  =POISSON.DIST(A2,$C$11,0)
```

	A	B	C	D	E
1	销售件数	发生频率	求和	概率	累计概率
2	0	44	0	12%	12%
3	1	105	105	26%	38%
4	2	86	172	27%	65%
5	3	67	201	19%	84%
6	4	37	148	10%	94%
7	5	20	100	4%	98%
8	6	5	30	1%	99%
9	7	1	7	0%	100%
10	总计	365	763		
11	平均每天销售量		2		

图 3-28

累计概率分布计算如图 3-29 所示。

```
E2    fx  =POISSON.DIST(A2,$C$11,1)
```

	A	B	C	D	E
1	销售件数	发生频率	求和	概率	累计概率
2	0	44	0	12%	12%
3	1	105	105	26%	38%
4	2	86	172	27%	65%
5	3	67	201	19%	84%
6	4	37	148	10%	94%
7	5	20	100	4%	98%
8	6	5	30	1%	99%
9	7	1	7	0%	100%
10	总计	365	763		
11	平均每天销售量		2		

图 3-29

通过计算结果可得知过去每天销售件数的概率和累积概率。也就是说，每天不会有任何销售的概率是 12%，而能够卖出 2 瓶的概率则是 27%。根据累计概率结果，就可以指定合理的库存了。当库存设为 6 瓶时，至少有 99% 的概率能够满足销售需求，只有不到 1% 的概率会发生缺货的情况。

值得注意的是，概率并非表示一定发生，它是指可能发生或者可能不发生的机会，并以数字的形式来表示。也就是说即使是 90% 甚至 99% 的概率能够满足销售需求，也可能发生缺货的情况；即使有 26% 的概率发生每天卖 1 件货物的情况，也不是说每个月有 26% 的日子一定能够卖 1 件货物。

泊松分布是根据过去单位时间内随机事件的平均发生次数，来推断未来相同单位时间内随机事件发生的不同次数的概率的。也就是说，通过泊松分布来计算出现的概率，是基于过往历史数据而得出的，由此建立的库存策略，是相信以往这个规律会在未来重复，并且不会有太大的变化的。否则，这样计算出来的概率，在未来就会存在不适用性。

假如这个数据是某电商的产品数据，如果公司通过某些手段增加了流量，又或者通过某些宣传文章导流成功等，从而使单日的销售件数发生了很大的变化，那么由于和既往历史数据的条件不一致，这个概率就会发生变化了。

如果没有什么大的未来事件，销售量基本稳定，那么我们可以把常规库存计划设定为4瓶，因为常规库存为3瓶的话，概率相差有10%之大，而常规库存增加到5瓶的话，概率也只提升了4%左右。

尽管泊松分布的计算帮我们认识了事件发生的概率，从而可以考虑是否确定加急补货来维持必要的库存，不过对于是否值得进行加急补货这个问题，不妨引入指数分布来思考库存管理的策略。

所谓指数分布，是指在概率学和统计学中，用来表示独立发生的随机事件的时间间隔。实际上就是描述泊松分布中事件发生时间间隔的概率分布。指数分布必须有如下的适用条件，而这些条件实际上就是泊松分布的前提。

（1）x是两个事件发生之间的时间间隔，并且$x > 0$。

（2）事件之间是相互独立的。

（3）事件发生的频率是稳定的。

（4）两个事件不能发生在同一瞬间。

最常见的是一些足球投注网站，可以见到有如图3-30所示的投注，这里就涉及了指数分布，就是赌在某个时间间隔内是否发生随机事件（进球、红牌、点球）。

在库存策略应用上，就可以运用指数分布来处理，即通过这个分布来计算在某个时间段里，出现某种情况（销售需求）的概率。

```
┌─────────────────────────────────────────────────────────────┐
│ **86.分段投注**                                              │
│                                                             │
│ 分段投注定义如下:                                            │
│                                                             │
│ • 1-10 分钟等于 0:00-9:59, 11-20 分钟等于 10:00-19:59 等.    │
│ • 1-15 分钟等于 00:00-14:59, 16-30 分钟等于 15:00-29:59 等.  │
│ • 31-45 分与 76-90 分的时间段于上/下半场盘口的正规 45 分比赛中包括任何补时计算, 即伤停补时及补时. │
│ • 在非正规的比赛时间段 (例如每场 30 分钟), 上半场盘口将根据比赛开始时间至 44:59 的进球比分做结算, 而下半场盘口将计算从第 45 分直到比赛结束 (包括补时以及伤停补时, 不包括加时赛或点球大战) 的进球比分 │
│                                                             │
│ **分段盘口**                                                 │
│                                                             │
│ • 各盘口将根据直播进球时间做结算. 若不能确定, 将根据比赛电子牌的显示时间 │
│ • 各盘口将根据球过球门线时间做结算, 而不是根据球被发出的时间 │
│                                                             │
│ **第X个球进球时分 (10分钟)**                                 │
│ 是投注于赛事的第一个球在某个 10 分钟间隔期间进球             │
│                                                             │
│ **15 分钟赛果 – 1x2**                                        │
│ 15 分钟赛果 – 1x2 是投注于赛事在每间隔 15 分钟结束时发生最终三个可能性的其中一个结果. 1 代表先被提及的球队 (通常是主队); X 代表赛事结果是和局或平手; 2 代表第二个被提及的球队 (通常是客队). │
└─────────────────────────────────────────────────────────────┘
```

图 3-30

指数分布的公式如下:

$$f(x)=\begin{cases} 0 & , x<0 \\ \dfrac{1}{\mu}\mathrm{e}^{-\frac{1}{\mu}x}=\lambda\mathrm{e}^{-\lambda x} & , x\geq 0 \end{cases}$$

其中 $\lambda > 0$ 是分布的一个参数, 常被称为率参数 (Rate Parameter), 即每单位时间随机发生该事件的次数; x 表示给定的时间长度; μ 表示随机事件发生一次的平均等待时间, 所以 λ 可以视为 μ 的倒数; e 是常值, 是自然对数的底数 (等于 2.71828)。

指数分布公式表明, 随机事件发生的次数越多, 两个事件之间的时间间隔越短。

其累积分布函数公式如下, 在库存管理上, 主要应用这个公式:

$$F(x;\lambda)=\begin{cases} 1-\mathrm{e}^{-\lambda x}, & x\geq 0 \\ 0, & x<0 \end{cases}$$

回顾过去一年的销售情况，并根据前面泊松分布的计算，今天我们准备的该饮料的库存为 4 瓶。而商店是从早上 7 点开始营业直到晚上 12 点，在营业时间过了 6 小时的时候，也就是中午 1 点的时候，该饮料已经销售了 2 瓶，考虑到附近举行运动会，参赛选手或者观众都有可能来商店购买该饮料，那么剩下的 2 瓶库存很可能在下午时段内销售完。

通过这些数据，我们知道了过去的 6 小时内，平均每小时销售 2 瓶饮料，而且购买这些饮料都是随机事件，是相互独立的，并不能因此确定下午一定可以售卖出这种饮料。那么使用指数分布，可以得知接下来的 6 小时内发生销售这个事件的可能性有多大。

Excel 的函数 EXPON.DIST（Excel 版本不同可能该函数有所不同）可以有效地快速计算出其累计概率，如图 3-31 所示。

	A	B		D	E
1	小时	累计概率		过去6小时平均销售量	2
2	1	86.46647%			
3	2	98.16844%			
4	3	99.75212%			
5	4	99.96645%			
6	5	99.99546%			
7	6	99.99939%			

图 3-31

图 3-31 中已经计算出了接下来的 6 小时内的累计概率，按照前 6 个小时内平均每小时销售了 2 瓶的情况来看，接下来的 2 小时内有高达 98.16844% 的概率会发生销售，甚至到了第 6 个小时，发生销售的概率会非常接近 100%，也就是有非常大的可能性发生销售。考虑到营业时间是到晚上 12 点，而现在才下午 1 点，根据指数分布的计算，发生销售的机会很大，同时考虑到时间足够长，那么剩下的 2 瓶库存就很有可能不够，加急补货就值得安排了。

不过，指数分布是无记忆性的。所谓的无记忆性是指过去的发生与否并不影响未来，尽管在 6 小时内发生销售的概率是 99.99939%，但在前 3 个小时内很可能并不发生，在第 4 个小时才发生第一次销售，前 3 个小时实际上只是沉没成本，并不会影响第 4 个小时的销售。

泊松分布和指数分布计算的概率问题不尽相同，不过两者是可以互相结合的。泊松分布可以帮助计算过去平均一小时有 5 人结账，而接下来一小时有 8 人进行结账的概率；而指数分布则帮助计算了过去的 20 分钟内有 1 人过来结账，而接下来的 10 分钟有人来结账的概率。

它们的结合，有助于我们思考和制定库存策略。

【小插曲】如何验证泊松分布

泊松分布和正态分布属于不同的分布范畴，前者属于离散分布，后者则属于连续分布，不过两者是可以互通的。当泊松公式 $P(X=k)=\dfrac{e^{-\lambda}\lambda^k}{k!}$ 中的 λ 值很大（一般认为是 20）时，就可以视为接近正态分布。泊松分布的极限就是正态分布。

图 3-32 显示随着 λ 值的增大，分布越发变得接近正态分布。

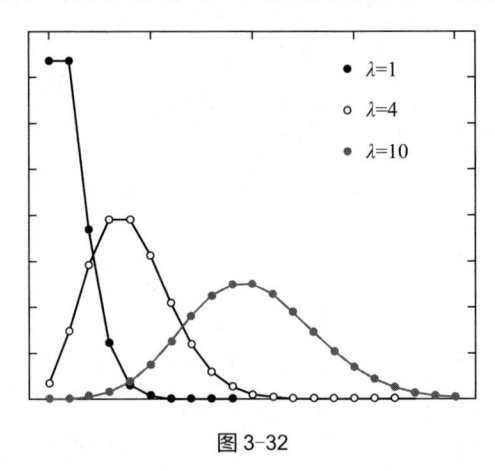

图 3-32

在有些需求不稳定的情况下，甚至出现连续数期为 0 的需求时，这种不连续的数值分布很容易被认定为泊松分布，不过事实并非如此。

如图 3-33 所示的是美国航空公司同一个时间段内发生碰撞和死亡的分布数据，其中上面的碰撞数据分布是符合泊松分布的，而下面的死亡数据则不符合，虽然两者的数据分布都有出现 0 数据的情况，但这种数据分布并不能被理所当然地认为是泊松分布。

Fatal Crashes and Fatalities for U.S. Commercial Airlines (1982–2012)

碰撞（次）← 符合泊松分布

死亡（人）← 不符合泊松分布

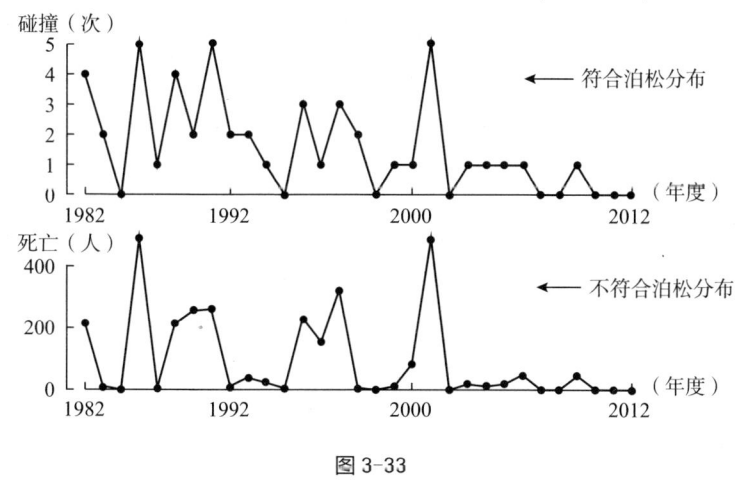

图 3-33

例如，某饮料过去一年的销售数据中有 44 天没有发生销售，这种数据是否属于泊松分布？利用 Excel 进行卡方检验，就可以帮助分析验证，如表 3-8 所示。

表 3-8

销售件数	发生频率
0	44
1	105
2	86
3	67
4	37
5	20
6	5
7	1
总计	365

假设表 3-8 中的数据是符合泊松分布的。如果求得 P 值小于等于 0.05，就是说这是小概率事件，我们有理由怀疑它的真实性，从而拒绝这个假设，反之我们则相信这个假设。这个过程就称为卡方检验。

卡方检验就是统计样本的实际观测值与理论推断值之间的偏离程度，实际观测值与理论推断值之间的偏离程度决定了卡方值的大小。卡方值越大，二者偏离程度越大；反之，二者偏离程度越小；若两个值完全相等，卡方值就为 0，表明观测值与理论推断值完全符合。

其公式是：

$$x^2 = \sum_{i=1}^{k} \frac{(A_i - nP_i)^2}{nP_i}$$

A_i 为 i 值的观测频率，P_i 为 i 值的理论频率，n 为总频率。当观测频率与理论频率一致的时候，$x^2=0$；观测频率与理论频率越接近，差别就越小，x^2 的值就越小；反之，观测频率与理论频率差别越大，x^2 的值就越大。

首先通过相关计算，根据实际观测到的数据计算出概率和累计概率，如图 3-34 所示。

	A	B	C	D	E
1	销售件数	发生频率	求和	概率	累计概率
2	0	44	0	12%	12%
3	1	105	105	26%	38%
4	2	86	172	27%	65%
5	3	67	201	19%	84%
6	4	37	148	10%	94%
7	5	20	100	4%	98%
8	6	5	30	1%	99%
9	7	1	7	0%	100%
10	总计	365	763		
11	平均每天销售量		2		

E2 单元格公式：=POISSON.DIST(A2,$C$11,1)

图 3-34

因为要进行卡方检验，有了观测数据之后，还要引入理论频率这个数据，从而做出比较来验证吻合程度。根据每个销售件数的概率乘以 365 天来计算对应的理论概率，如图 3-35 所示。

图 3-35

利用 Excel 函数 CHISQ.TEST 计算出 P 值，如图 3-36 所示。

图 3-36

P 值大于 0.05，意味着可以相信该假设，即这个分布就是泊松分布。这样一来，我们就可以相信计算的结果，因为其符合泊松分布的规律。

第五节　总得有数在，切比雪夫不等式的应用

适用经典的安全库存公式计算，有一个前提就是基于正态分布，毕竟这个公式的演化就是因此而来的。所以借此计算安全库存，就是在顾客的需求服从

正态分布这个前提下进行的。不过，如果顾客的需求不服从正态分布，经典安全库存公式的适用基础就不存在了，计算出来的结果也就值得商榷了。

在非正态分布下，可通过引入切比雪夫不等式来考虑建立库存的量，以及可能缺货的概率。

19世纪俄国数学家切比雪夫（Chebyshev）在研究统计规律时，用标准差表达了一个不等式。这个不等式显示了随机变量的几乎所有值都会接近均值。

其意义在于表示了：

与均值相差2个标准差以上的值，数目不多于1/4。

与均值相差3个标准差以上的值，数目不多于1/9。

与均值相差4个标准差以上的值，数目不多于1/16。

……

与均值相差k个标准差以上的值，数目不多于$1/k^2$。

其公式表示为：

$$P(|X-\mu| \geq k\sigma \leq \frac{1}{k^2})$$

其中X是期望值，μ为均值，σ为标准差，对于任何实数$k > 0$。

我们知道，在正态分布下，只需要2个标准差即可覆盖95%的置信区间。而切比雪夫不等式表示，在非正态分布下，2个标准差只能覆盖75%的置信区间，如图3-37、图3-38所示。

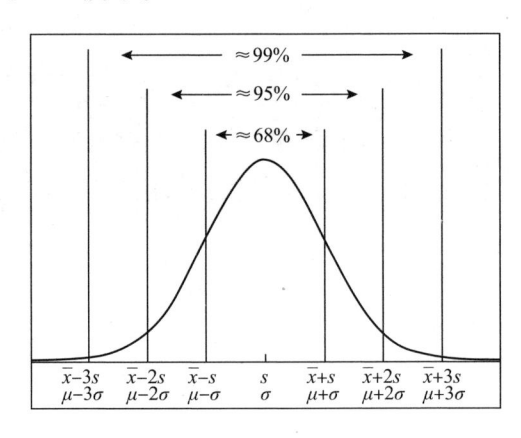

图3-37

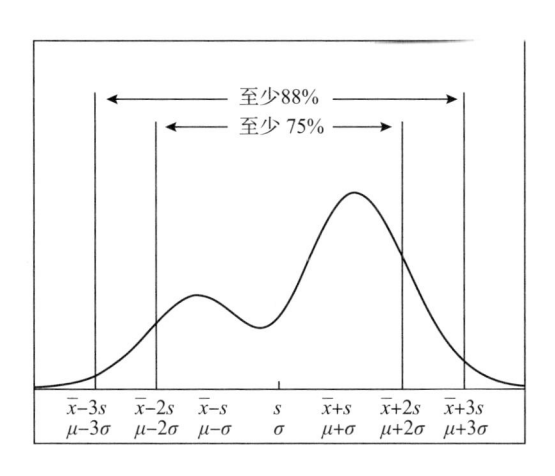

图 3-38

切比雪夫不等式最大的特点就是适用任何分布形状的数据。这意味着在不确定数据是否服从正态分布的情况下,即无法使用经典安全库存公式等来帮助建立库存策略的情况下,可以通过使用切比雪夫不等式达到类似的效果。

不过这个不等式算出来的概率只是一个理论的上下界,仅仅是粗略地估计随机事件发生的概率,不甚精确。

某企业过去 12 个月的销售数据如图 3-39 所示。虽然并没有验证分析,不过很可能该数据分布并不服从正态分布。我们通过这 12 个月的数据得出了月均销售量和其标准差。

月份	1	2	3	4	5	6	7	8	9	10	11	12
销售数据	24 150	86 250	87 620	46 225	13 211	21 315	36 135	2 500	1 471	19 460	14 460	77 600
均值	35 866											
标准差	31 554											

图 3-39

当下一个月预测的销售数据为 60 000 个单位,并且当前并没有任何库存在手或在途的时候,就要订货 60 000 个单位来满足未来需求。我们可以通过切比雪夫不等式来估算出有多大的概率可以满足需求而不会缺货。

订货 60 000 个单位,也就是期望值为 60 000,均值是 35 866,标准差是 31 554,套入不等式公式的一边,即 | 60 000-35 866 | ⩾ k × 31 554,得出 k 值最大为 0.76。然后再套入不等式另一边,即约束条件 $1/k^2$,得到 $1/0.76^2$=1/0.577 6,意味着根据过往情况来看,60 000 个单位的订货量有 57.76%

的概率不会缺货。

尽管这是一个估算的概率，不过当对数据来源知之甚少，并不能确认它服从什么类型的分布时，作为一个分析随意类型数据分布的工具，切比雪夫不等式有着很重要的指导作用。对于如何应对未来需求这个不确定的随机因素，并确定建立多少库存，该不等式的计算结果能够给出一个相对的范围概念。

切比雪夫不等式是一种提供了一定理论数字支撑的工具，其求得的结果只是对概率的一个估计。在现实中，必须考虑更多涉及供应和需求的因素，来衡量建立库存的合理性。比如，在此基础上未来3个月的销售预测如图3-40所示。

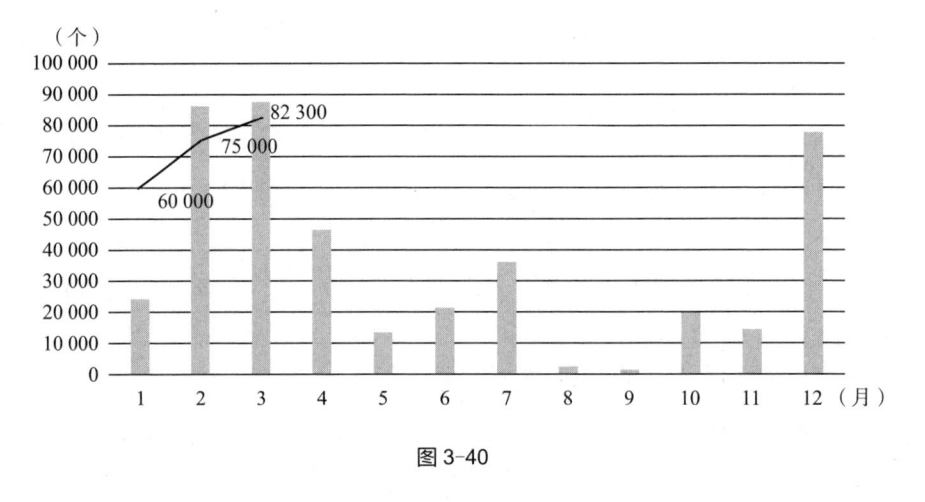

图 3-40

在这样的情况下，未来的销售预期比以往要好，而且呈现良好的上涨趋势，那么以过往历史数据作为概率计算基本数据就存在一定的风险性，所以可以考虑再适当加大一点库存，从而减少缺货的概率。

第四章
供应链计划与预测

在著名的供应链 SCOR 模型中，包含了五个基本的重要元素，分别是计划、采购、生产、配送和退货。其中计划放在图形的最上方位置，意味着它是供应链工作之首，如图 4-1 所示。

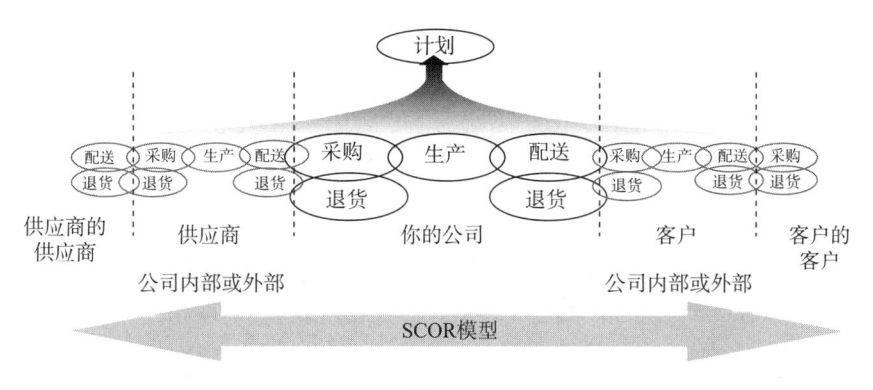

图 4-1

需求预测是计划中的一项重要内容。它在生活中也处处可见，预测无处不在。比如家里要招呼亲戚来吃饭，就要做预测，如姑姑一家三口，人均是一碗饭的饭量，表姐一家两个小孩，只有 4～5 岁，那么大概每人也就是半碗饭的饭量，这些需求信息就会成为煮多少饭的依据了。

预测从时间上划分，可以视为战略性预测、战术性预测和运营预测。战略性预测是长远的、用来做规划的，比如以年度为单位来进行预测。战术性预测是以几周、几个月乃至一个季度为单位，用于短期的销售计划并对此做预测等。运营预测在时间上则会更短，比如按天计算，用于生产、运输和库存补充等。

预测是工作的依据。当然工作过程中会随着进度根据实际情况进行不断的修正甚至变更。

另外，预测是把工作中知道的信息以及想到的风险进行纳入处理的过程。当然，预测是不大可能完全正确的，那么实际和预测之间的差异就是一个让我们思考预测过程中的变动因素的空间了。

前者，我们要追求准确性，后者我们加入"偏见"，例如对趋势的高估或者低估。

不过，在做任何预测的时候，都要记得预测的三个事实。

（一）预测总是错误的

这要求我们做方案不能完全依赖预测，应同时尝试捕获和跟踪预测错误，从而能够感知和测量其中的任何变化。

（二）汇总的预测会更准确

组合不同的 SKU 进行合并，以减少可变性，正如山峰能够填补山谷一样，我们可以汇总 SKU，又或者预测一个月（汇总 30 天），或预测某个地区的数间店铺，然后根据总体预测来进行决策。

（三）距离现在时间更近的预测会更准确

预测和实际发生之间的时间越短，通常越准确，比如预测明天的天气总比预测下周的天气更容易和准确。因此，如能以某些方式缩短最终商品的预测时间，结果将更加准确。

但总体而言，预测很难，尤其对于未来的预测，毕竟未来充满不确定性。固然精确率越高的预测对于需求计划的帮助越大，不过除此之外，需求计划者还要弄明白为什么昨天的预测在今天没有发生。

第一节 预测避不开的两个度

预测必须注意到三个事实,其中第二点和第三点,即汇总的预测会更准确,以及距离现在时间更近的预测会更准确,实际上是涉及了预测的两个度:维度和跨度。

预测的维度就是指预测所涉及的精细程度。

在进行预测的时候,所谓的"汇总的预测会更准确",说的就是预测的精细程度的问题。

并不是只要预测就一定要追求更高的层次(追求汇总)来追求更准确。要知道,"更准确"只是相对而言的,做预测,与其说是为了追求更准确,不如说是为了避免更不准确。

预测的精细程度应该从不同层次考虑。

比如百事可乐。一罐330毫升的百事可乐,可以视为一个预测单位,那么对这罐可乐的预测,就被称为单品预测。然而在百事可乐产品出厂时,都是以6罐为一箱来出厂的,这是基于生产和包装成本等因素决定的,不会存在一罐出厂的情况,尽管一罐是其最小单位。除此之外,还有12罐一箱和24罐一箱,它们都是6罐的倍数,因此可以把6罐一箱作为单品维度考虑。

百事可乐产品存在不同的包装,如6罐、12罐或24罐为一箱,甚至还有不同尺寸的瓶装包装,但这些都是百事可乐产品,因此都可以将其上升为一个总体,称为品牌维度。

再往上一个层次,所有百事可乐品牌下的可乐产品,不管是零度、桂花味,还是原味,可以统称为产品维度。

按照"汇总的预测会更准确"来看,产品维度的预测比单品预测更准确,但并非一定要从产品维度来进行预测。根据自己所需的运营来选择预测的维度,才能更好地驱动工作。

比如作为运输部门,运力匹配是提升效率和降低成本的重要手段,与产品维度或者品牌维度相比，单品维度的预测会对工作有更好的帮助。车装载的体积和空间是有限且固定的，从单品预测来考虑，可以更好地准备每车装多少货。而从其他维度，比如品牌维度考虑，不同的箱数数字和交织出来的不同的组合数字，大大增加了运作的难度，尽管比起单品预测，这个预测数据相对准确一点，但是不利于运输工作的准备。

同样，市场部门适合采用产品维度，通过不同的预测数据，结合市场行情，对不同品牌进行宣传，资源投放或者开发投入的侧重力度会有不同，比如对零度的投入加大些，对原味的投入减少些等。

因此，选择适合的维度预测是重要的考虑点。

预测的跨度是指目前预测的是未来多长时间内的需求数据。

现在是 3 月，如果要预测 6 月的数据，那么这个预测跨度就是 3 个月。这涉及了"距离现在时间更近的预测会更准确"这个特征。因此，预测 4 月的数据，相对地会比预测 6 月的数据更准确一点，那么预测今年 6 月的数据自然也相对地比预测明年 3 月的数据更准确一点。

同样，不能因此说预测应只选择预测距离现在时间更近的数据，比如只预测 4 月的数据。如同预测的维度一样，选择跨度也要根据运营的需求。

运输部门每个月都要将货物从仓库运给不同区域的代理商，那么与其预测几个月后的数据，倒不如预测更近的未来时间的数据，并据此安排运力进行匹配，比如预测下个月，甚至预测下周的数据，距离现在时间越近的预测，越有助于运力的调度。

反之，销售部门如果预测下周的交货数据，就有可能涉及更多的问题。比如生产提前期，如果生产提前期是一个月的话，那么预测接下来的 4 月数据对其他部门（如生产部门）来说，并不能帮助并驱动其工作，因为根本不能对此数据做出任何即时的反应并取得效果。

尽管我们知道，距离现在时间更近的预测会更好（比如预测一小时后是否下雨会比预测一个月后是否下雨更靠谱），预测更多汇总的产品会比预测某些单品更准确（比如预测一个省的所有百事可乐产品的销售量比预测一个省的零度百事可乐的销售量相对更准确），但因为面对的工作内容等不同，并非必须选择更近的未来时间和更高层次的精细度来预测。

预测要结合精细程度和跨度这两个维度，判断并选择最合适的预测范围，才可以得到更好的预测数据来驱动计划工作。

第二节　从主观和客观出发的两大预测方法

预测方法分为定性预测法和定量预测法。

定性预测法是一种通过专家去判断并进行预测的方法。这种预测方法依赖于专家的丰富经验、专业知识及个人主观直觉等。专家根据已掌握的历史资料和直观材料，运用个人的经验和分析判断能力，对事物的未来发展做出性质和程度上的判断，然后，再通过一定形式综合各方面的意见，作为预测未来的主要依据。

定性预测法最大的好处在于灵活性，即不被数据所束缚。可以根据来自不同专业团队的意见和直觉，进行分析并综合判断未来趋势。尤其在新产品即将推出之际，因为新产品往往没有过去的数据作为参考，那么可以充分利用定性预测法，以此填补其数据空白的缺点。

不过这种预测方法也有其局限和缺点。它涉及太多的人为主观因素，带有个人偏见的预测容易破坏预测的客观性，过于乐观或者悲观的个人意见可能会极大地扭曲结果。

定量预测法则通过使用过去收集的销售数据，并运用一些数学方法计算出市场未来发展趋势，并以此为预测的基础。这种方法基于清晰完整的数据信息和统计技术。

定量预测法的优势在于其计算基础是具备客观性的历史数据。根据历史数据，可以查看特定时间段内的趋势，以及这些趋势每年是否一致，并以此进行预测，减少偏差。

数据具备客观性是优势，但也有其缺点和约束，因为这些计算出来的数字，缺乏考虑外部或者行业因素，对于市场未来的变化也无法纳入考虑并运用。

两种预测方法的出发角度各不相同，但并不是单一地从主观或者从客观出发。定性预测法虽然是比较主观的预测，但当中也包含了专家根据很多不同渠道的客观数据和情况做出的思考和推测。而在定量预测法根据过去数据计算的客观推算中，有些参数的设置和数据的采用范围，都包含主观的选择。因此两种预测方法虽然出发角度有所不同，但都是主观和客观因素结合的预测。

第三节　量化预测的武器库

一旦进行预测，那么预测准确率就是备受关注的指标了。预测是否可信，可信的程度如何，预测准确率无疑是一个重要的指标。不过衡量预测准确率并不是一件容易的事，因为没有一个一刀切的衡量指标，只有不断选择、测量、检验，并以多个指标衡量，综合来看才可以更好地把握预测准确率。

认识这些指标，掌握这些衡量、判断的武器，对于掌握预测的情况，具有极其重要的作用。

一、误差

误差（Error）是指测量结果与预测结果之间的差异。通过误差，能够看出预测结果和预测对象发展变化的真实结果之间的差距。

公式是：

$$e_t = f_t - d_t$$

e_t 是某时间段的误差，f_t 是某时间段的预测值，d_t 是某时间段的实际值。如果预测值超出了实际值，则误差将为正值。如果预测值低于实际值，那么误差将为负值。

平均绝对误差（Mean Absolute Error，MAE）是所有单个观测值与算术平均数误差的绝对值的平均。它能更好地反映预测值误差的实际情况。

公式是：

$$MAE = \frac{1}{n} \sum |e_t|$$

e_t 是单个观测值与其实际值的误差。MAE 测量的是一组预测中误差的平均大小，而不考虑它们的方向，其取值范围是 0 到正无穷。并且这组数据中，所有个体差异在平均数中的权重相等。同时 MAE 不考虑实际值的平均数，光凭 MAE 值很难判断结果是好还是坏，假如实际值的平均数是 1000，那么 MAE 值为 10，预测的精度就很好，但如果实际值的平均数是 1，这个预测精度就相当不理想了。

二、均方根误差

均方根误差（Root Mean Squared Error，RMSE）是指所有预测值与实际值差值的平方之和与观测次数 n 比值的平方根。在实际测量中，观测次数 n 总是有限的，实际值只能用最可信赖（最佳）值来代替。均方根误差对一组测量中的特大或特小误差反应非常敏感，所以，均方根误差能够很好地反映出测量的精密度。

公式是：

$$\text{RMSE}=\sqrt{\frac{1}{n}\sum e_t^2}$$

均方根误差反映了测量数据偏离实际值的程度，其值越小，表示测量精度越高。它涉及和 MAE 同样的问题，就是没有考虑实际值的大小范围。

均方误差（Mean Square Error, MSE）是反映估计量与被估计量之间差异程度的一种度量。它是所有实际值与预测值的差值的平方之和与观测次数 n 的比值。

公式是：

$$\text{MSE}=\frac{1}{n}\sum e_t^2$$

当预测值与实际值完全相同时该值为 0，误差越大，该值越大。然而它没有考虑原来的误差值，因为已经做了误差的平方计算，导致它得出的结果可能无法关联原始误差值的大小范围。

三、平均绝对百分比误差

平均绝对百分比误差（Mean Absolute Percentage Error，MAPE）是预测中

很受欢迎和经常被使用的一个指标值，它是以百分比表示的。

公式是：

$$\text{MAPE} = \frac{1}{n} \sum \left| \frac{e_t}{d_t} \right| \times 100\%$$

MAPE 为 0% 时，表示完美模型，小于 10% 的时候，说明预测的精度很高。从计算公式来看，其分母是实际值，一旦实际值很小，而误差很大，在此基础上根据 MAPE 值来做优化时，得出的结果可能会使预测值低于实际值。

图 4-2 详细地列出了不同指标在 Excel 中的计算方法。

	A	B	C	D	E	F	G	H	I	J
1	时期t	实际A	预测F	误差E	绝对误差AE	均方误差MSE	均方根误差RMSE	平均绝对误差MAE	绝对误差%	平均绝对百分比误差MAPE%
2	1	12 640	22 083	9 443	9 443	89 170 249	9 443	9 443	75	75
3	2	18 540	20 675	2 135	2 135	46 864 237	6 846	5 789	12	43
4	3	23 000	19 908	-3 092	3 092	34 429 646	5 868	4 890	13	33
5	4	27 540	20 271	-7 269	7 269	39 031 825	6 248	5 485	26	32
6	5	15 980	21 595	5 615	5 615	37 531 105	6 126	5 511	35	32
7	6	18 540	20 436	1 896	1 896	31 875 057	5 646	4 908	10	29
8	7	22 760	20 192	-2 568	2 568	28 263 566	5 316	4 574	11	26
9	8	22 800	20 473	-2 327	2 327	25 407 487	5 041	4 293	10	24
10	9	18 900	22 226	3 326	3 326	23 813 574	4 880	4 186	18	23
11	10	24 000	21 203	-2 797	2 797	22 214 538	4 713	4 047	12	22
12	11	20 750	20 383	-367	367	20 207 279	4 495	3 712	2	20
13	12	17 640	21 544	3 904	3 904	19 793 440	4 449	3 728	22	21
14	平均值	20 258								

	单元格	单元格操作函数	复制到
17	B14	=AVERAGE(B2:B13)	--
18	D2	=C2-B2	C3:C13
19	E2	=ABS(D2)	E3:E13
20	F2	=SUMSQ($D$2:D2)/A	F3:F13
21	G2	=SQRT(G2)	G3:G13
22	H2	=SUM($F$2:F2)/A2	H3:H13
23	I2	=(F2/B2)*100	I3:I13
24	J2	=AVERAGE($J$2:J2)	J3:J13

图 4-2

这些都是常用的几种衡量预测准确率的指标，但单一的指标很难全面地评价一个预测模型，在实际中可以将它们结合起来使用，以选择较为合适的模型。

采用一组数据的中位数、平均数、最大值和最小值为预测值，并计算出 MAE、MAPE 和 RMSE 来看看对比情况，如图 4-3 所示。

时期	1	2	3	4	5	6	7	8	9	10	11	12	中位数	平均数	最小值	最大值
实际值	730	870	650	1100	1780	2460	2270	2500	2870	1200	2650	2040	1910	1760	650	2870
预测值1	1910	1910	1910	1910	1910	1910	1910	1910	1910	1910	1910	1910				
预测值2	1760	1760	1760	1760	1760	1760	1760	1760	1760	1760	1760	1760				
预测值3	650	650	650	650	650	650	650	650	650	650	650	650				
预测值4	2870	2870	2870	2870	2870	2870	2870	2870	2870	2870	2870	2870				

	预测值1	预测值2	预测值3	预测值4
MAD	23	23	23	23
MAPE	62%	57%	52%	111%
MAE	705	708	1110	1110
RMSE	791	776	1355	1355

图 4-3

从图 4-3 的比较结果来看，使用最小值作为预测值的话，会出现 MAPE 是最小的情况。根据 MAPE 的计算公式，作为分母的实际值，一旦数值较小时，预测误差就会分配较高的权重，这会显著影响 MAPE。而预测值越小，MAPE 也变得越小。在做预测的时候，把 MAPE 作为判断标准，或者视为主要的判断标准，是不少企业的做法。不过若以 MAPE 值作为优化条件，这并不可取，会导致整体预测值小于实际值，而现实的情况往往是预测值大于实际值，这个优化计算显然不适合这种情况。

当使用中位数作为预测值的时候，其 MAE 值最好。但是当使用平均数作为预测值的时候，RMSE 值则是表现最好的。MAE 和 RMSE 是两个很重要的判断预测情况的指标，但是在预测值是中位数和平均数的情况下，表现各不相同，这都可以通过数学公式推算。从 RMSE 出发优化预测的话，预测模型会趋向于令整体预测值和实际值相等，也就是使数值趋向平均数。但从 MAE 出发优化的话，预测模型就要让预测值高于实际值的次数等于低于实际值的次数，实际上就是使数值趋向中位数。

下面我们看一个简单的对比例子。

表 4-1 是小明和小林最近 7 次迟到的时间，两人其中 6 次迟到的时间都一样，除了某一次小林迟到了 40 分钟。

表 4-1

迟到次数	1	2	3	4	5	6	7
小明（分钟）	3	5	7	8	5	1	2
小林（分钟）	3	5	7	8	5	1	40

计算他们的 MAE 和 RMSE，如表 4-2 所示。

表 4-2

	MAE	RMSE
小明	4.43	5.03
小林	9.86	15.91

从结果来看，小明和小林的 MAE 相差一倍多，不过 RMSE 的比则达到 3 倍之多。尽管两人有 6 次迟到的时间是相同的，不过小林其中一次迟到 40 分钟，远远大于其他 6 次，可以视为一个异常值。从这里看出，尽管 MAE 和 RMSE 都受到这个异常值的影响，但 RMSE 受到的影响更大。

换个说法，就是注重中位数优化的 MAE 对异常值并不太敏感。而 RMSE 的最优化是试图找到平均数，那么它会注意到异常值并得到没有偏差的预测。

从这个层面来看，没有一个绝对说法说 MAE 还是 RMSE 更适合作为衡量预测的指标。从供应链的角度来说，应该多做实验，如果使用 MAE 发现偏差太多，就改用 RMSE 来优化。不过如果数据之中有太多异常值，会因此造成预测产生偏差，那么考虑到 MAE 对异常值不太敏感，显然它是一个适合的选择。

对于预测的衡量，一种武器有时并不足够，结合多种武器，进行多维度判断，才能提升预测的效果。

第四节　从历史出发：时间序列法

时间序列法是很常用的方法，它是根据过去的历史信息，识别当中的规律，并认为规律在未来进程上同样适用，以此为基础对未来预测其趋势变化。时间序列法使用的预测模型，往往建立在四个重要的因素上，分别是水平（Level）、趋势（Trend）、季节性（Season）和噪声（Noise）。

水平是销售历史数据的自然反映，它是没有呈现趋势特征，也没有受到季节性影响和没有噪声情况下的销售状态。水平状态下，尽管每一期的需求数据都会略有差异，不过差异不是很大。总体来说，这些连续的需求数据会呈现"水平"的分布，徘徊在平均数附近，如图 4-4 所示。

图 4-4

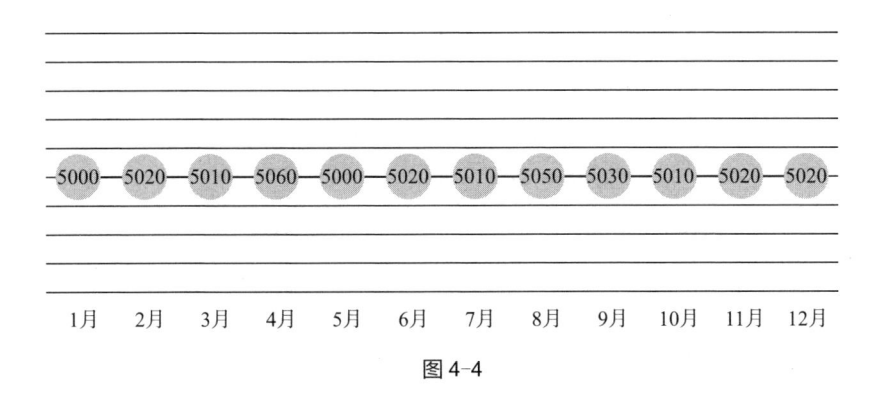

趋势是指销售历史数据呈现连续的上升或者下降的状态,既可以是直线,又可以是曲线,当然这种状态并非必然每一个时段都是相同的,可以呈现轻微的反复、偶然的反向,不过总体上都是沿着某一个趋势发展的(上升或者下降),这种发展通常是线性的,也可以是指数的。在某些场合下,趋势意味着"转换方向",如图 4-5 所示。

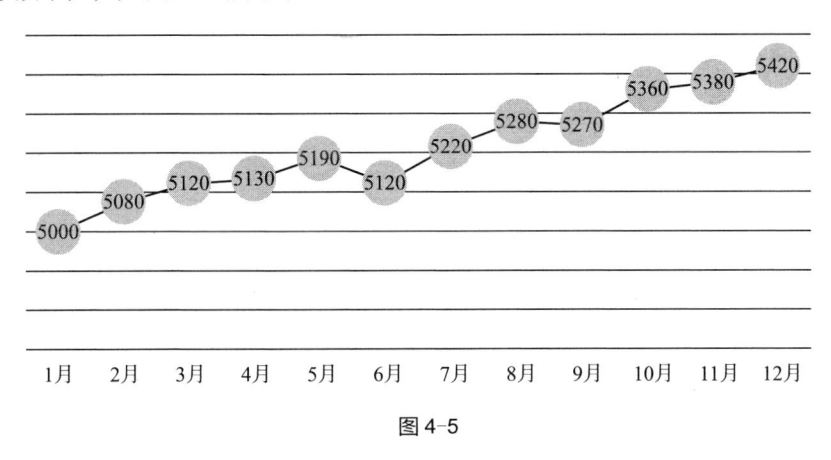

图 4-5

季节性是在一个时段内,每个相同周期内都会不断重复地出现增减变化。比如某产品的年度数据,在过去 10 年的销售历史数据中,每年的 3 月就会处于销售的高峰,年年如此,那么这就是季节性的一种表现,如图 4-6 所示。一个典型的例子就是雪糕总是在夏季销量大增。季节性只是一个称呼,并非特定季节。同样,一年 52 周的销售数据中,每周的周三销售数据都是处于低谷的,这也可以称为受到季节性的影响。这种影响既可以是自然的,也可以是人为力量造成的。

图 4-6

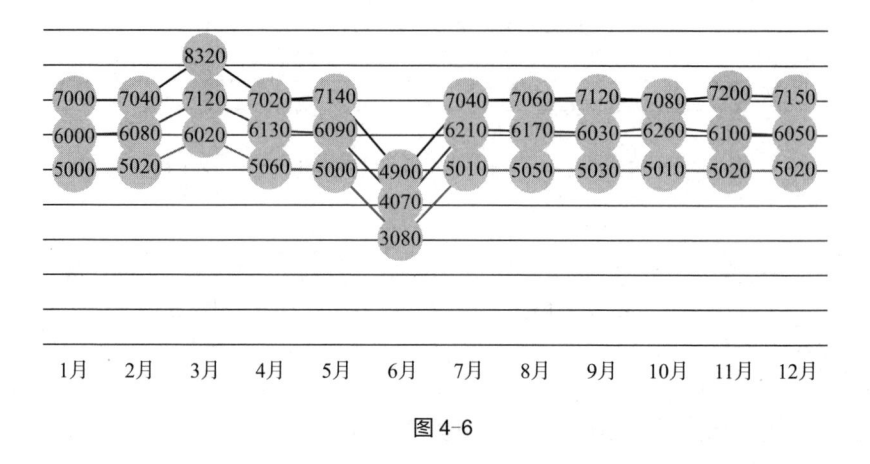

噪声是统计学专门的用语，它是指无法解释的随机波动，是没有特征可循的纯随机过程，如图 4-7 所示。在时间序列的模型下，一般很难对其进行解释。在实践中，一般可认为实际值和预测值之间的差异都是噪声。这些随机波动，即在历史需求数据中那些无法解释的部分（当然其中的某部分或许通过一些方法如回归分析能够得到解释），但是这些随机并非连续性的，都是偶发的、间歇的，因此无法以一个连续规律性的因素应用到未来的预测中。也就是说，无法把噪声因素应用在时间序列技术上而对未来进行预测。它多是不规则、不可预测的变化。

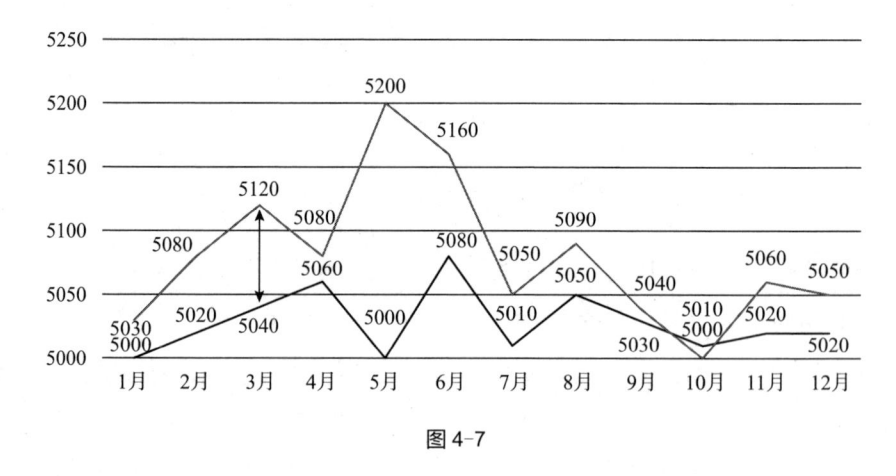

图 4-7

图 4-7 中的 3 月的预测值是 5040，但是实际值是 5120，两者之间的差异为 80，这可以被视为噪声，即由不能解释的随机因素造成的实际值和预测值的差异。

一、简单平均法：消除过去的起伏

简单平均法，就是利用过去的各期数据采用平均计算的方式，得到的平均数来作为下一期的预测值。计算公式是：

预测对象预测值 = 预测对象以往若干期历史数据之和 / 期数

比如利用 2019 年全年的月需求数据，通过计算每月的平均数，把 2019 年的月平均数作为 2020 年 1 月的预测值。如图 4-8 所示，平均数 4943 就是作为下一期，即 2020 年 1 月的预测值。

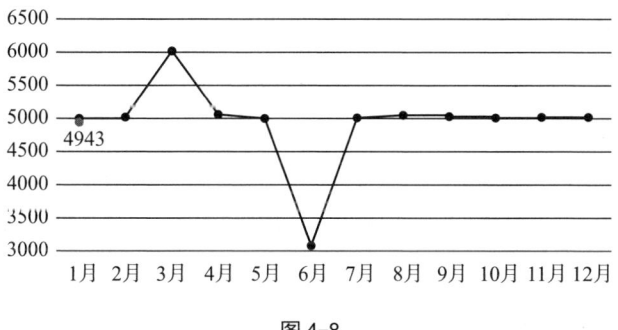

图 4-8

简单平均法最大的优势就是通过平均的方式，消除起伏的波动，当中包含难以剔除的噪声，当然如果没有进行事前的数据清洗，这个平均过程同样会把季节性因素、趋势因素等带来的波动起伏一并进行削弱。这样做的好处和不利处都有，有些偶发性的因素不会在未来重新反映，这样平均而减少波动影响，自然给预测带来好处。另外，有些因素是规律性的，会在未来不断重复反映，而时间序列技术就是把过去的规律重新应用在未来上，把这种因素带来的波动抹去，那么从某种意义上说就让预测变得失去规律。

简单平均法在需求稳定的情况下预测是比较准确的，比如对于 XYZ 分类中的 X 类，其表现平稳，那么采用简单平均法会得到比较好的预测效果。

简单平均法一般来说是累积过去的数据，这样随着数据量的累积，平均数会变得不贴近实际，甚至可以被形容为迟钝，从而变得不太可靠。

图 4-9 中回顾了过去 36 个月的历史数据，并且以这些数据的平均数作为下一期的预测值。同时再以过去 12 个月的历史数据的平均数来作为预测值，对比

之下，使用 36 个月的历史数据计算的平均数，则和最近的实际值不太贴合。

期数	1	2	3	4	5	6	7	8	9	10	11	12
2019	5000	5020	6020	5060	5000	3080	5010	5050	5030	5010	5020	5020
2020	6000	6080	7120	6130	6090	4070	6210	6170	6080	6260	6100	6050
2021	7000	7040	8320	7020	7140	4900	7040	7060	7120	7080	7200	7150

过去12个月平均数	7006
过去36个月平均数	5993

图 4-9

2021 年的实际需求多为 7000 个单位左右的水平，而 2019 年的实际需求多为 5000 个单位左右的水平，2020 年则提升到 6000 个单位左右。从 2019 年 5000 个单位左右的需求水平，大幅度提升到 2021 年的 7000 个单位左右，不过作为预测值的平均数仅仅增长到 6000 个单位左右，预测具备滞后性。

在采用全部数据进行预测的时候，时间历经越久的数据往往对现状越不敏感，这种数据会让预测值滞后于实际状况。而且，预测的一个重要观点就是距离现在时间越近的数据越能反映现状。为此，有些时候采用简单平均法，就需要舍弃相当一部分的"陈旧"数据，截取最近的数据来进行预测，从而避免受到旧信息的影响。如在上例中，选取了 2021 年的全年数据，因为其数据较新，用于 2022 年的预测，就具有相当好的参考意义。

这种做法固然能够克服"陈旧"数据的影响，不过截取哪一段时间的数据作为计算依据，是一个不容易的抉择。

还有一个值得注意的问题是，如果数据具备趋势和季节性因素，平均法并非一个较好的选择，因为它会抹去这些可以应用到未来的波动因素。

二、移动平均法：看重即期数据

如果简单平均法不舍弃某部分的历史数据，那么"陈旧"数据会影响到预测值，使预测值对现状不太敏感。但是舍弃"陈旧"数据而只选取最新数据固然可取，不过有时"陈旧"数据依然存在应用价值，完全弃去又不太合适。移动平均法就是对于这一点的改进。

移动平均法适用于即期预测。当产品需求既不快速增长也不快速下降，且不存在季节性因素时，移动平均法能有效地消除预测中的随机波动，是非常有用的。移动平均法根据预测时使用的各元素的权重不同，可以分为：简单移动平均法和加权移动平均法。

移动平均法并不会对所有数据进行一次性的平均计算，而是选取一定的期数来进行移动的平均计算。当然这个期数越大，那么其值就会越接近平均法的计算结果，当期数和平均法的所有数据完全相同时，实际上就是简单平均法了。移动平均法选择期数越短，预测对水平的反映就越强。

简单移动平均法的公式为：

$$F_{t+1}=(S_t+S_{t-1}+S_{t-2}+\cdots+S_{t-n+1})/n$$

F_{t+1} 是指 $t+1$ 期的预测值。

S_t 是 t 期的实际需求值，以此类推，S_{t-n+1} 是 $t-n+1$ 期的实际需求值。

n 是简单移动平均所包含的期数。

采用过去 3 个月的历史数据进行移动平均的时候，计算方法和简单平均法一样，选取过去 3 个月的历史数据并除以期数得出 3 个月的平均数。当拥有 2019 年 1 月到 3 月的历史数据时，通过 3 期移动平均法计算出 1 月到 3 月的平均数，并以此作为 4 月的预测值。当 4 月的实际需求值出现后，把它作为新的观测值加入并舍弃最早的观测数据，也就是说，舍弃 1 月的实际需求值，采用 2 月到 4 月的实际值作为计算依据。

图 4-10 中选取了 3 个月和 6 个月数据进行移动平均的比较。

年份	月份	实际需求	三个月移动平均	六个月移动平均
2019	1	5000		
2019	2	5020		
2019	3	6020		
2019	4	5060	5347	
2019	5	5000	5367	
2019	6	3080	5360	
2019	7	5010	4380	4863
2019	8	5050	4363	4865
2019	9	5030	4380	4870
2019	10	5010	5030	4705
2019	11	5020	5030	4697
2019	12	5020	5020	4700

图 4-10

16	2020	1	6000	5017	5023
17	2020	2	6080	5347	5188
18	2020	3	7120	5700	5360
19	2020	4	6130	6400	5708
20	2020	5	6090	6443	5895
21	2020	6	4070	6447	6073
22	2020	7	6210	5430	5915
23	2020	8	6170	5457	5950
24	2020	9	6080	5483	5965
25	2020	10	6260	6153	5792
26	2020	11	6100	6170	5813
27	2020	12	6050	6147	5815
28	2021	1	7000	6137	6145
29	2021	2	7040	6383	6277
30	2021	3	8320	6697	6422
31	2021	4	7020	7453	6795
32	2021	5	7140	7460	6922
33	2021	6	4900	7493	7095
34	2021	7	7040	6353	6903
35	2021	8	7060	6360	6910
36	2021	9	7120	6333	6913
37	2021	10	7080	7073	6713
38	2021	11	7200	7087	6723
39	2021	12	7150	7133	6733

图 4-10（续）

再通过折线图进行对比，如图 4-11 所示。

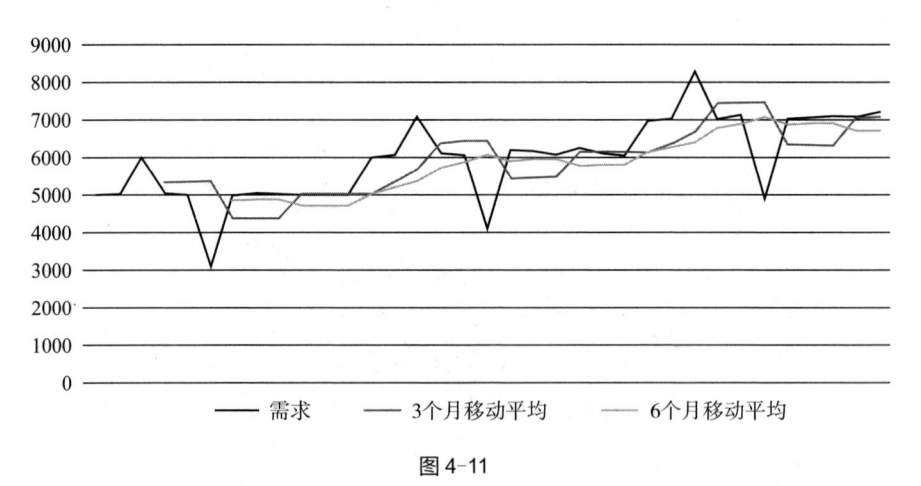

图 4-11

通过图 4-11 的比较可看出，3 个月的移动平均比较能反映起伏，而 6 个月的移动平均，由于期数更多，消除了更多的起伏因素，从而显得变化更加平稳。移动平均法可以通过改变用来平均的周期的长短来调整敏感性，使用少量的数据的平均数得到的预测结果能够快速地响应需求的变化，但有可能变得过于敏感从而受到非典型数据和偶然波动性的影响。

这种移动平均法是简单移动平均法，每一期的权重都是一样的。

不过对于预测来说，比起"陈旧"的信息，越接近现在的信息越值得信赖，为此，对于不同期数赋予不同的权重，其加权模式是从当前数据到之前的数据依次线性递减的，从而通过加权方式来增强最新数据所起的作用：

$$F_t = \frac{T \times S_t + (T-1)S_{t-1} + \cdots + 2S_{t-T+2} + S_{t-T+1}}{T \times (T+1)/2}$$

如果采用 4 期数据来做加权移动平均，对于过去的 4 期数据，从最远的一期数据开始，分别赋予 1、2、3、4 的权重，借此进行 4 期的移动平均，如图 4-12 所示。

年份	月份	实际需求	4个月加权移动平均		权重
2019	1	5000			1
2019	2	5020			2
2019	3	6020			3
2019	4	5060			4
2019	5	5000	5334		
2019	6	3080	5224		
2019	7	5010	4346		
2019	8	5050	4434		
2019	9	5030	4639		
2019	10	5010	4837		
2019	11	5020	5024		
2019	12	5020	5022		
2020	1	6000	5019		
2020	2	6080	5411		
2020	3	7120	5738		
2020	4	6130	6374		
2020	5	6090	6404		
2020	6	4070	6307		
2020	7	6210	5393		
2020	8	6170	5536		
2020	9	6080	5754		
2020	10	6260	5932		
2020	11	6100	6183		
2020	12	6050	6151		
2021	1	7000	6110		
2021	2	7040	6461		
2021	3	8320	6736		
2021	4	7020	7445		
2021	5	7140	7412		
2021	6	4900	7330		
2021	7	7040	6338		
2021	8	7060	6416		
2021	9	7120	6630		
2021	10	7080	6864		
2021	11	7200	7084		
2021	12	7150	7134		

E8 单元格公式：=(D4*$G$5+D5*$G$6+D6*$G$7+D7*$G$8)/(4*(4+1)/2)

图 4-12

还有一个简便的方法就是直接赋予各期实际需求相应的权重比率，然后根据各自的乘积相加。权重合计应当为 1。

图 4-13 中虽然权重合计为 1，不过并非一定要按照递进关系赋予各数据的权重，可以根据实际情况赋予不同期数的权重比例，比如采用 3 期数据的话，对应权重赋予 0.2、0.3 和 0.5。

行	A	B	C	D	E	F	G
E8			fx	=D4*$G$4+D5*$G$5+D6*$G$6+D7*$G$7			
3		年份	月份	实际需求	4个月加权移动平均		权重
4		2019	1	5000			0.1
5		2019	2	5020			0.2
6		2019	3	6020			0.3
7		2019	4	5060			0.4
8		2019	5	5000	5334		
9		2019	6	3080	5224		
10		2019	7	5010	4346		
11		2019	8	5050	4434		
12		2019	9	5030	4639		
13		2019	10	5010	4837		
14		2019	11	5020	5024		
15		2019	12	5020	5022		
16		2020	1	6000	5019		
17		2020	2	6080	5411		
18		2020	3	7120	5738		
19		2020	4	6130	6374		
20		2020	5	6090	6404		
21		2020	6	4070	6307		
22		2020	7	6210	5393		
23		2020	8	6170	5536		
24		2020	9	6080	5754		
25		2020	10	6260	5932		
26		2020	11	6100	6183		
27		2020	12	6050	6151		
28		2021	1	7000	6110		
29		2021	2	7040	6461		
30		2021	3	8320	6736		
31		2021	4	7020	7445		
32		2021	5	7140	7412		
33		2021	6	4900	7330		
34		2021	7	7040	6338		
35		2021	8	7060	6416		
36		2021	9	7120	6630		
37		2021	10	7080	6864		
38		2021	11	7200	7084		
39		2021	12	7150	7134		

图 4-13

移动平均法，不管是简单移动平均法还是加权移动平均法，除继承了简单平均法的特点，还考虑了历史数据的新与旧对预测的影响力不同，更多地把较新的历史数据作为重要的计算依据加入计算当中。但是和简单平均法一样，当数据含有季节性因素、趋势时，移动平均法还是有些缺陷，即同样也会消除这些可能会在未来反映的因素，不过期数越短，消除得越少，从而把过去的规律在一定程度上应用在未来预测上。如果数据只有水平和噪声因素的话，它只需要少量的数据就能够把最新数据的敏感性反映出来。

移动平均法面临的问题是，应该选择多少期数据作为计算依据。

三、指数平滑法：新旧数据的比重赋权

指数平滑法本质上也是移动平均法，它是在移动平均法基础上发展而来的预测法，其原理是任一期的指数平滑值是本期实际观察值与前一期指数平滑值的加权平均，这种方法融合了新旧信息，赋予较新信息更大的权重。

指数平滑法相信最近的数据所蕴含和代表的规律，会在很大程度上反映在未来并持续发生，所以被赋予的权重就更大。计算中所需要的平滑常数，用来调节分配新旧数据的权重比例，并让权重按照指数级递减，"陈旧"的数据权重就会因此变得很小。

指数平滑法可以很好地应对时间序列上的三个因素：噪声、趋势和季节性。

（一）简单指数平滑法：针对水平因素

简单指数平滑法，就是采用一个平滑常数 α，对上一期历史数据的实际值和预测值的各自权重比例进行调整，其公式是：

$$F_{t+1}=\alpha \times S_t+(1-\alpha)\times F_t$$

F_{t+1} 是 $t+1$ 期的预测值。

α 是平滑常数，取值在 0 和 1 之间。

S_t 是 t 期的实际需求。

F_t 是 t 期的预测值。

α 值取值不同，带来的平滑效果也不尽相同。从公式中可以得知，α 值是最近一期实际需求所占的比重，而 $1-\alpha$ 则是最近一期预测所占的比重。α 值越大，

实际值被赋予的权重就越大，那么模型表现出来的水平变化就越大，当然其中包含随机因素也会更多，波动会更大。而 α 值越小则情况相反，即最近一期的预测值的权重越大，实际值的权重就越小，模型表现就越平稳，消除的噪声就越多，即随机因素没有那么多，因此模型相对没有那么灵敏。

如图 4-14 所示，根据历史数据的特点，α 值取值各有不同。当历史数据呈现稳定的水平趋势时，α 值取较小的值，一般为 0.05 到 0.2；当历史数据呈现一定的波动，但是长期趋势变化不大时，可取较大的 α 值，常为 0.1 到 0.4；而当历史数据波动很大，且长期趋势变化幅度也较大，具备明显且迅速的上升或者下降趋势时，宜选取较大的 α 值，取值为 0.6 到 1。

图 4-15 是一个典型的比较情况，当历史实际值呈一个上升的发展趋势，α 值取较大的值时，预测值对现实变得更敏感，因此预测也更加贴近现实的变化。

时期	实际需求	0.1	0.3	0.6	0.9
0	121	107	107	107	107
1	133	108	111	115	120
2	137	111	118	126	132
3	145	113	124	133	136
4	155	117	130	140	144
5	150	120	137	149	154
6	148	123	141	150	150
7	155	126	143	149	148
8	150	129	147	152	154
9	161	131	148	151	150
10	158	134	152	157	160
11	167	136	154	158	158
12	174	139	158	163	166
13		143	163	170	173
α 值		0.10	0.30	0.60	0.90

图 4-14

从图 4-15 可以看出，α 值越大，预测模型就表现出越多的波动，反之模型就平稳得多。由于 α 值取值大，那么采用上一期的实际值数量就多，当 α 值为 0.9 的时候，意味着上一期实际值比重高达 90%，而上一期的预测值则只有 10%，这样的话，当期的预测值就会更多地跟随上一期的实际而调整变化。

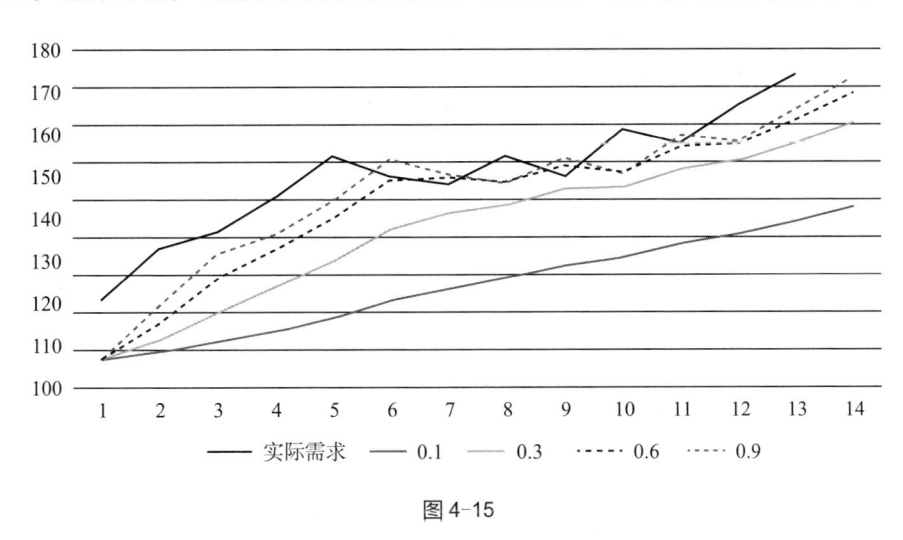

图 4-15

简单指数平滑公式的演化，同时也展示了预测的一个事实，即距离现在时间更近的预测将会更准确，而距离现在时间更远的数据带来的可信性就相对不足。因此，采用越遥远时间的数据作为预测计算基础，其分配的权重就越小。

使用简单指数平滑法对 t 期进行预测，其计算公式如下：

$$F_t = \alpha \times S_t + (1-\alpha) \times F_{t-1}$$

而对 t-1 期进行预测，其计算公式为 $F_{t-1} = \alpha \times S_{t-1} + (1-\alpha) \times F_{t-2}$，把这个公式代入 t 期计算公式中，则 t 期预测的计算公式演化为：

$$F_t = \alpha \times S_t + (1-\alpha) \times F_{t-1}$$
$$= \alpha \times S_t + (1-\alpha)[\alpha \times S_{t-1} + (1-\alpha) \times F_{t-2}]$$
$$= \alpha \times S_t + (1-\alpha) \times \alpha \times S_{t-1} + (1-\alpha)^2 \times F_{t-2}$$

同理，把 $F_{t-2} = \alpha \times S_{t-2} + (1-\alpha) \times F_{t-3}$ 继续代入上述公式中，公式便可以不断演算下去。如果 F_t 采用距离现在时间更远的预测值用来计算，则分配到这个预测值的权重就会更小，即这种权重分配变化呈现衰减态势。例如，对于 t 期预测的计算来说，如果采用了 t-1 期的预测值，则 F_{t-1} 的权重分配为 $1-\alpha$；如果采用了 t-2 期的预测值，F_{t-2} 所分配的权重则变为 $(1-\alpha)^2$，以此类推。

这种权重的分配情况根据 α 值而有所不同：

当 α 值为 0.9 的时候，随着时间的推移，越接近现在，预测值被赋予的权重就越来越小，也就是说，越相信过往的实际值作为预测的依据；反之，当 α 值选择为 0.1 的时候，过往的预测值依然起着一部分的作用，并应用在未来的预测上。

指数平滑法的计算，除了要确立平滑常数，还必须有一期的实际值和预测值作为起始值，比如当作为计算依据的第 0 期，实际值为 21 102 个单位，预测值为 21 054 个单位的时候，选择 α 值为 0.3，就可以套入一次指数平滑公式来计算，并且随着推移来计算想要的某期预测值。

当第 0 期的实际值和预测值分别是 21 102 和 21 054 的时候，第 1 期的预测值则为：

$$
\begin{aligned}
F_1 &= \alpha \times S_0 + (1-\alpha) \times F_0 \\
&= 0.3 \times 21\ 102 + (1-0.3) \times 21\ 054 \\
&= 21\ 068（四舍五入取整）
\end{aligned}
$$

当有 12 期的实际值的时候，就可以非常方便地计算出第 13 期的预测值了，如图 4-16 所示。

C16 =$B$18*B15+(1-$B$18)*C15

	A	B	C
1			
2	时期	实际需求	预测
3	0	21 102	21 054
4	1	22 083	21 068
5	2	20 675	21 373
6	3	19 908	21 164
7	4	20 217	20 787
8	5	21 595	20 616
9	6	20 436	20 910
10	7	20 192	20 767
11	8	20 473	20 595
12	9	22 226	20 558
13	10	21 203	21 058
14	11	20 383	21 102
15	12	21 544	20 886
16	13		21 084
17			
18	α值	0.30	

图 4-16

通过变动 α 值，获得不同程度的拟合，从而寻求更适合的预测值。当 α 值变为 0.9 的时候，预测的走势会更加贴近实际，得出的预测值会更加可靠，如图 4-17 所示。不过这是简单的方法，更深入的话，可以通过均方根误差、平均

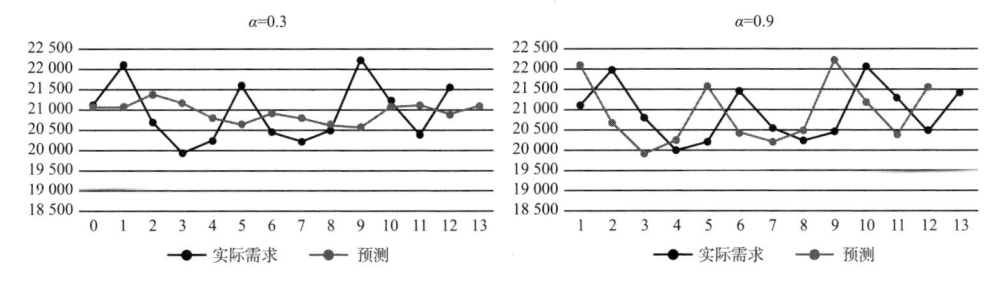

绝对百分比误差等来调整并选择更加适合的 α 值。

图 4-17

有时候，进行指数平滑后，情况依然不理想，那么可以在一次指数平滑之后，利用二次指数平滑来修正。修正的方法就是在一次指数平滑的基础上再进行二次指数平滑，利用滞后偏差的规律找出曲线的发展方向和发展规律，然后建立趋势预测模型，故称为二次指数平滑法。二次平滑时的平滑常数 α 值，并非一定要求和第一次平滑的 α 值一样，可以根据实际情况进行选择和调整。

在一次指数平滑的基础上得到的二次指数平滑的计算公式为：

$$F_{t+1}^{(2)}=\alpha \times F_t^{(1)}+(1-\alpha)\times F_t^{(2)}$$

$F_{t+1}^{(2)}$ 是 $t+1$ 期的二次指数平滑的预测值。

α 是平滑常数，取值在 0 和 1 之间。

$F_t^{(1)}$ 是 t 期的一次指数平滑的预测值。

$F_t^{(2)}$ 是 t 期的二次指数平滑的预测值。

当进行一次指数平滑之后，得到第 1 期的预测值为 21 097 个单位，并以此作为第 2 期的二次指数平滑的预测值，如图 4-18 所示。当计算了第 2 期的一次指数平滑的预测值之后，确立二次指数平滑的 α 值为 0.8，就可以进行二次指数平滑：

$$F_3^{(2)}=\alpha \times F_2^{(1)}+(1-\alpha)\times F_2^{(2)}$$
$$=0.8\times 21\ 985+(1-0.8)\times 21\ 097$$
$$=21\ 807（四舍五入取整）$$

当有 12 期的数据时，就可以非常方便地计算出第 13 期的二次平滑的预测值，如图 4-18 所示。

时期	实际需求	一次平滑预测	二次平滑预测
0	21 102	21 054	
1	22 083	21 097	
2	20 675	21 985	21 097
3	19 908	20 806	21 807
4	20 217	19 997	21 006
5	21 595	20 195	20 199
6	20 436	21 455	20 196
7	20 192	20 538	21 203
8	20 473	20 227	20 671
9	22 226	20 448	20 315
10	21 203	22 048	20 422
11	20 383	21 287	21 723
12	21 544	20 473	21 374
13		21 437	20 653

一次α值 0.90
二次α值 0.80

图 4-18

简单指数平滑往往都有滞后，即比实际情况的发展滞后，而在一次指数平滑之后的二次指数平滑，就比一次指数平滑更滞后，如图 4-19 所示。如果通过二次指数平滑之后，得到的效果还是不理想，则可以在此基础上进行第三次指数平滑。

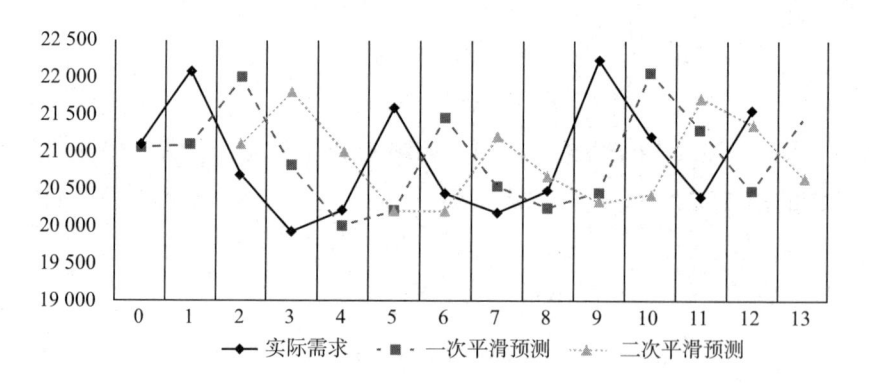

图 4-19

在某些情况下，这些滞后是适合的，但是当历史数据具备更多因素，如趋势、季节性时，简单指数平滑就不太适合了，需要添加更多的指数来调节这些因素带来的影响。另外，指数平滑适用于接续而来的一期或者两期预测，而更长时间的预测，比如只有截至今年 12 月的历史数据，却使用指数平滑来预测明年 12 月的结果，这就不太适合了，因为指数平滑法可以说是根据历史数据的走势来估算下一步的发展的，当预测更长时间时，中间的历史数据缺失会令预测结果变得不可信。

当然对于指数平滑法来说，参数 α 的选择自然是最重要的。通过调整这个参数，既可以通过手动输入不同参数来比较和选择适合的值，也可以利用 Excel 工具来获得帮助。

【小插曲 1】为什么是阻尼系数而非平滑指数

Excel 是一个很好用的工具，它能帮助我们方便地使用指数平滑法。而指数平滑法往往需要用到上一期的实际值和预测值作为计算基础，很多时候可以使用上一期的实际值作为本期的预测值。因此上一期的实际值 21 054 作为第 0 期的预测值，如图 4-20 所示。

图 4-20

在 Excel 中，选择"数据"→"数据分析"→"指数平滑"命令来进行指数平滑的计算，如图 4-21 所示。

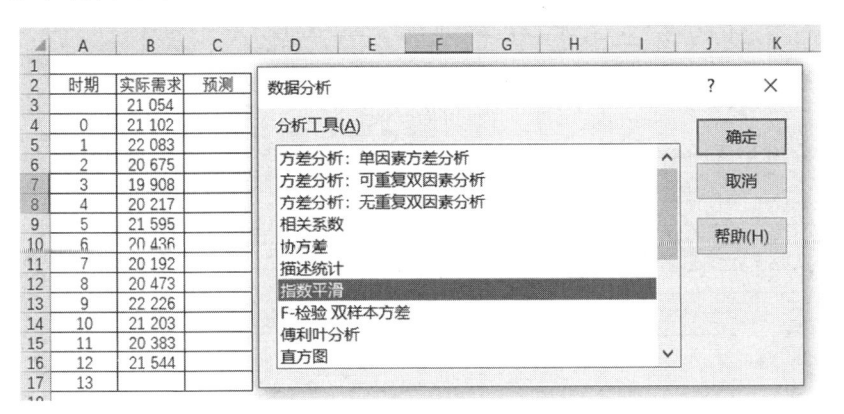

图 4-21

当决定 α 为 0.3 的时候，在弹出的窗口进行如下操作："输入区域"选择所有实际值，"输出区域"为最原始实际值对应的预测值区域，阻尼系数为 1-α，即 1-0.3=0.7，如图 4-22 所示。

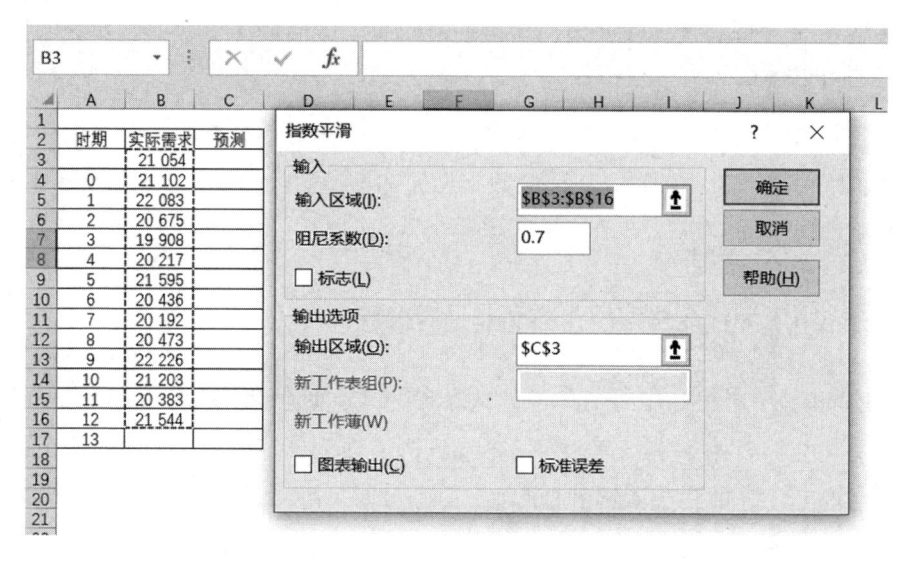

图 4-22

最后按"确定"按钮得出相应期数的预测值。直接到第 13 期，就可以得出第 13 期的预测值，和之前手动输入公式计算是一致的，如图 4-23 所示。

图 4-23

在 Excel 进行指数平滑选择的时候，并非填写平滑常数 α，而是填入一个叫作阻尼系数的数值。

阻尼系数是预测工具用来抑制预测的附加参数，它通常会影响预测的趋势。很多时候，并不期望实际值以相同的增长（或下降）趋势逐年增长，在这种情况下，就需要抑制使用历史趋势创建的预测。其值可以设置为 0 和 1 之间的任何数值。较小的阻尼系数意味着平滑后的数值比较大，而较大的阻尼系数就说明值更加接近实际值。阻尼系数和平滑系数是互补的，也就是说阻尼系数和平滑系数合计为 1，因此当选择平滑系数 α 为 0.3 的时候，阻尼系数就是 1-0.3=0.7 了。

图 4-24 是一个很好的例子，对比了只有设置参数的情况和增加了阻尼系数的情况。

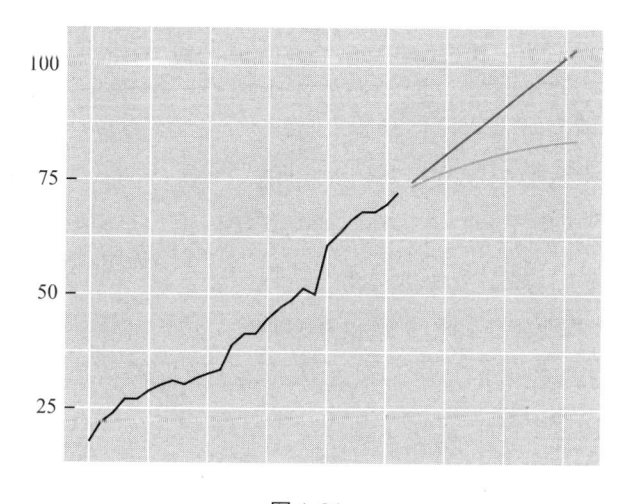

图 4-24

阻尼系数的引入有助于在未来某些时刻的预测中使得趋势平缓，而非一直是线性的。在阻尼系数接近 1 时，包含了阻尼系数的模型是很难与不包含阻尼系数的模型区分开的。

（二）双指数平滑法：针对水平、趋势因素

在简单指数平滑法中，使用了 α 这个平滑参数，其值在 0 和 1 之间，它决定了预测值权重下降的速度，平滑参数越小，结果越平稳，反之则越激烈。不过，它仅仅是水平的变化。但当历史数据出现趋势变化的特征时，就需要增加一个新的参数 β，其值也在 0 和 1 之间，以应对趋势这个因素。它是简单指数平滑法的扩展，称为双指数平滑法，用于预测具有趋势的数据。这个方法是 Holt 于 1957 年提出的，因此也叫 Holt 线性趋势法。

双指数平滑法的公式是：

$$L_t=\alpha \times S_t+(1-\alpha) \times (L_{t-1}+T_{t-1})$$

$$T_t=\beta \times (L_t-L_{t-1})+(1-\beta) \times T_{t-1}$$

$$F_{t+n}=L_t+T_t \times n$$

L_t 是 t 期的水平值，L_{t-1} 则是 $t-1$ 期的水平值。

S_t 是 t 期的实际值。

T_t 是 t 期的趋势值，T_{t-1} 则是 $t-1$ 期的趋势值。

F_{t+n} 是 $t+n$ 期的预测值。

n 是期数。

α 是水平平滑常数，取值在 0 和 1 之间。

β 是趋势平滑常数，取值在 0 和 1 之间。

计算需以上一期的水平值和趋势值为起始依据。双指数平滑法也叫 Holt 线性趋势法，是因为其数据特征呈现线性趋势，那么最简便的方法就是通过 Excel 得出线性方程，从而确立初始水平值和初始趋势值，如图 4-25 所示。

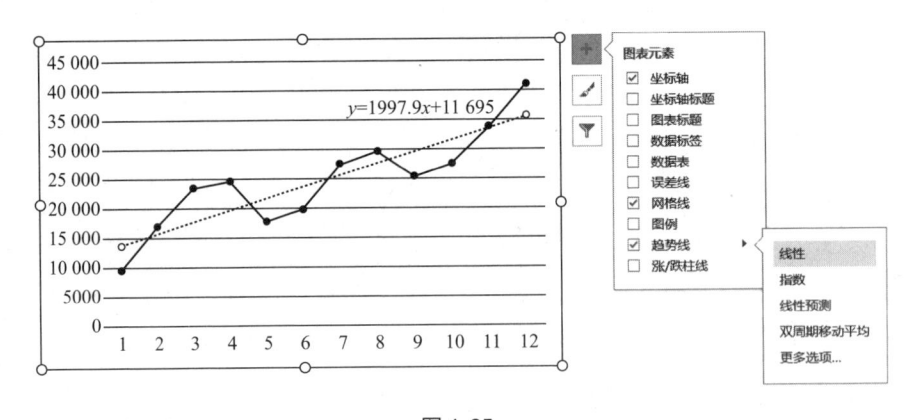

图 4-25

这样可以在图 4-25 中轻易得出线性方程，其方程式为 $y=1997.9x+11\,695$，其中 1998（四舍五入取整）作为初始水平值，11 695 则为初始趋势值，如图 4-26 所示。

	A	B	C	D
1	时期 t	实际	水平	趋势
2	0		1998	11 695
3	1	9500		
4	2	17 000		
5	3	23 500		
6	4	24 520		
7	5	17 640		
8	6	19 700		
9	7	27 400		
10	8	29 540		
11	9	25 230		
12	10	27 450		
13	11	33 700		
14	12	41 000		
15	13			
16	14			
17	15			

图 4-26

另外也可以通过选择 Excel 中的“数据”→“数据分析”→“回归”命令，得出相关的数值，如图 4-27 所示。

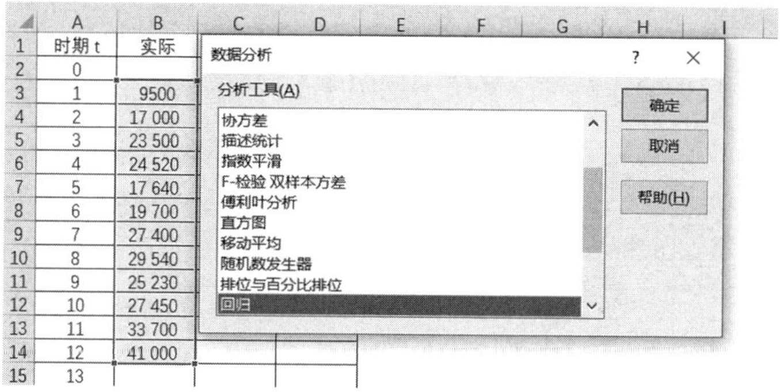

SUMMARY OUTPUT

回归统计	
Multiple R	0.871294
R Square	0.759153
Adjusted R	0.735069
标准误差	4255.471
观测值	12

方差分析

	df	SS	MS	F	gnificance F
回归分析	1	5.71E+08	5.71E+08	31.52021	0.000223
残差	10	1.81E+08	18109034		
总计	11	7.52E+08			

	Coefficient	标准误差	t Stat	P-value	Lower 95%	Upper 95%	下限 95.0%	上限 95.0%
Intercept	11695.3	2619.061	4.465456	0.001206	5859.671	17530.94	5859.671	17530.94
X Variable	1997.902	355.8604	5.614287	0.000223	1204.996	2790.808	1204.996	2790.808

图 4-27

有了初始的水平值和趋势值之后，确立相关的参数 α 和参数 β 的值，就可以代入公式去计算了。其中 α 值为 0.9，β 值为 0.5，从而可以得出：

$$L_1 = \alpha \times S_1 + (1-\alpha) \times (L_0 + T_0)$$
$$= 0.9 \times 9500 + (1-0.9) \times (1998 + 11\,695)$$
$$= 9919$$

$$T_1 = \beta \times (L_1 - L_0) + (1-\beta) \times T_0$$
$$= 0.5 \times (9919 - 1998) + (1-0.5) \times 11\,695$$
$$= 9808$$

$$F_1 = L_0 + T_0 \times 1$$
$$= 1998 + 11\,695 \times 1$$
$$= 13\,693$$

这样就得出了第 1 期的水平值为 9919，趋势值为 9808，预测值为 13 693，并以此类推，可以得到后续各期的水平值、趋势值和预测值。

利用 Excel 求得第 1 期的水平值，如图 4-28 所示。

时期 t	实际	水平	趋势	预测
0		1998	11 695	
1	9500	9919	9808	13 693
2	17 000	17 273	8581	19 727
3	23 500	23 735	7522	25 854
4	24 520	25 194	4490	31 257
5	17 640	18 844	-930	29 684
6	19 700	19 521	-126	17 915
7	27 400	26 600	3476	19 395
8	29 540	29 594	3235	30 075
9	25 230	25 990	-184	32 828
10	27 450	27 286	556	25 805
11	33 700	33 114	3192	27 841
12	41 000	40 531	5304	36 306
13				45 835
14				
15				

| α 值 | 0.9 |
| β 值 | 0.5 |

C3 =$B$19*B3+(1-$B$19)*(C2+D2)

图 4-28

利用 Excel 求得第 1 期的趋势值，如图 4-29 所示。

时期 t	实际	水平	趋势	预测
0		1998	11 695	
1	9500	9919	9808	13 693
2	17 000	17 273	8581	19 727
3	23 500	23 735	7522	25 854
4	24 520	25 194	4490	31 257
5	17 640	18 844	-930	29 684
6	19 700	19 521	-126	17 915
7	27 400	26 600	3476	19 395
8	29 540	29 594	3235	30 075
9	25 230	25 990	-184	32 828
10	27 450	27 286	556	25 805
11	33 700	33 114	3192	27 841
12	41 000	40 531	5304	36 306
13				45 835
14				
15				

| α值 | 0.9 |
| β值 | 0.5 |

D3 =$B$20*(C3-C2)+(1-$B$20)*D2

图 4-29

利用 Excel 求得第 1 期的预测值，如图 4-30 所示。

E3 =C2+D2

时期 t	实际	水平	趋势	预测
0		1998	11 695	
1	9500	9919	9808	13 693
2	17 000	17 273	8581	19 727
3	23 500	23 735	7522	25 854
4	24 520	25 194	4490	31 257
5	17 640	18 844	-930	29 684
6	19 700	19 521	-126	17 915
7	27 400	26 600	3476	19 395
8	29 540	29 594	3235	30 075
9	25 230	25 990	-184	32 828
10	27 450	27 286	556	25 805
11	33 700	33 114	3192	27 841
12	41 000	40 531	5304	36 306
13				45 835
14				
15				

| α值 | 0.9 |
| β值 | 0.5 |

图 4-30

相应的图示如图 4-31 所示。

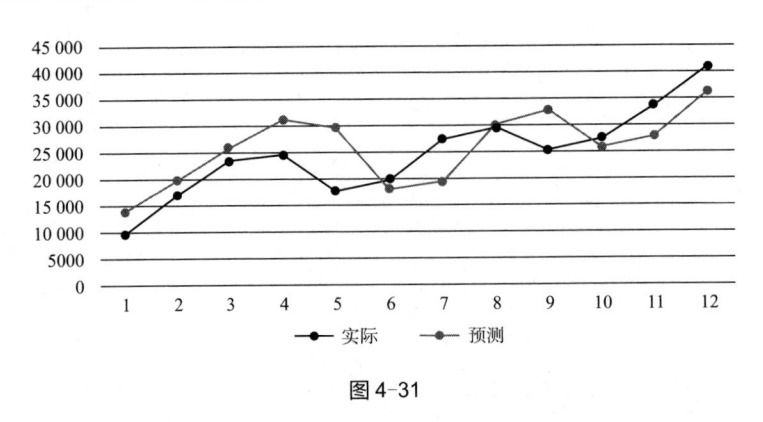

图 4-31

在知道第 12 期的水平值、趋势值的情况下，也可以通过公式求得第 15 期的预测值：

$$F_{15}=L_{12}+T_{12}\times(15-12)$$
$$=40\ 531+5304\times 3$$
$$=56\ 443$$

15-12 是指第 15 期和第 12 期相差了 3 期，因此在第 12 期的水平值基础上，加上 3 期的趋势值推移，得出第 15 期的预测值。

（三）三指数平滑法：针对水平、趋势和季节性因素

历史数据里除了水平、趋势因素，往往还含有季节性因素。双指数平滑法考虑了水平和趋势因素，使用了 α 和 β 两个参数来应对，对于季节性因素，就需要多引入一个参数 γ 来应对，从而变为三指数平滑法了。

三指数平滑法分为乘法模式和加法模式。两者的区别是：当季节性数据随着时间变化而变化时，使用乘法模式；当季节性数据不随着时间变化而变化时，则使用加法模式。

乘法模式公式为：

$$L_t=\alpha\times(S_t\div C_{t-L})+(1-\alpha)\times(L_{t-1}+T_{t-1})$$
$$T_t=\beta\times(L_t-L_{t-1})+(1-\beta)\times T_{t-1}$$
$$C_t=\gamma\times(S_t\div L_t)+(1-\gamma)\times C_{t-L}$$
$$F_{t+n}=(L_t+n\times T_t)\times C_{t-L+n}$$

其中：

L_t 是 t 期的水平值，L_{t-1} 则是 $t-1$ 期的水平值。

S_t 是 t 期的实际值。

T_t 是 t 期的趋势值，T_{t-1} 则是 $t-1$ 期的趋势值。

C_t 是 t 期的季节性因子，C_{t-1} 则是 $t-1$ 期的季节性因子。

C_{t-L} 和 C_{t-L+n} 中的 L 是季节周期，比如每 12 个月为一个周期，则 L 为 12，如果每 4 季为一个周期，则 L 为 4。

F_{t+n} 是 $t+n$ 期的预测值。

n 是期数。

α 是水平平滑常数，取值在 0 和 1 之间。

β 是趋势平滑常数，取值在 0 和 1 之间。

γ 是季节平滑常数，取值在 0 和 1 之间。

例如，从 2018 年第 1 季度开始，到 2021 年第 4 季度，共有 16 期的历史数据，如图 4-32 所示。使用三指数平滑法，同样离不开初始值的确立，这个可以称为观测值，然后通过观测值得出因素数值，并运用在其他周期上，这些称为实验值，最后就是希望得到预测结果的预测值。因此 2018 年第 1 季度到第 4 季度共 4 个季度的数值可以视为观测值，2019 年第 1 季度到 2021 年第 4 季度的数值则为实验值，最后就是预测值，如果要预测 2022 年全年 4 个季度，那么 2022 年的第 1 季度到第 4 季度的数值就是将要实行预测的预测值了。

	A	B	C	D
1	年份	季度	期数	实际
2	2018	1	1	10 000
3	2018	2	2	14 000
4	2018	3	3	8000
5	2018	4	4	25 000
6	2019	1	5	16 000
7	2019	2	6	22 000
8	2019	3	7	14 000
9	2019	4	8	35 000
10	2020	1	9	15 000
11	2020	2	10	27 000
12	2020	3	11	18 000
13	2020	4	12	40 000
14	2021	1	13	28 000
15	2021	2	14	40 000
16	2021	3	15	25 000
17	2021	4	16	65 000

图 4-32

第一步，确立观测值中的季节性因子。通过每一个季度和 2018 年全年平均数比较，得出各个季度的季节性因子。2018 年第 1 季度的季节性因子就是：

$$C_{2018.1}=10\ 000 \div [(10\ 000+14\ 000+8000+25\ 000) \div 4]$$
$$=0.70$$

以此类推，得出 2018 年第 1 季度到第 4 季度的各季度季节性因子，如图 4-33 所示。

	A	B	C	D	E	F	G	H
1	年份	季度	期数	实际	水平	趋势	季节性	预测
2	2018	1	1	10 000			0.70	
3	2018	2	2	14 000			0.98	
4	2018	3	3	8000			0.56	
5	2018	4	4	25 000			1.75	
6	2019	1	5	16 000				
7	2019	2	6	22 000				
8	2019	3	7	14 000				
9	2019	4	8	35 000				
10	2020	1	9	15 000				
11	2020	2	10	27 000				
12	2020	3	11	18 000				
13	2020	4	12	40 000				
14	2021	1	13	28 000				
15	2021	2	14	40 000				
16	2021	3	15	25 000				
17	2021	4	16	65 000				

G2 单元格公式：=D2/AVERAGE($D$2:$D$5)

图 4-33

由于是把 2018 年的全年数据作为观测值，那么水平值和趋势值初始值就是 2018 年的第 4 季度了。水平值可以根据当期的实际值，剔除季节性因素而得出，所以初始水平值就是当期实际值除以当期的季节性因子。2018 年第 4 季度的季节性因子在之前计算得出为 1.75，那么 2018 年第 4 季度的水平值就是：

$$L_{2018.4}=25\ 000 \div 1.75$$
$$=14\ 286（四舍五入取整）$$

将 2019 年的全年平均数和 2018 年的全年平均数相减，再除以 4 得出一个季度的值，就是 2018 年向 2019 年的趋势的初始值。因此 2018 年第 4 季度的趋势值就是：

$T_{2018.4}$=[(16 000+22 000+14 000+35 000)÷4−(10 000+14 000+8000+25 000)÷4]÷4

=(21 750−14 250)÷4

=1875

这样就得出 2018 年第 4 季度的水平值、趋势值分别为 14 286、1875，以及 2018 年 4 个季度的季节性因子分别为 0.70、0.98、0.56 和 1.75[①]。接着就可以计算出 2019 年第 1 季度的水平值、趋势值、季节性数值和预测值了，而 α、β、γ 值均为 0.5，分别套入相应的公式：

$L_{2019.1}$=α×($S_{2019.1}$÷$C_{2018.1}$)+(1−α)×($L_{2018.4}$+$T_{2018.4}$)

=0.5×(16 000÷0.70)+(1−0.5)×(14 286+1875)

=19 509（四舍五入取整）

注意，$C_{2018.1}$ 实际上应该是指 C_1，它是 C_{5-4}，5-4 中的 5 为 2018 年第 1 季度开始的第 5 期历史数据，就是 2019 年第 1 季度的历史数据。而 5-4 中的 4 就是一年所含的周期数，即 4 个季度。

$T_{2019.1}$=β×($L_{2019.1}$−$L_{2018.4}$)+(1−β)×$T_{2018.4}$

=0.5×(19 509−14 286)+(1−0.5)×1875

=3549

$C_{2019.1}$=γ×($S_{2019.1}$÷$L_{2019.1}$)+(1−γ)×$C_{2018.1}$

=0.5×(16 000÷19 509)+(1−0.5)×0.70

=0.76（保留两位小数）

$F_{2019.1}$=($L_{2018.4}$+1×$T_{2018.4}$)×$C_{2018.1}$

=(14 286+1×1875)×0.70

=11 313（四舍五入取整）

这样就得出第 5 期（2019 年第 1 季度）的水平值为 19 509，趋势值为 3549，季节性因子为 0.76，预测值为 11 313。以此类推，可以得到后续各期的水平值、趋势值和预测值。

通过 Excel 求得第 5 期的水平值如图 4-34 所示。

---

① 注：季节性因子均为 Excel 计算结果，并且结果保留两位小数，参见图 4-33。

E6 =$B$23*(D6/G2)+(1-$B$23)*(E5+F5)

	A	B	C	D	E	F	G	H
1	年份	季度	期数	实际	水平	趋势	季节性	预测
2	2018	1	1	10 000			0.70	
3	2018	2	2	14 000			0.98	
4	2018	3	3	8000			0.56	
5	2018	4	4	25 000	14 286	1875	1.75	
6	2019	1	5	16 000	19 509	3549	0.76	11 313
7	2019	2	6	22 000	22 700	3390	0.98	22 603
8	2019	3	7	14 000	25 514	3102	0.56	14 647
9	2019	4	8	35 000	24 283	936	1.60	50 204
10	2020	1	9	15 000	22 453	-447	0.71	19 215
11	2020	2	10	27 000	24 837	969	1.03	21 474
12	2020	3	11	18 000	29 117	2624	0.59	14 324
13	2020	4	12	40 000	28 388	947	1.50	50 719
14	2021	1	13	28 000	34 248	3404	0.77	20 974
15	2021	2	14	40 000	38 216	3686	1.04	38 836
16	2021	3	15	25 000	42 259	3865	0.59	24 581
17	2021	4	16	65 000	44 679	3142	1.48	69 346
18	2022	1	17					36 644
19	2022	2	18					
20	2022	3	19					
21	2022	4	20					84 676
22								
23	α值	0.5						
24	β值	0.5						
25	γ值	0.5						

图 4-34

第 5 期的趋势值如图 4-35 所示。

F6 =$B$24*(E6-E5)+(1-$B$24)*F5

	A	B	C	D	E	F	G	H
1	年份	季度	期数	实际	水平	趋势	季节性	预测
2	2018	1	1	10 000			0.70	
3	2018	2	2	14 000			0.98	
4	2018	3	3	8000			0.56	
5	2018	4	4	25 000	14 286	1875	1.75	
6	2019	1	5	16 000	19 509	3549	0.76	11 313
7	2019	2	6	22 000	22 700	3390	0.98	22 603
8	2019	3	7	14 000	25 514	3102	0.56	14 647
9	2019	4	8	35 000	24 283	936	1.60	50 204
10	2020	1	9	15 000	22 453	-447	0.71	19 215
11	2020	2	10	27 000	24 837	969	1.03	21 474
12	2020	3	11	18 000	29 117	2624	0.59	14 324
13	2020	4	12	40 000	28 388	947	1.50	50 719
14	2021	1	13	28 000	34 248	3404	0.77	20 974
15	2021	2	14	40 000	38 216	3686	1.04	38 836
16	2021	3	15	25 000	42 259	3865	0.59	24 581
17	2021	4	16	65 000	44 679	3142	1.48	69 346
18	2022	1	17					36 644
19	2022	2	18					
20	2022	3	19					
21	2022	4	20					84 676
22								
23	α值	0.5						
24	β值	0.5						
25	γ值	0.5						

图 4-35

第 5 期的季节性因子如图 4-36 所示。

年份	季度	期数	实际	水平	趋势	季节性	预测
2018	1	1	10 000			0.70	
2018	2	2	14 000			0.98	
2018	3	3	8000			0.56	
2018	4	4	25 000	14 286	1875	1.75	
2019	1	5	16 000	19 509	3549	0.76	11 313
2019	2	6	22 000	22 700	3390	0.98	22 603
2019	3	7	14 000	25 514	3102	0.56	14 647
2019	4	8	35 000	24 283	936	1.60	50 204
2020	1	9	15 000	22 453	-447	0.71	19 215
2020	2	10	27 000	24 837	969	1.03	21 474
2020	3	11	18 000	29 117	2624	0.59	14 324
2020	4	12	40 000	28 388	947	1.50	50 719
2021	1	13	28 000	34 248	3404	0.77	20 974
2021	2	14	40 000	38 216	3686	1.04	38 836
2021	3	15	25 000	42 259	3865	0.59	24 581
2021	4	16	65 000	44 679	3142	1.48	69 346
2022	1	17					36 644
2022	2	18					
2022	3	19					
2022	4	20					84 676

α值	0.5
β值	0.5
γ值	0.5

G6 公式：=$B$25*(D6/E6)+(1-$B$25)*G2

图 4-36

第 5 期的预测值如图 4-37 所示。

年份	季度	期数	实际	水平	趋势	季节性	预测
2018	1	1	10 000			0.70	
2018	2	2	14 000			0.98	
2018	3	3	8000			0.56	
2018	4	4	25 000	14 286	1875	1.75	
2019	1	5	16 000	19 509	3549	0.76	11 313
2019	2	6	22 000	22 700	3390	0.98	22 603
2019	3	7	14 000	25 514	3102	0.56	14 647
2019	4	8	35 000	24 283	936	1.60	50 204
2020	1	9	15 000	22 453	-447	0.71	19 215
2020	2	10	27 000	24 837	969	1.03	21 474
2020	3	11	18 000	29 117	2624	0.59	14 324
2020	4	12	40 000	28 388	947	1.50	50 719
2021	1	13	28 000	34 248	3404	0.77	20 974
2021	2	14	40 000	38 216	3686	1.04	38 836
2021	3	15	25 000	42 259	3865	0.59	24 581
2021	4	16	65 000	44 679	3142	1.48	69 346
2022	1	17					36 644
2022	2	18					
2022	3	19					
2022	4	20					84 676

α值	0.5
β值	0.5
γ值	0.5

H6 公式：=(E5+F5)*G2

图 4-37

实际和预测的相应图示如图 4-38 所示。

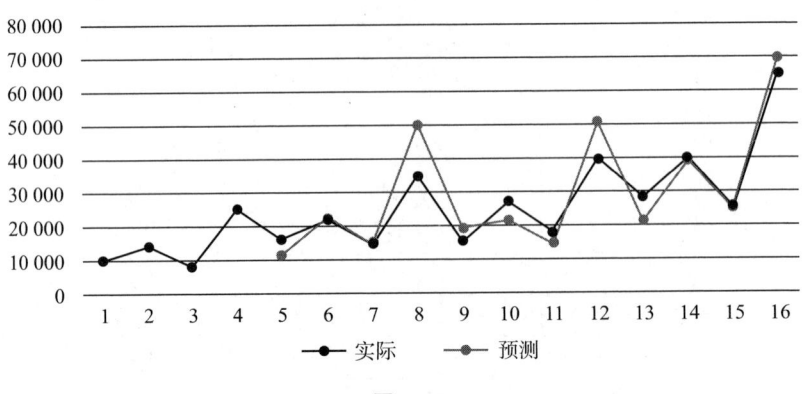

图 4-38

在知道第 16 期的水平值、趋势值、季节性因子的情况下，也可以通过公式求得第 20 期（2022 年第 4 季度）的预测值，如图 4-39 所示。

H21 =(E17+(C21-C17)*F17)*G17

	A	B	C	D	E	F	G	H
1	年份	季度	期数	实际	水平	趋势	季节性	预测
2	2018	1	1	10 000			0.70	
3	2018	2	2	14 000			0.98	
4	2018	3	3	8000			0.56	
5	2018	4	4	25 000	14 286	1875	1.75	
6	2019	1	5	16 000	19 509	3549	0.76	11 313
7	2019	2	6	22 000	22 700	3390	0.98	22 603
8	2019	3	7	14 000	25 514	3102	0.56	14 647
9	2019	4	8	35 000	24 283	936	1.60	50 204
10	2020	1	9	15 000	22 453	-447	0.71	19 215
11	2020	2	10	27 000	24 837	969	1.03	21 474
12	2020	3	11	18 000	29 117	2624	0.59	14 324
13	2020	4	12	40 000	28 388	947	1.50	50 719
14	2021	1	13	28 000	34 248	3404	0.77	20 974
15	2021	2	14	40 000	38 216	3686	1.04	38 836
16	2021	3	15	25 000	42 259	3865	0.59	24 581
17	2021	4	16	65 000	44 679	3142	1.48	69 346
18	2022	1	17					36 644
19	2022	2	18					
20	2022	3	19					
21	2022	4	20					84 726
22								
23	α 值		0.5					
24	β 值		0.5					
25	γ 值		0.5					

图 4-39

$$F_{2022.4}=(L_{2021.4}+4\times T_{2021.4})\times C_{2021.4}$$

$$=(44\,679+4\times 3142)\times 1.48$$

$$=84\,726（四舍五入取整）$$

通过第 16 期的数据来预测第 20 期，两者相差了 4 期，因此有 4×3142。而 $C_{2021.4}$ 实际就是第 16 期的季节性因子，为 C_{16}，是通过 C_{16-4+4} 而来的，其中第一个 4 是指其中一年含有 4 个季度这个周期，即公式中的符号 L，而第二个 4 则是指第 20 期和第 16 期相差的期数。

加法模式公式为：

$$L_t=\alpha\times(S_t-C_{t-L})+(1-\alpha)\times(L_{t-1}+T_{t-1})$$

$$T_t=\beta\times(L_t-L_{t-1})+(1-\beta)\times T_{t-1}$$

$$C_t=\gamma\times(S_t-L_{t-1}-T_{t-1})+(1-\gamma)\times C_{t-L}$$

$$F_{t+n}=L_t+n\times T_t+C_{t-L+1+(n-1)}$$

其中：

L_t 是 t 期的水平值，L_{t-1} 则是 $t-1$ 期的水平值。

S_t 是 t 期的实际值。

T_t 是 t 期的趋势值，T_{t-1} 则是 $t-1$ 期的趋势值。

C_t 是 t 期的季节性数值，C_{t-1} 则是 $t-1$ 期的季节性数值。

C_{t-L} 和 $C_{t-L+1+(n-1)}$ 中的 L 是季节周期，比如每 12 个月为一个周期，则 L 为 12，如果每 4 季为一个周期，则 L 为 4。

F_{t+n} 是 $t+n$ 期的预测值。

n 是期数。

α 是水平平滑常数，取值在 0 和 1 之间。

β 是趋势平滑常数，取值在 0 和 1 之间。

γ 是季节平滑常数，取值在 0 和 1 之间。

加法模式和乘法模式做法基本一样，都是先确立初始值，数据也分为三个部分，即观测值、实验值和预测值。不过对待季节性部分，做法却不相同，乘法模式是当期的实际值和周期的平均数之比，得出季节性因子，而加法模式则是用两者之差得出季节性数值，因此 2018 年第 1 季度的季节性数值就是：

$C_{2018.1}$=10 000−[(10 000+14 000+8000+25 000)÷4]

=−4250

以此类推，得出 2018 年第 1 季度到第 4 季度的各季度季节性数值，如图 4-40 所示。

	A	B	C	D	E	F	G	H
1	年份	季度	期数	实际	水平	趋势	季节性	预测
2	2018	1	1	10 000			−4250	
3	2018	2	2	14 000			−250	
4	2018	3	3	8000			−6250	
5	2018	4	4	25 000			10 750	
6	2019	1	5	16 000				
7	2019	2	6	22 000				
8	2019	3	7	14 000				
9	2019	4	8	35 000				
10	2020	1	9	15 000				
11	2020	2	10	27 000				
12	2020	3	11	18 000				
13	2020	4	12	40 000				
14	2021	1	13	28 000				
15	2021	2	14	40 000				
16	2021	3	15	25 000				
17	2021	4	16	65 000				
18	2022	1	17					
19	2022	2	18					
20	2022	3	19					
21	2022	4	20					

图 4-40

由于是把 2018 年的全年数据作为观测值，那么水平值和趋势值初始值就是 2018 年的第 4 季度的数值了。水平值可以根据当期的实际值，剔除季节性因素而得出，所以初始水平值就是当期实际值减去当期的季节性数值。2018 年第 4 季度的季节性数值在之前计算得出为 10 750，那么 2018 年第 4 季度的水平值就是：

$L_{2018.4}$=25 000−10 750

=14 250

而趋势值和乘法模式一样，由 2019 年的全年平均数和 2018 年的全年平均数相比，再除以 4 得出一个季度的值，这就是 2018 年向 2019 年的趋势的初始值。因此 2018 年第 4 季度的趋势值就是：

$T_{2018.4}$=[(16 000+22 000+14 000+35 000)÷4-(1000+14 000+8000+25 000)÷4]÷4

=[21 750-14 250]÷4

=1875

得出了 2018 年第 4 季度的水平值、趋势值分别为 14 250、1875，以及 2018 年 4 个季度的季节性数值，分别为 -4250、-250、-6250 和 10 750，就可以计算出 2019 年第 1 季度的水平值、趋势值、季节性数值和预测值了，而 α、β、γ 值分别为 0.01、1 和 0.23，套入相应的公式：

$L_{2019.1}=\alpha\times(S_{2019.1}-C_{2018.1})+(1-\alpha)\times(L_{2018.4}+T_{2018.4})$

=0.01×(16 000+4250)+(1-0.01)×(14 250+1875)

=16 166

$T_{2019.1}=\beta\times(L_{2019.1}-L_{2018.4})+(1-\beta)\times T_{2018.4}$

=1×(16 166-14 250)+(1-1)×1875

=1916

$C_{2019.1}=\gamma\times(S_{2019.1}-L_{2018.4}-T_{2018.4})+(1-\gamma)\times C_{2018.1}$

=0.23×(16 000-14 250-1875)+(1-0.23)×(-4250)

=-3301

$F_{2019.1}=L_{2018.4}+1\times T_{2018.4}+C_{2018.1}$

=14 250+1×1875+(-4250)

=11 875

这样就得出第 5 期（2019 年第 1 季度）的水平值为 16 166，趋势值为 1916，季节性指数为 -3301，预测值为 11 875。以此类推，可以得到后续各期的水平值、趋势值和预测值。

通过 Excel 求得第 5 期的水平值如图 4-41 所示。

E6 =$B$23*(D6-G2)+(1-$B$23)*(E5+F5)

	A	B	C	D	E	F	G	H
1	年份	季度	期数	实际	水平	趋势	季节性	预测
2	2018	1	1	10 000			-4250	
3	2018	2	2	14 000			-250	
4	2018	3	3	8000			-6250	
5	2018	4	4	25 000	14 250	1875	10 750	
6	2019	1	5	16 000	16 166	1916	-3301	11 875
7	2019	2	6	22 000	18 124	1958	709	17 833
8	2019	3	7	14 000	20 084	1960	-6211	13 832
9	2019	4	8	35 000	22 065	1982	11 258	32 793
10	2020	1	9	15 000	23 990	1924	-4623	20 746
11	2020	2	10	27 000	25 918	1928	795	26 622
12	2020	3	11	18 000	27 809	1892	-7047	21 634
13	2020	4	12	40 000	29 691	1882	11 037	40 958
14	2021	1	13	28 000	31 584	1893	-4381	26 951
15	2021	2	14	40 000	33 534	1950	2113	34 272
16	2021	3	15	25 000	35 449	1915	-7838	28 436
17	2021	4	16	65 000	37 531	2081	14 855	48 402
18	2022	1	17					35 231
19	2022	2	18					
20	2022	3	19					
21	2022	4	20					
22								
23	α 值	0.01						
24	β 值	1						
25	γ 值	0.23						

图 4-41

第 5 期的趋势值如图 4-42 所示。

F6 =$B$24*(E6-E5)+(1-$B$24)*F5

	A	B	C	D	E	F	G	H
1	年份	季度	期数	实际	水平	趋势	季节性	预测
2	2018	1	1	10 000			-4250	
3	2018	2	2	14 000			-250	
4	2018	3	3	8000			-6250	
5	2018	4	4	25 000	14 250	1875	10 750	
6	2019	1	5	16 000	16 166	1916	-3301	11 875
7	2019	2	6	22 000	18 124	1958	709	17 833
8	2019	3	7	14 000	20 084	1960	-6211	13 832
9	2019	4	8	35 000	22 065	1982	11 258	32 793
10	2020	1	9	15 000	23 990	1924	-4623	20 746
11	2020	2	10	27 000	25 918	1928	795	26 622
12	2020	3	11	18 000	27 809	1892	-7047	21 634
13	2020	4	12	40 000	29 691	1882	11 037	40 958
14	2021	1	13	28 000	31 584	1893	-4381	26 951
15	2021	2	14	40 000	33 534	1950	2113	34 272
16	2021	3	15	25 000	35 449	1915	-7838	28 436
17	2021	4	16	65 000	37 531	2081	14 855	48 402
18	2022	1	17					35 231
19	2022	2	18					
20	2022	3	19					
21	2022	4	20					
22								
23	α 值	0.01						
24	β 值	1						
25	γ 值	0.23						

图 4-42

第 5 期的季节性数值如图 4-43 所示。

年份	季度	期数	实际	水平	趋势	季节性	预测
2018	1	1	10 000			-4250	
2018	2	2	14 000			-250	
2018	3	3	8000			-6250	
2018	4	4	25 000	14 250	1875	10 750	
2019	1	5	16 000	16 166	1916	-3301	11 875
2019	2	6	22 000	18 124	1958	709	17 833
2019	3	7	14 000	20 084	1960	-6211	13 832
2019	4	8	35 000	22 065	1982	11 258	32 793
2020	1	9	15 000	23 990	1924	-4623	20 746
2020	2	10	27 000	25 918	1928	795	26 622
2020	3	11	18 000	27 809	1892	-7047	21 634
2020	4	12	40 000	29 691	1882	11 037	40 958
2021	1	13	28 000	31 584	1893	-4381	26 951
2021	2	14	40 000	33 534	1950	2113	34 272
2021	3	15	25 000	35 449	1915	-7838	28 436
2021	4	16	65 000	37 531	2081	14 855	48 402
2022	1	17					35 231
2022	2	18					
2022	3	19					
2022	4	20					

α 值 0.01
β 值 1
γ 值 0.23

图 4-43

第 5 期的预测值如图 4-44 所示。

年份	季度	期数	实际	水平	趋势	季节性	预测
2018	1	1	10 000			-4250	
2018	2	2	14 000			-250	
2018	3	3	8000			-6250	
2018	4	4	25 000	14 250	1875	10 750	
2019	1	5	16 000	16 166	1916	-3301	11 875
2019	2	6	22 000	18 124	1958	709	17 833
2019	3	7	14 000	20 084	1960	-6211	13 832
2019	4	8	35 000	22 065	1982	11 258	32 793
2020	1	9	15 000	23 990	1924	-4623	20 746
2020	2	10	27 000	25 918	1928	795	26 622
2020	3	11	18 000	27 809	1892	-7047	21 634
2020	4	12	40 000	29 691	1882	11 037	40 958
2021	1	13	28 000	31 584	1893	-4381	26 951
2021	2	14	40 000	33 534	1950	2113	34 272
2021	3	15	25 000	35 449	1915	-7838	28 436
2021	4	16	65 000	37 531	2081	14 855	48 402
2022	1	17					35 231
2022	2	18					
2022	3	19					
2022	4	20					

α 值 0.01
β 值 1
γ 值 0.23

图 4-44

实际和预测的图示如图 4-45 所示。

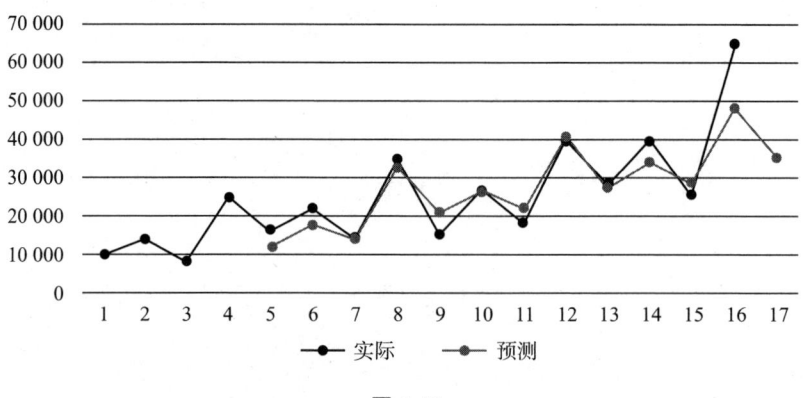

图 4-45

在知道第 16 期的水平值、趋势值、季节性数值的情况下，也可以通过公式求得第 20 期（2022 年第 4 季度）的预测值，如图 4-46 所示。

$$F_{2022.4}=L_{2021.4}+4\times T_{2021.4}+C_{2021.4}$$
$$=37\ 531+4\times 2081+14\ 855$$
$$=60\ 710$$

通过第 16 期的数据来预测第 20 期，两者相差了 4 期，因此有 4×2081。而 $C_{2021.4}$ 实际就是第 16 期的季节性数值，为 C_{16}，是通过 $C_{16-4+1+(4-1)}$ 而来的，其中第一个 4 是指其中一年含有 4 个季度这个周期，即公式中的符号 L，而第二个 4 则是指第 20 期和第 16 期相差的期数 n。

	A	B	C	D	E	F	G	H
4	2018	3	3	8000			-6250	
5	2018	4	4	25 000	14 250	1875	10 750	
6	2019	1	5	16 000	16 166	1916	-3301	11 875
7	2019	2	6	22 000	18 124	1958	709	17 833
8	2019	3	7	14 000	20 084	1960	-6211	13 832
9	2019	4	8	35 000	22 065	1982	11 258	32 793
10	2020	1	9	15 000	23 990	1924	-4623	20 746
11	2020	2	10	27 000	25 918	1928	795	26 622
12	2020	3	11	18 000	27 809	1892	-7047	21 634
13	2020	4	12	40 000	29 691	1882	11 037	40 958
14	2021	1	13	28 000	31 584	1893	-4381	26 951
15	2021	2	14	40 000	33 534	1950	2113	34 272
16	2021	3	15	25 000	35 449	1915	-7838	28 436
17	2021	4	16	65 000	37 531	2081	14 855	48 402
18	2022	1	17					35 231
19	2022	2	18					
20	2022	3	19					
21	2022	4	20					60 710

23	α 值	0.01
24	β 值	1
25	γ 值	0.23

图 4-46

同样地，三指数平滑法，不管是加法模式还是乘法模式，都可以根据实际情况，和简单指数平滑法一样，在完成第一次指数平滑之后，继续进行第二次乃至更多次的指数平滑，从而得到最优效果。

【小插曲 2】预测从清洗数据开始

清洗数据是预测的一个不可缺少的步骤。如果以百分比来划分预测工作的比重，那么说数据处理和清洗数据占到工作总量的 80% 也不为过。当数据整理好，从而摸清了数据规律时，之后预测出来的结果就会令人满意得多。

现在常用的预测方法都是时间序列法，也就是根据过去的历史数据，把隐藏的规律应用到对未来的预测中。可以说，作为预测起点的数据，起着非常重要的作用。

在清洗数据时，大多数情况下都会提到诸如"削峰填谷"、减去季节性因素、消除促销因素，然后再做预测。那么，到底为什么要清洗数据呢？

时间序列法的数据模型一般含有四个因素，分别为水平、趋势、季节性和噪声。因此所谓的清洗数据，就是要分析、整理出这四个因素，然后进行剔除并尽可能还原成水平状态。水平状态可以视为正常自然的需求，因此针对水平状态可以使用时间序列分析技术，把相应的规律应用在对未来的预测上，然后再添加所涉及的其他因素，如趋势、季节性因素，甚至一些可能的随机因素或市场因素。如图 4-47 所示（当然这是思路图，不甚严谨，仅做参考）。

而所谓清洗数据，就是这个思路图的逆向发展过程。

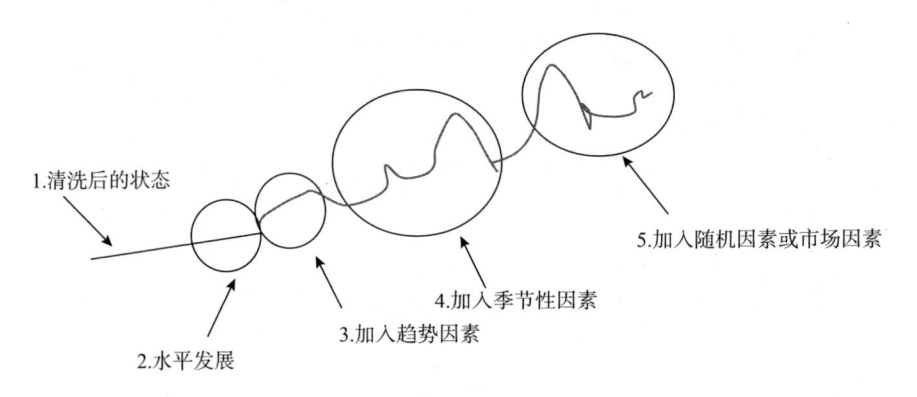

图 4-47

在现实世界中清洗数据还要涉及更多的处理，比如对缺失值、重复值的处理，数据的分组，以及对其他各式各样的不合理值、矛盾值等的处理。

在进行数据处理后，很多时候哪怕不用各种方法进行预测，心里也多少摸到了一定规律，从而对未来值有个大致的范围估计。

例如，某电商近 3 年的销售数据如图 4-48 所示，尽管 3 年的实际每年总需求、月均需求都各有不同，不过通过 3 年的比较可以看出，基本发展特点都比较相似，而且均含有上升趋势和季节性的特点。

图 4-48

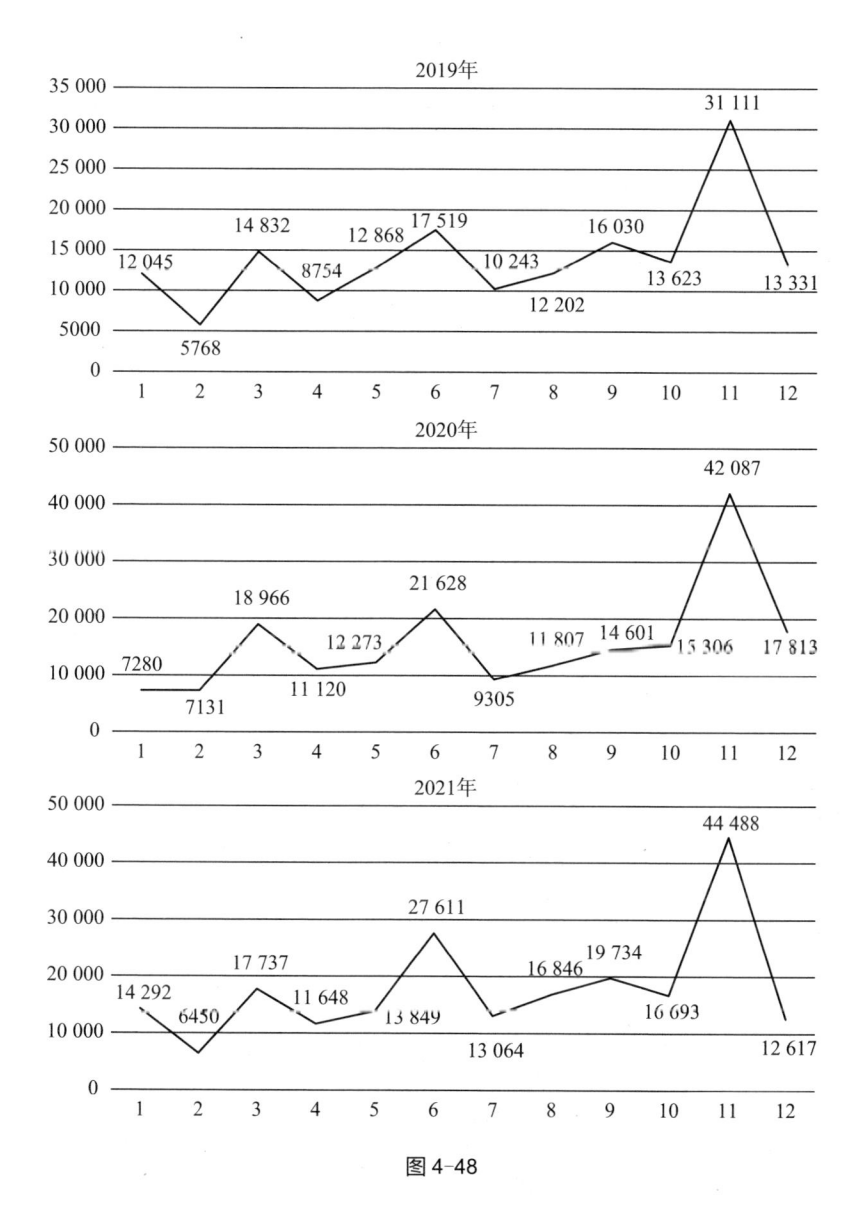

在这个基础上，该企业要对 2022 年 1 月进行预测，那么可以先行将数据进行清洗，分解出水平、趋势、季节性因素，然后再对 2022 年 1 月进行预测，接着加上相应的因素，得出模型并算出预测值。

3 年共 36 期的数据，每一年有 12 个月的数据，而季节性因素是每 12 个月循环出现的，比如 3 月、6 月和 11 月都有明显的表现特征。

因此，第一步可以消除季节性和噪声的特征。移动平均法是一个有效的方法，移动平均法能把起伏的波动拉成相对平稳的状况，从而在某种程度上，起到"削峰填谷"的作用，减少季节性带来的波动。根据观察，每12个月都会出现雷同的波动情况，那么就以12个月为一个周期进行水平估计值计算。

以中间点为计算开始点，即从6月开始移动平均，如图4-49所示。

行	年份	月份	需求	水平和趋势
1	年份	月份	需求	水平和趋势
2	2019	1	12 045	
3	2019	2	5768	
4	2019	3	14 832	
5	2019	4	8754	
6	2019	5	12 868	
7	2019	6	17 519	14 027
8	2019	7	10 243	13 630
9	2019	8	12 202	13 744
10	2019	9	16 030	14 088
11	2019	10	13 623	14 285
12	2019	11	31 111	14 236
13	2019	12	13 331	14 578
14	2020	1	7280	14 500
15	2020	2	7131	14 467
16	2020	3	18 966	14 349
17	2020	4	11 120	14 489
18	2020	5	12 273	15 404
19	2020	6	21 628	15 777
20	2020	7	9305	16 361
21	2020	8	11 807	16 305
22	2020	9	14 609	16 202
23	2020	10	15 306	16 246
24	2020	11	42 087	16 378
25	2020	12	17 813	16 876
26	2021	1	14 292	17 189
27	2021	2	6450	17 609
28	2021	3	17 737	18 036
29	2021	4	11 648	18 152
30	2021	5	13 849	18 352
31	2021	6	27 611	17 919
32	2021	7	13 064	
33	2021	8	16 846	
34	2021	9	19 734	
35	2021	10	16 693	
36	2021	11	44 488	
37	2021	12	12 617	
38	2022	1		

单元格D7 =AVERAGE(C2:C13)

图4-49

选择6月，是因为处于中间点。如果选择12月，也就是将12个月的平均数从12月开始计算，那么对于这个月来说，大部分都是"陈旧"的数据，对水平因素的估计来说，其代表性有所降低，反之如果选择1月，参与的数据都是较新的数据，这又是另外一个极端。选择 6 月作为移动平均的起点，既可以消除噪声，同时又去除了季节性的波动。

根据图 4-50，3 年的趋势是上升且有季节性波动的，如果采用 2019 年 1 月作为计算起点，那么趋势上升就会加快，出现在 11 期（2019 年 11 月），反之采用 2019 年 12 月作为计算起点，数据反应表现滞后，在 24 期（2020 年 12 月）才会出现趋势上升。因此选择 2019 年 6 月这个中心做移动平均，表现适中。

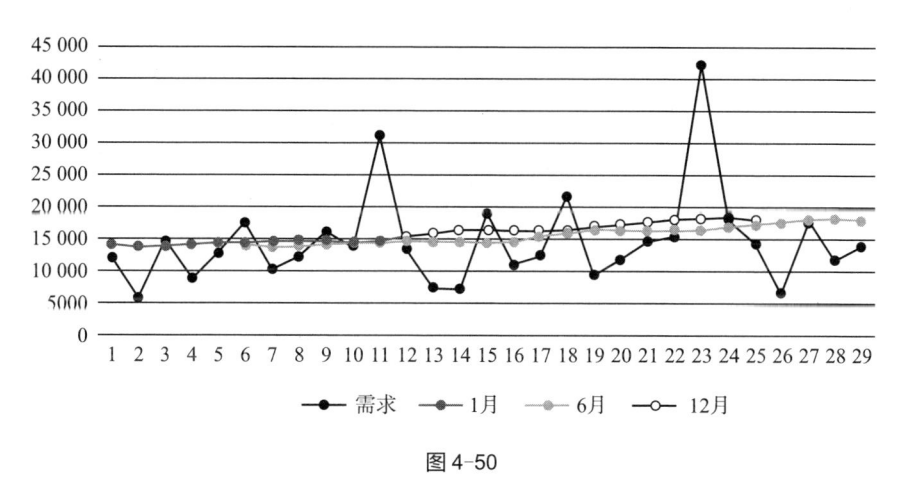

图 4-50

需求包含了水平、趋势、季节性和噪声因素，通过移动平均，去除了噪声和季节性因素后，剩下的就是水平和趋势因素。然后减去趋势因素，剩下的就是水平因素的估计值了。

趋势是本期和上一期发展的变化对比，不断地一期又一期地进行数据累计。因此，最简单的方法就是上一期减去本期数据，就得到一期的趋势变化，以此类推，这样就分解出其中一个因素：趋势。

得出 2021 年 6 月的趋势值是 -433，那么后续就以这个最新的趋势值进行类推，2021 年 7 月就是第一期的 -433，即 -433×1= -433，假如要推测 2022 年 1 月的趋势值，类推就是 7 期的数据，即 -433×7= -3031，如图 4-51 所示。

年份	月份	需求	水平和趋势	趋势
2019	1	12 045		
2019	2	5768		
2019	3	14 832		
2019	4	8754		
2019	5	12 868		
2019	6	17 519	14 027	
2019	7	10 243	13 630	-397
2019	8	12 202	13 744	114
2019	9	16 030	14 088	345
2019	10	13 623	14 285	197
2019	11	31 111	14 236	-50
2019	12	13 331	14 578	342
2020	1	7280	14 500	-78
2020	2	7131	14 467	-33
2020	3	18 966	14 349	-118
2020	4	11 120	14 489	140
2020	5	12 273	15 404	915
2020	6	21 628	15 777	374
2020	7	9305	16 361	584
2020	8	11 807	16 305	-57
2020	9	14 609	16 202	-102
2020	10	15 306	16 246	44
2020	11	42 087	16 378	131
2020	12	17 813	16 876	499
2021	1	14 292	17 189	313
2021	2	6450	17 609	420
2021	3	17 737	18 036	427
2021	4	11 648	18 152	116
2021	5	13 849	18 352	200
2021	6	27 611	17 919	-433
2021	7	13 064		-433
2021	8	16 846		-866
2021	9	19 734		-1299
2021	10	16 693		-1732
2021	11	44 488		-2165
2021	12	12 617		-2598
2022	1			-3031

图 4-51

同理，需求减去已经得知的水平和趋势因素后，剩下的就是噪声和季节性因素了，如图 4-52 所示。

	A	B	C	D	E	F
1	年份	月份	需求	水平和趋势	趋势	噪声和季节性
2	2019	1	12 045			
3	2019	2	5768			
4	2019	3	14 832			
5	2019	4	8754			
6	2019	5	12 868			
7	2019	6	17 519	14 027		3492
8	2019	7	10 243	13 630	−397	−3387
9	2019	8	12 202	13 744	114	−1542
10	2019	9	16 030	14 088	345	1942
11	2019	10	13 623	14 285	197	−662
12	2019	11	31 111	14 236	−50	16 875
13	2019	12	13 331	14 578	342	−1247
14	2020	1	7280	14 500	−78	−7220
15	2020	2	7131	14 467	−33	−7336
16	2020	3	18 966	14 349	−118	4617
17	2020	4	11 120	14 489	140	−3369
18	2020	5	12 273	15 404	915	−3131
19	2020	6	21 628	15 777	374	5851
20	2020	7	9305	16 361	584	−7056
21	2020	8	11 807	16 305	−57	−4498
22	2020	9	14 609	16 202	−102	−1593
23	2020	10	15 300	16 246	44	−940
24	2020	11	42 087	16 378	131	25 709
25	2020	12	17 813	16 876	499	937
26	2021	1	14 292	17 189	313	−2897
27	2021	2	6450	17 609	420	−11 159
28	2021	3	17 737	18 036	427	−299
29	2021	4	11 648	18 152	116	−6504
30	2021	5	13 849	18 352	200	−4503
31	2021	6	27 611	17 919	−433	9692
32	2021	7	13 064		−433	
33	2021	8	16 846		−866	
34	2021	9	19 734		−1299	
35	2021	10	16 693		−1732	
36	2021	11	44 488		−2165	
37	2021	12	12 617		−2598	
38	2022	1			−3031	

图 4-52

最后一步是拆分出季节性因素，就可以完整地得出各个因素了。由于季节性因素是每 12 个月重复出现的，那么最简单直接的方法就是取平均数。因为一年中的每一个月都代表不同的季节性，取每年的 1 月平均数作为 1 月的估值，同理，2 月也是如此。这是加法的季节性调整，当然还有一种是乘法的季节性指数，就是对应的月份和平均数的比例。经比较、讨论和分析，最终还是选择加法的季节性指数，如图 4-53 所示。

图 4-53

季节性和噪声表格（E3 = AVERAGE(B3:D3)）:

月份	2019	2020	2021	平均值
1		-7220	-2897	-5059
2		-7336	-11 159	-9248
3		4617	-299	2159
4		-3369	-6504	-4936
5		-3131	-4503	-3817
6	3492	5851	9692	6345
7	-3387	-7056		-5222
8	-1542	-4498		-3020
9	1942	-1593		174
10	-662	-940		-801
11	16 875	25 709		21 292
12	-1247	937		-155

通过计算，得出每个月的均值，然后将其加入季节性因素中，如图 4-54 所示。

年份	月份	需求	水平和趋势	趋势	噪声和季节性	季节性
2019	1	12 045				-5059
2019	2	5768				-9248
2019	3	14 832				2159
2019	4	8754				-4936
2019	5	12 868				-3817
2019	6	17 519	14 027		3492	6345
2019	7	10 243	13 630	-397	-3387	-5222
2019	8	12 202	13 744	114	-1542	-3020
2019	9	16 030	14 088	345	1942	174
2019	10	13 623	14 285	197	-662	-801
2019	11	31 111	14 236	-50	16 875	21 292
2019	12	13 331	14 578	342	-1247	-155
2020	1	7280	14 500	-78	-7220	-5059
2020	2	7131	14 467	-33	-7336	-9248
2020	3	18 966	14 349	-118	4617	2159
2020	4	11 120	14 489	140	-3369	-4936
2020	5	12 273	15 404	915	-3131	-3817
2020	6	21 628	15 777	374	5851	6345
2020	7	9305	16 361	584	-7056	-5222
2020	8	11 807	16 305	-57	-4498	-3020
2020	9	14 609	16 202	-102	-1593	174
2020	10	15 306	16 246	44	-940	-801
2020	11	42 087	16 378	131	25 709	21 292
2020	12	17 813	16 876	499	937	-155
2021	1	14 292	17 189	313	-2897	-5059
2021	2	6450	17 609	420	-11 159	-9248
2021	3	17 737	18 036	427	-299	2159
2021	4	11 648	18 152	116	-6504	-4936
2021	5	13 849	18 352	200	-4503	-3817

图 4-54

31	2021	6	27 611	17 919	-433	9692	6345
32	2021	7	13 064		-433		-5222
33	2021	8	16 846		-866		-3020
34	2021	9	19 734		-1299		174
35	2021	10	16 693		-1732		-801
36	2021	11	44 488		-2165		21 292
37	2021	12	12 617		-2598		-155
38	2022	1			-3031		-5059

图 4-54（续）

如此一来，得到的最新数据有最新的水平和趋势值（2021年6月为17 919）、最新的趋势值（2022年1月为-3031），还有1月的季节性值（为-5059）。

得出清洗后的数据，相关人员还要检查一遍，避免犯其他企业常犯的错误：就是把历史销售数据假设为历史需求数据。当销售不能满足需求，出现缺货等现象时，这个历史销售数据就不能等同于历史需求数据了。还有其他诸如促销、市场和竞争对手行为等，都会对真实的需求造成影响。而这些工作并不能简单通过数据整理完成，这个时候，相关人员还要连同市场部门、销售部门等对细节进行确认，尽可能把"脏"数据清洗出来。

当清洗数据确认完毕后，接下来就要预测2022年的数值了，如图 4-55 所示。

H38　　fx　　=D31+E38+G38

	A	B	C	D	E	F	G	H
1	年份	月份	需求	水平和趋势	趋势	噪声和季节性	季节性	预测
2	2019	1	12 045				-5059	
3	2019	2	5768				-9248	
4	2019	3	14 832				2159	
5	2019	4	0754				4936	
6	2019	5	12 868				-3817	
7	2019	6	17 519	14 027		3492	6345	
8	2019	7	10 243	13 630	-397	-3387	-5222	
9	2019	8	12 202	13 744	114	-1542	-3020	
10	2019	9	16 030	14 088	345	1942	174	
11	2019	10	13 623	14 285	197	-662	-801	
12	2019	11	31 111	14 236	-50	16 875	21 292	
13	2019	12	13 331	14 578	342	-1247	-155	
14	2020	1	7280	14 500	-78	-7220	-5059	
15	2020	2	7131	14 467	-33	-7336	-9248	
16	2020	3	18 966	14 349	-118	4617	2159	
17	2020	4	11 120	14 489	140	-3369	-4936	
18	2020	5	12 273	15 404	915	-3131	-3817	
19	2020	6	21 628	15 777	374	5851	6345	
20	2020	7	9305	16 361	584	-7056	-5222	
21	2020	8	11 807	16 305	-57	-4498	-3020	
22	2020	9	14 609	16 202	-102	-1593	174	

图 4-55

23	2020	10	15 306	16 246	44	-940	-801	
24	2020	11	42 087	16 378	131	25 709	21 292	
25	2020	12	17 813	16 876	499	937	-155	
26	2021	1	14 292	17 189	313	-2897	-5059	
27	2021	2	6450	17 609	420	-11 159	-9248	
28	2021	3	17 737	18 036	427	-299	2159	
29	2021	4	11 648	18 152	116	-6504	-4936	
30	2021	5	13 849	18 352	200	-4503	-3817	
31	2021	6	27 611	17 919	-433	9692	6345	
32	2021	7	13 064		-433		-5222	
33	2021	8	16 846		-866		-3020	
34	2021	9	19 734		-1299		174	
35	2021	10	16 693		-1732		-801	
36	2021	11	44 488		-2165		21 292	
37	2021	12	12 617		-2598		-155	
38	2022	1			-3031		-5059	9829

图 4-55（续）

得出的 2022 年 1 月的预测值为 9829，包含了水平、趋势和季节性因素，当然，这不会包含随机因素，即噪声。

通过这些数据可以看到，每年的 12 月到次年的 1 月，需求有一定的下滑，那么预测出来的值也含有相似的规律。

某电商通过清洗数据，分解出不同因素后，利用简单的方法对下一期的需求进行了预测，如图 4-56 所示。

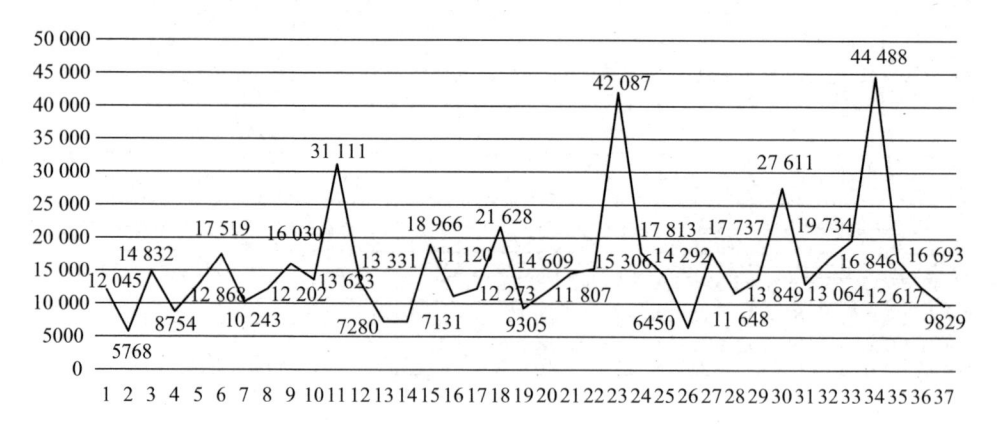

图 4-56

四、如何优化指数的选择

指数平滑法，面临的最大问题就是如何选择合适的指数参数。尽管在前面提到应根据不同的情况，选择不同的指数参数范围，不过即使确立了范围，从中寻找合适的参数值，也并非一件容易的事情。比如简单指数平滑法，只有一个指数参数 a，那么可以通过选择不同的参数来尝试，直到得到理想的拟合度。但是一旦遇上三指数平滑，要不断调整三个参数的话，花费的时间就比较多，操作也麻烦。因此，Excel 的规划求解工具可以有效地提供帮助。

确立合适的参数，就是让预测和实际的模型拟合度尽可能高，而误差等指标可以给予有效的帮助。

四个基本的指标，即误差、绝对误差、误差平方和绝对误差百分比，对于后续的参数选择起着重要的指示作用。

误差 = 实际值 - 预测值

绝对误差 = | 实际值 - 预测值 |

误差平方 =(实际值 - 预测值)^2

绝对误差百分比 = | 实际值 - 预测值 | ÷ 实际值 × 100%

首先对相关期数的实际值和预测值进行误差等计算，得到相关的数据值，如图 4-57 所示。

年份	季度	期数	实际	水平	趋势	季节性	预测	误差	绝对误差	误差平方	绝对误差百分比
2018	1	1	10 000			-4250					
2018	2	2	14 000			-250					
2018	3	3	8000			-6250					
2018	4	4	25 000	14 250	1875	10 750					
2019	1	5	16 000	18 188	2906	-2188	11 875	4125	4125	17 015 625	25.78%
2019	2	6	22 000	21 672	3195	328	20 844	1156	1156	1 336 914	5.26%
2019	3	7	14 000	22 559	2041	-8559	18 617	-4617	4617	21 318 420	32.98%
2019	4	8	35 000	24 425	1954	10 575	35 350	-350	350	122 227	1.00%
2020	1	9	15 000	21 783	-344	-6783	24 191	-9191	9191	84 472 973	61.27%
2020	2	10	27 000	24 055	964	2945	21 767	5233	5233	27 384 626	19.38%
2020	3	11	18 000	25 789	1349	-7789	16 461	1539	1539	2 368 807	8.55%
2020	4	12	40 000	28 281	1921	11 719	37 713	2287	2287	5 229 648	5.72%
2021	1	13	28 000	32 492	3066	-4492	23 419	4581	4581	20 985 101	16.36%
2021	2	14	40 000	36 307	3440	3693	38 503	1497	1497	2 241 044	3.74%
2021	3	15	25 000	36 268	1701	-11 268	31 958	-6958	6958	48 412 677	27.83%
2021	4	16	65 000	45 625	5529	19 375	49 687	15 313	15 313	234 479 999	23.56%

图 4-57

接着对绝对误差、误差平方、绝对误差百分比进行平均，得到对应的平均数，分别是 MAE（Mean Absolute Error，平均绝对误差）、MSE（Mean Squared Error，平均平方误差）及 MAPE（Mean Absolute Percentage Error，平均绝对百分比误差），并且相应的三个参数 α、β 和 γ 均为 0.5。由此得出的 MAE、MSE 和

MAPE 值分别为 4737、38 780 672 和 19.29%，如图 4-58 所示。

年份	季度	期数	实际	水平	趋势	季节性	预测	误差	绝对误差	误差平方	绝对误差百分比
2018	1	1	10 000			-4250					
2018	2	2	14 000			-250					
2018	3	3	8000			-6250					
2018	4	4	25 000	14 250	1875	10 750					
2019	1	5	16 000	18 188	2906	-2188	11 875	4125	4125	17 015 625	25.78%
2019	2	6	22 000	21 672	3195	328	20 844	1156	1156	1 336 914	5.26%
2019	3	7	14 000	22 559	2041	-8559	18 617	-4617	4617	21 318 420	32.98%
2019	4	8	35 000	24 425	1954	10 575	35 350	-350	350	122 227	1.00%
2020	1	9	15 000	21 783	-344	-6783	24 191	-9191	9191	84 472 973	61.27%
2020	2	10	27 000	24 055	964	2945	21 767	5233	5233	27 384 626	19.38%
2020	3	11	18 000	25 789	1349	-7789	16 461	1539	1539	2 368 807	8.55%
2020	4	12	40 000	28 281	1921	11 719	37 713	2287	2287	5 229 648	5.72%
2021	1	13	28 000	32 492	3066	-4492	23 419	4581	4581	20 985 101	16.36%
2021	2	14	40 000	36 307	3440	3693	38 503	1497	1497	2 241 044	3.74%
2021	3	15	25 000	36 268	1701	-11 268	31 958	-6958	6958	48 412 677	27.83%
2021	4	16	65 000	45 625	5529	19 375	49 687	15 313	15 313	234 479 999	23.56%

α 值	0.50
β 值	0.50
γ 值	0.50

MAE	MSE	MAPE
4737	38 780 672	19.29%

图 4-58

Excel 的规划求解工具有助于通过最小化其中一个数据，如 MAE、MSE 或者 MAPE，然后借此找到合适的参数。在 Excel 中执行"数据"→"规划求解"命令，可以快速地帮助确立三个合适的参数。当确定最小化 MSE 时，需要添加相应的约束条件，即 α、β 和 γ 三个指数都在 0 和 1 之间，如图 4-59 所示。

	A	B	C	D	E	F	G	H	I	J	K	L
1	年份	季度	期数	实际	水平	趋势	季节性	预测	误差	绝对误差	误差平方	绝对误差百分比
2	2018	1	1	10 000			-4250					
3	2018	2	2	14 000			-250					
4	2018	3	3	8000			-6250					
5	2018	4	4	25 000	14 250	1875	10 750					
6	2019	1	5	16 000	18 188	2906	-2188	11 875	4125	4125	17 015 625	25.78%
7	2019	2	6	22 000	21 672	3195	328	20 844	1156	1156	13 36 914	5.26%
8	2019	3	7	14 000	22 559	2041	-8559	18 617	-4617	4617	21 318 420	32.98%
9	2019	4	8	35 000	24 425	1954	10 575	35 350	-350	350	122 227	1.00%
10	2020	1	9	15 000	21 783	-344	-6783	24 191	-9191	9191	84 472 973	61.27%
11	2020	2	10	27 000	24 055	964	2945	21 767	5233	5233	27 384 626	19.38%
12	2020	3	11	18 000	25 789	1349	-7789	16 461	1539	1539	2 368 807	8.55%
13	2020	4	12	40 000	28 281	1921	11 719	37 713	2287	2287	5 229 648	5.72%
14	2021	1	13	28 000	32 492	3066	-4492	23 419	4581	4581	20 985 101	16.36%
15	2021	2	14	40 000	36 307	3440	3693	38 503	1497	1497	2 241 044	3.74%
16	2021	3	15	25 000	36 268	1701	-11 268	31 958	-6958	6958	48 412 677	27.83%
17	2021	4	16	65 000	45 625	5529	19 375	49 687	15 313	15 313	234 479 999	23.56%
18												
19	α 值	0.50							MAE	MSE	MAPE	
20	β 值	0.50							4737	38 780 672	19.29%	
21	γ 值	0.50										
22												

图 4-59

在"选择求解方法"选项框中，选择"演化"选项，如图 4-60 所示。

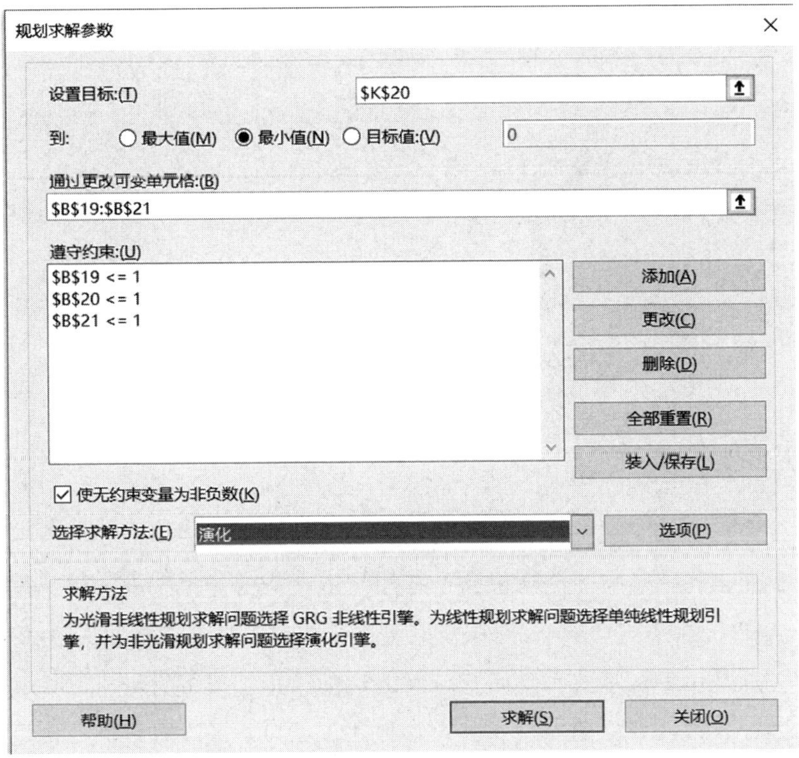

图 4-60

求解方法共有三种，分别为非线性 GRG、单纯线性规划和演化。单纯线性规划用于线性问题，在这里并不适合。至于非线性 GRG，是常见的非线性规划求解方法，不过得到了局部的最优解后，就会停止搜索，不再继续探究下去。这个最优解可能是全局最优解，也可能不是，因此可能会出现如图 4-61 所示的情况，即计算到了局部最优解就停止了，而没有继续去计算全局最优解。

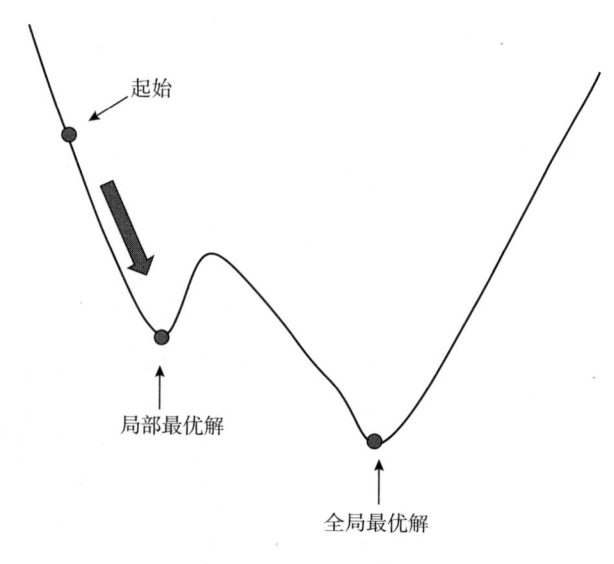

图 4-61

至于演化，则是将一些随机数（在用户定义的变量范围内）代入模型，不断循环迭代，直到目标函数长时间没有进一步收敛（减少或增加），则停止迭代的求解。这是一种探索式和随机式求解方法的结合，很多时候可以找到全局最优解。因此这里选择使用演化这种求解方法。如果对此没有把握，也可以分别尝试三种方法，进行对比，以寻求最小化的 MSE 数值。

完成规划求解之后，得出新的三个参数，α 值为 0.02，β 值为 1.00，γ 值为 0.22。确立了这三个参数之后，MSE 值此时最小化，为 33 865 391。此时可以根据这三个参数进行后续期数的预测。除此之外，可以最小化 MAE、MAPE 等其他数值以求得合适的参数，并根据实际情况和需要进行选择和比较，如图 4-62 所示。

	A	B	C	D	E	F	G	H	I	J	K	L
1	年份	季度	期数	实际	水平	趋势	季节性	预测	误差	绝对误差	误差平方	绝对误差百分比
2	2018	1	1	10 000			-4250					
3	2018	2	2	14 000			-250					
4	2018	3	3	8000			-6250					
5	2018	4	4	25 000	14 250	1875	10 750					
6	2019	1	5	16 000	16 190	1940	-3340	11 875	4125	4125	17 015 625	25.78%
7	2019	2	6	22 000	18 196	2006	659	17 881	4119	4119	16 966 951	18.72%
8	2019	3	7	14 000	20 203	2007	-6239	13 952	48	48	2 297	0.34%
9	2019	4	8	35 000	22 242	2039	11 200	32 959	2041	2041	4 164 031	5.83%
10	2020	1	9	15 000	24 186	1945	-4651	20 941	-5941	5941	35 292 329	39.60%
11	2020	2	10	27 000	26 134	1948	705	26 790	210	210	44 160	0.78%
12	2020	3	11	18 000	28 022	1887	-7087	21 843	-3843	3843	14 769 301	21.35%
13	2020	4	12	40 000	29 891	1869	10 956	41 109	-1109	1109	12 29 314	2.77%
14	2021	1	13	28 000	31 775	1884	-4454	27 110	890	890	792 333	3.18%
15	2021	2	14	40 000	33 748	1973	1949	34 363	5637	5637	31 773 641	14.09%
16	2021	3	15	25 000	35 663	1915	-7889	28 633	-3633	3633	13 201 206	14.53%
17	2021	4	16	65 000	37 840	2177	14 588	48 534	16 466	16 466	271 133 500	25.33%
18												
19	α值	0.02						MAE	MSE		MAPE	
20	β值	1.00						4005	33 865 391		14.36%	
21	γ值	0.22										

图 4-62

通过对比，从规划求解后的模型的趋势来看，预测的走向和实际的走向更加贴切，如图 4-63、图 4-64 所示。

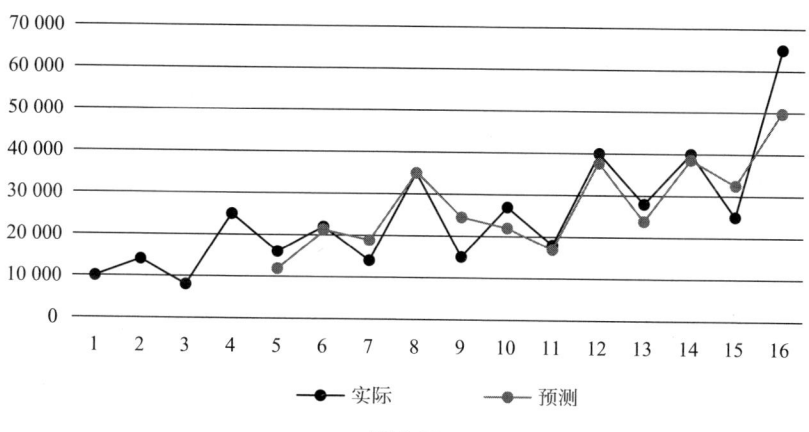

图 4-63

图 4-64

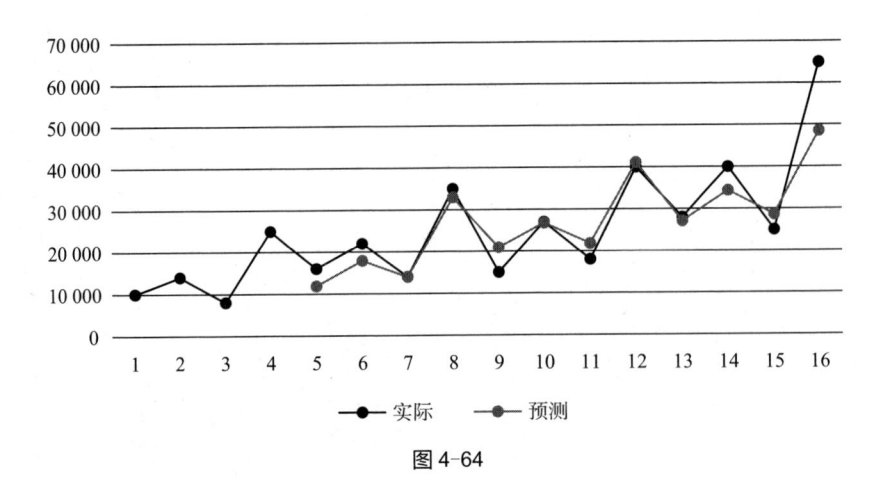

【小插曲 3】跟踪信号能干什么

跟踪信号（Tracking Signal，TS）是指预测误差之和与平均绝对偏差的比值，用来衡量预测的准确程度。当更新每周、每月或每季的预测时，将新的已获得的实际需求量与相应的预测值比较。一般认为此数据高于 6 或者低于 -6，需求会被认为高估或者低估，最理想的值为 0。

当需求突然减少或急剧增加使得历史数据没有任何借鉴意义时，跟踪信号可能会变得相当大，这就提醒我们需要改变预测方法或者注意权重的分配。

跟踪信号的计算公式为：

$$TS = \frac{\sum(实际值 - 预测值)}{MAD}$$

MAD 是指 Mean Absolute Deviation，称为平均绝对偏差，它是指各个变量值同平均数的偏差。计算方法比较简单，先计算实际值的平均数，然后再得出各实际值和该平均数之差的绝对值，最后计算这些绝对值的平均数就可得出结果了。

首先从各期实际值中得出平均数，如表 4-65 所示。

第四章 供应链计划与预测

	A	B	C	D	E	F
1	年份	季度	期数	实际	水平	趋势
2	2018	1	1	10 000		
3	2018	2	2	14 000		
4	2018	3	3	8000		
5	2018	4	4	25 000	14 250	1875
6	2019	1	5	16 000	16 190	1940
7	2019	2	6	22 000	18 196	2006
8	2019	3	7	14 000	20 203	2007
9	2019	4	8	35 000	22 242	2039
10	2020	1	9	15 000	24 186	1945
11	2020	2	10	27 000	26 134	1948
12	2020	3	11	18 000	28 022	1887
13	2020	4	12	40 000	29 891	1869
14	2021	1	13	28 000	31 775	1884
15	2021	2	14	40 000	33 748	1973
16	2021	3	15	25 000	35 663	1915
17	2021	4	16	65 000	37 840	2177
18						
19	α值	0.02		平均数		
20	β值	1.00		28 750		
21	γ值	0.22				

图 4-65

接着计算各期的绝对偏差值，如图 4-66 所示。

	A	B	C	D	E	F	G	H	I	J	K	L	M
1	年份	季度	期数	实际	水平	趋势	季节性	预测	误差	绝对误差	误差平方	绝对误差百分比	绝对偏差
2	2018	1	1	10 000			-4250						
3	2018	2	2	14 000			-250						
4	2018	3	3	8000			-6250						
5	2018	4	4	25 000	14 250	1875	10 750						
6	2019	1	5	16 000	16 190	1940	-3340	11 875	4125	4125	17 015 625	25.78%	12 750
7	2019	2	6	22 000	18 196	2006	659	17 881	4119	4119	16 966 951	18.72%	6750
8	2019	3	7	14 000	20 203	2007	-6239	13 952	48	48	2297	0.34%	14 750
9	2019	4	8	35 000	22 242	2039	11 200	32 959	2041	2041	4 164 031	5.83%	6250
10	2020	1	9	15 000	24 186	1945	-4651	20 941	-5941	5941	35 292 329	39.60%	13 750
11	2020	2	10	27 000	26 134	1948	705	26 790	210	210	44 160	0.78%	1750
12	2020	3	11	18 000	28 022	1887	-7087	21 843	-3843	3843	14 769 301	21.35%	10 750
13	2020	4	12	40 000	29 891	1869	10 956	41 109	-1109	1109	1 229 314	2.77%	11 250
14	2021	1	13	28 000	31 775	1884	-4454	27 110	890	890	792 333	3.18%	750
15	2021	2	14	40 000	33 748	1973	1949	34 363	5637	5637	31 773 641	14.09%	11 250
16	2021	3	15	25 000	35 663	1915	-7889	28 633	-3633	3633	13 201 206	14.53%	3750
17	2021	4	16	65 000	37 840	2177	14 588	48 534	16 466	16 466	271 133 500	25.33%	36 250
18													
19	α值	0.02		平均数				MAD		TS			
20	β值	1.00		28 750									
21	γ值	0.22											

图 4-66

最后就得出 MAD 值了，如图 4-67 所示。

年份	季度	期数	实际	水平	趋势	季节性	预测	误差	绝对误差	误差平方	绝对误差百分比	绝对偏差
2018	1	1	10 000			-4250						
2018	2	2	14 000			-250						
2018	3	3	8000			-6250						
2018	4	4	25 000	14 250	1875	10 750						
2019	1	5	16 000	16 190	1940	-3340	11 875	4125	4125	17 015 625	25.78%	12 750
2019	2	6	22 000	18 196	2006	659	17 881	4119	4119	16 966 951	18.72%	6750
2019	3	7	14 000	20 203	2007	-6239	13 952	48	48	2297	0.34%	14 750
2019	4	8	35 000	22 242	2039	11 200	32 959	2041	2041	4 164 031	5.83%	6250
2020	1	9	15 000	24 186	1945	-4651	20 941	-5941	5941	35 292 329	39.60%	13 750
2020	2	10	27 000	26 134	1948	705	26 790	210	210	44 160	0.78%	1750
2020	3	11	18 000	28 022	1887	-7087	21 843	-3843	3843	14 769 301	21.35%	10 750
2020	4	12	40 000	29 891	1869	10 956	41 109	-1109	1109	1 229 314	2.77%	11 250
2021	1	13	28 000	31 775	1884	-4454	27 110	890	890	792 333	3.18%	750
2021	2	14	40 000	33 748	1973	1949	34 363	5637	5637	31 773 641	14.09%	11 250
2021	3	15	25 000	35 663	1915	-7889	28 633	-3633	3633	13 201 206	14.53%	3750
2021	4	16	65 000	37 840	2177	14 588	48 534	16 466	16 466	271 133 500	25.33%	36 250
α值	0.02		平均数						MAD	TS		
β值	1.00		28 750						10 833			
γ值	0.22											

图 4-67

有了各期的实际值和预测值之差的绝对值及 MAD，TS 就可以通过公式计算出来了，如图 4-68 所示。TS 为 4，属于可接受范围。这个正值为 4 的跟踪信号表示，实际需求大于预测值。反之，若是结果为负，则表明预测值大于实际值。

K20 =SUM(J6:J17)/J20

年份	季度	期数	实际	水平	趋势	季节性	预测	误差	绝对误差	误差平方	绝对误差百分比	绝对偏差
2018	1	1	10 000			-4250						
2018	2	2	14 000			-250						
2018	3	3	8000			-6250						
2018	4	4	25 000	14 250	1875	10 750						
2019	1	5	16 000	16 190	1940	-3340	11 875	4125	4125	17 015 625	25.78%	12 750
2019	2	6	22 000	18 196	2006	659	17 881	4119	4119	16 966 951	18.72%	6750
2019	3	7	14 000	20 203	2007	-6239	13 952	48	48	2 297	0.34%	14 750
2019	4	8	35 000	22 242	2039	11 200	32 959	2041	2041	4 164 031	5.83%	6250
2020	1	9	15 000	24 186	1945	-4651	20 941	-5941	5941	35 292 329	39.60%	13 750
2020	2	10	27 000	26 134	1948	705	26 790	210	210	44 160	0.78%	1750
2020	3	11	18 000	28 022	1887	-7087	21 843	-3843	3843	14 769 301	21.35%	10 750
2020	4	12	40 000	29 891	1869	10 956	41 109	-1109	1109	1 229 314	2.77%	11 250
2021	1	13	28 000	31 775	1884	-4454	27 110	890	890	792 333	3.18%	750
2021	2	14	40 000	33 748	1973	1949	34 363	5637	5637	31 773 641	14.09%	11 250
2021	3	15	25 000	35 663	1915	-7889	28 633	-3633	3633	13 201 206	14.53%	3750
2021	4	16	65 000	37 840	2177	14 588	48 534	16 466	16 466	271 133 500	25.33%	36 250
α值	0.02		平均数						MAD	TS		
β值	1.00		28 750						10 833	4		
γ值	0.22											

图 4-68

在计算 TS 的时候，有些说法是 MAD 的计算方法等同于 MAE（平均绝对误差），也就是把绝对误差的平均数作为计算的分母。在英文含义上，MAD 的 D（Deviation）和 MAE 的 E（Error）在某种程度上可视为相同的意思，因此 MAD 的计算也视同 MAE 的计算。在现实操作中，把 MAE 作为分母计算也得到广泛的应用。

不过实际上，MAD 是表示各个变量值之间差异程度的数值，它的表示范围比 MAE 更广泛些，在计算上，除了可以计算各变量和平均数的偏差，也可以选择中位数或众数来取代平均数作为计算依据。本例中只采用了平均数作为计算 MAD 的依据。

第五节 寻求相关变量：回归法

回归分析技术是通过寻找与需求相关的外部因素，分析需求和外部因素之间的关联程度以及外部因素对需求的影响，并用这个因素的未来值来进行预测。而回归法就是通过找出这个因素，建立回归模型，并根据这个回归模型去了解因素和需求之间的关系，进而解释需求的波动，再用于预测。在统计学中，线性回归是利用称为线性回归方程的最小二乘函数对一个或多个自变量和因变量之间的关系进行建模的一种回归分析。而最小二乘函数是指通过最小化误差的平方和寻找数据的最佳函数来进行匹配。

一、一元线性回归预测法：从优惠折扣预测销售量

一元线性回归模型假设被预测变量 y 和单个预测变量 x 之间存在线性关系，其公式可以表示为：

$$y = a + bx$$

系数 a 和 b 分别表示回归线的截距和斜率。截距 a 表示当 $x=0$ 时 y 的预测值；斜率 b 表示当 x 增加一个单位时 y 的变化。这种寻找一条通过数据集的最佳直线的过程，就是回归分析。它有助于在不同分布的数据中，找出穿过数据的直线，并使得每一个数据点到这条直线的距离平方和达到最小。

一元线性回归的一元指的是只有一个自变量（外部因素），从而带动因变量

（在预测中指需求量）变化。

某企业自第 1 周开始上架某 SKU，每周推出一定的折扣优惠，随着折扣比例越来越大，销售量也因此增加，如图 4-69 所示。

周	折扣比例（%）	销售量（千件）
1	1	3
2	3	4
3	3.5	8
4	4	10
5	5.6	15
6	6.8	18
7	7.7	20
8	8.2	22
9	8.8	27
10	10	28

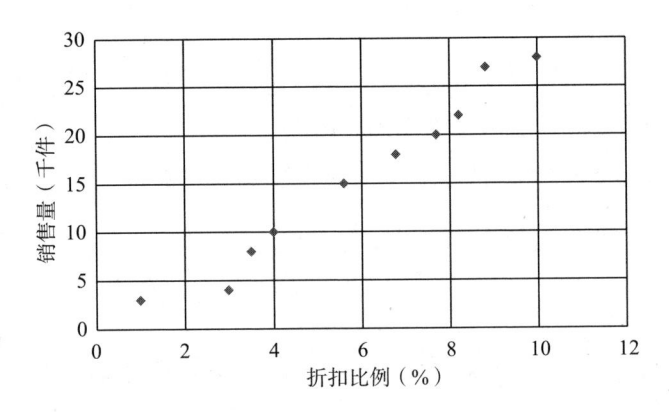

图 4-69

当这个折扣比例被认为是影响销售量的因素，即随着折扣力度加大，销售量也因此相应地增加时，那么可以认为这两者之间存在关联。对此我们建立回归直线来进行分析。

利用 Excel，执行"数据"→"数据分析"→"回归"命令，进行相应的选择。其中"Y 值输入区域"表示为因变量，"X 值得输入区域"表示为自变量，按下"确定"按钮就可以得到回归方程所需要的相关数据了，如图 4-70 所示。

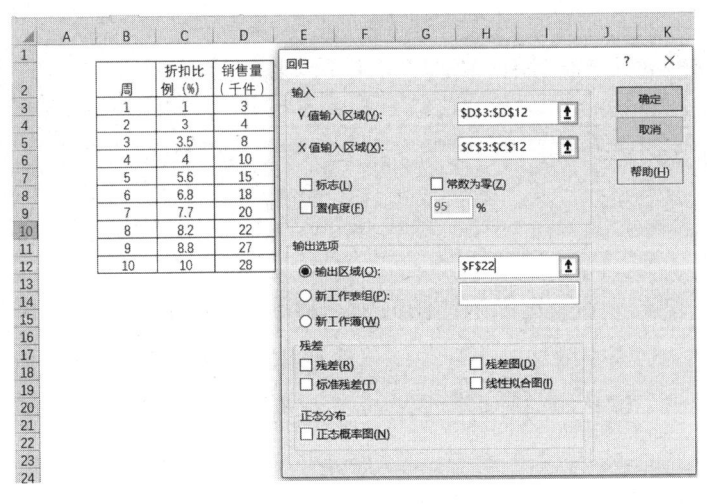

图 4-70

得出的结果如图 4-71 所示。

SUMMARY OUTPUT

回归统计	
Multiple R	0.985198
R Square	0.970615
Adjusted R Square	0.966942
标准误差	1.640284
观测值	10

方差分析

	df	SS	MS	F	gnificance F
回归分析	1	710.9757	710.9757	264.2509	2.06E-07
残差	8	21.52426	2.690532		
总计	9	732.5			

	Coefficient	标准误差	t Stat	P-value	Lower 95%	Upper 95%	下限 95.0%	上限 95.0%
Intercept	-2.37352	1.215726	-1.95235	0.086677	-5.17699	0.429948	-5.17699	0.429948
X Variable 1	3.050089	0.187631	16.2558	2.06E-07	2.617411	3.482766	2.617411	3.482766

图 4-71

根据图 4-71 得出的结果，可以建立线性回归方程，即 $y=3.0501x-2.3735$（保留四位小数，四舍五入），如图 4-72 所示，而各点与直线之间的距离，表明了实际和预测之间的差异，也说明了除了 x 这个因素，还有其他的因素导致实际销售量和预测值有所不同。

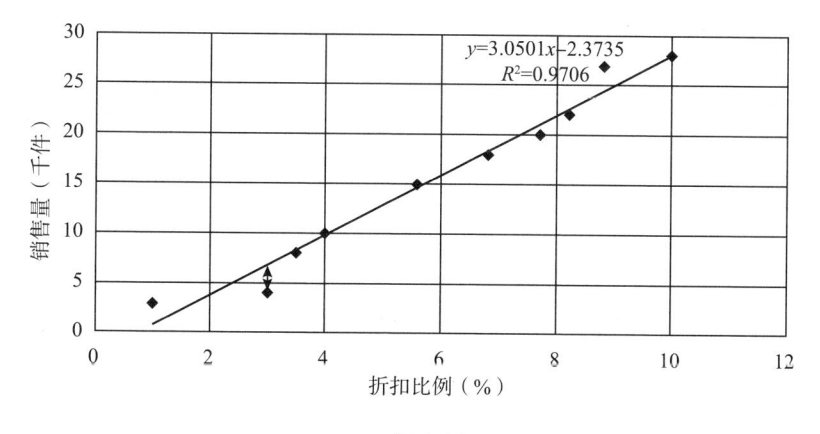

图 4-72

根据建立的回归方程，如果下一周继续加大折扣力度，如折扣比例为 10.5%，那么预测得出的销售量为：

$y=3.0501 \times 10.5-2.3735=30$（千件）（四舍五入取整）

根据这个一元线性回归方程而建立的预测法是否合适呢？当然，通过看图，感觉是合适的，将折扣比例作为自变量，而将销售量作为因变量进行线性回归分析，能够看出折扣比例对销售量产生了影响。

还可以通过 R 平方值来观察，如 R 平方值计算结果等于 0.9706，意味着 97.06% 的变化原因是折扣比例。当这个值等于 0 时，表明自变量和因变量没有任何的关联，而当这个值等于 1 时，表明两个变量之间具有完美的不含任何干扰的线性关系。

一般来说，R 平方值 > 0.7 是高度线性相关，R 平方值为 0.3～0.7 是中度线性相关，R 平方值 <0.3 是低度线性相关。当 R 值（R 平方值的平方根，也叫相关系数）为负值时，则说明自变量和因变量是负相关，可以理解为发展趋势为向下发展。本例中 R 值为 0.9851（保留四位小数），表明是高度的正相关。如果 R 值偏低，则暗示了还有其他更为重要的影响因素存在。

随着自变量数量不断增加，R 平方值也会增加，从而让回归模型拟合的效果更好，但是实际情况并非如此，因为可能存在某些自变量和因变量并不相关，增加这些自变量不会有助于拟合度的增加。因此，调整的 R 平方值就是用来解决这种可能过于乐观的情况的，它更能代表销售量中能被解释的部分。本例中调整 R 平方值为 0.9669（保留四位小数）。

因此，本例中的 R 值、R 平方值和调整的 R 平方值，都表明折扣比例和销售量存在很强的正相关线性关系，并且这种变量关系中的绝大多数是可以解释的。

【小插曲1】置信度和置信区间到底是什么

在 Excel 的回归计算中，有一个关于置信度的选项，如图 4-73 所示，其默认值为 95%。这个选项除了在 Excel 中，在不少的软件计算中也同样存在，多数的默认值也是 95%。

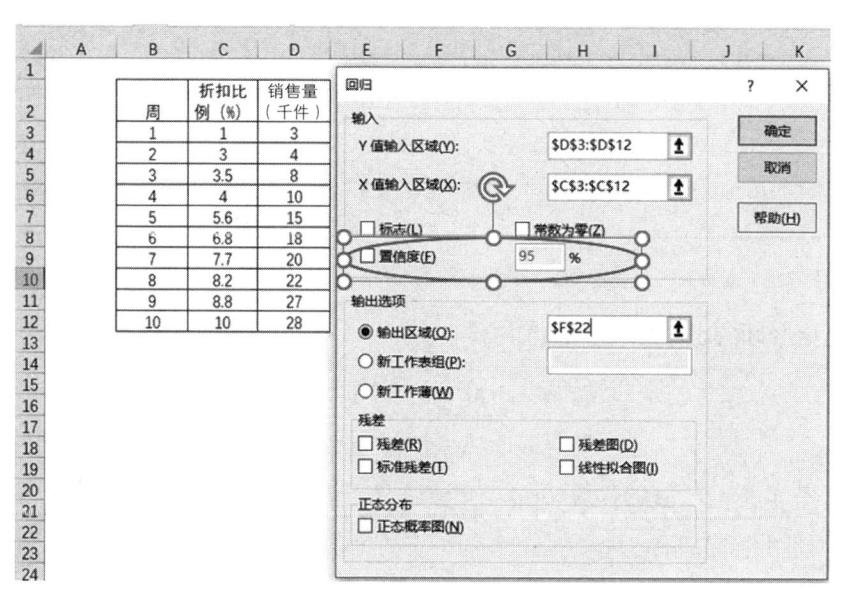

图 4-73

进行预测运算的过程，实际就是在寻找随机变量的过程中找出可能取值范围内的中间值。通常情况下，预测会伴随着一个预测区间，给出一个随机变量具有较高概率的范围值。

比如小李最近的三次高考模拟考试得分是 620 分、625 分、615 分，那么预测他的高考成绩是 620 分。这个值称为点估计，是一个非常确切和精准的数值，而高考过程涉及很多因素，小李有可能得到这个成绩，当然也可能不是这个分数，那么这个预测的估计值就不是非常可靠了。要让人更加信服的话，就需要设立一个区间，以这个 620 分作为均值，并让这个区间作为上下限，其上下限的值就是该均值加上或者减去某个标准误差。根据过往模拟考试的成绩，小李取得的分数非常可能是 615 分到 625 分，而这个"非常可能"换算成数字的话，就是有 95% 的把握。这个 95% 就是置信度。而 615 分和 625 分就是置信区间的上下限了，记为 [615,625]。

置信度和置信区间一般具有相同的趋势，如图 4-74 所示。当置信度很高时，置信区间也会很大；当置信区间很大时，置信度也会很高。如果高考满分是 750 分，置信度是 100%，也就是小李的高考分数必然能够预测中，那么分数的置信区间，就是从 0 分下限直到 750 分上限这个跨度了。

图 4-74

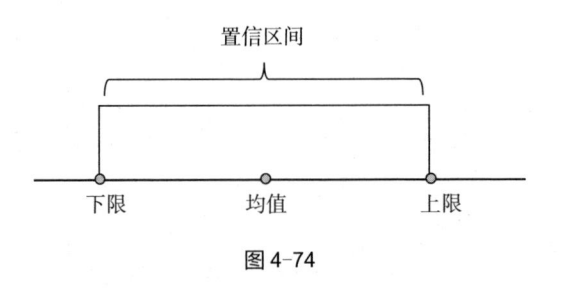

置信区间的上下限计算公式为：

下限值＝均值 -|Z 值|× 标准误差

上限值＝均值 +|Z 值|× 标准误差

这里涉及了 Z 值的计算，关于 Z 值，已经在第三章介绍过。Z 值和对应的概率，如图 4-75 所示。

概率（%）	Z值
84	1
85	1.04
90	1.28
95	1.65
97	1.88
98	2.05
99	2.33
99.9	3.09

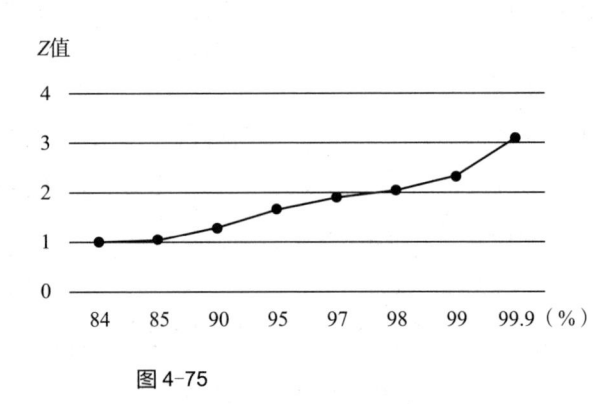

图 4-75

而 90% 的置信度，对应的 Z 值是 1.65，可是对应的概率却是 95%。对于这点，常常让人混乱。为什么查找置信度是 90% 的 Z 值时，要查找 95% 对应的值，或者在 Excel 中输入 NROM.D.INV 函数时，输入的是 NORM.D.INV(0.95) 而不是 NORM.D.INV(0.9) 呢？

通过图 4-76 可以容易理解这一点，90% 的置信度就是上限和下限内的包含 90% 的面积，而除此之外还有 10% 的面积，各自平均分一半在两侧，即每侧 5%。而 95% 的概率就是从 0% 开始直到置信区间的上限值。因此 90% 的置信度，对应的是 95% 的概率，也就是说，Z 值是取值 95% 的概率的对应值。

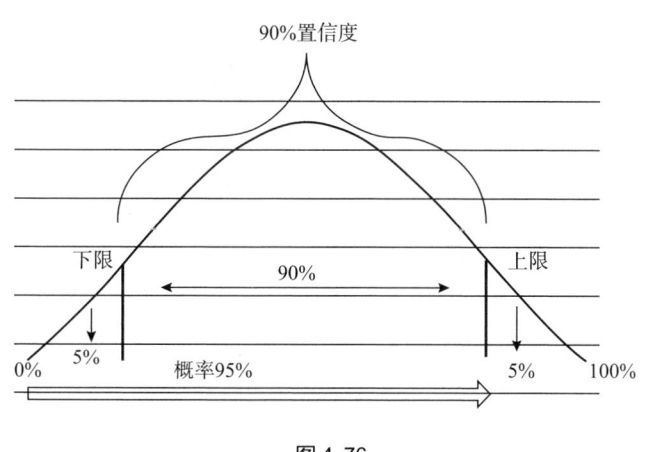

图 4-76

【小插曲 2】线性回归预测遇见季节性因素，怎么办

某品牌的运动鞋从 2017 年到 2020 年的各季度销售量如表 4-3 所示。

表 4-3

年　份	季　度	销售量（万双）
2017	1	23
	2	32
	3	35
	4	25
2018	1	30
	2	39
2018	3	45
	4	34
2019	1	31
	2	38
	3	52
	4	37
2020	1	35
	2	39
	3	52
	4	40

并且通过观察图 4-77，可以看到销售量呈现出线性趋势的情况。

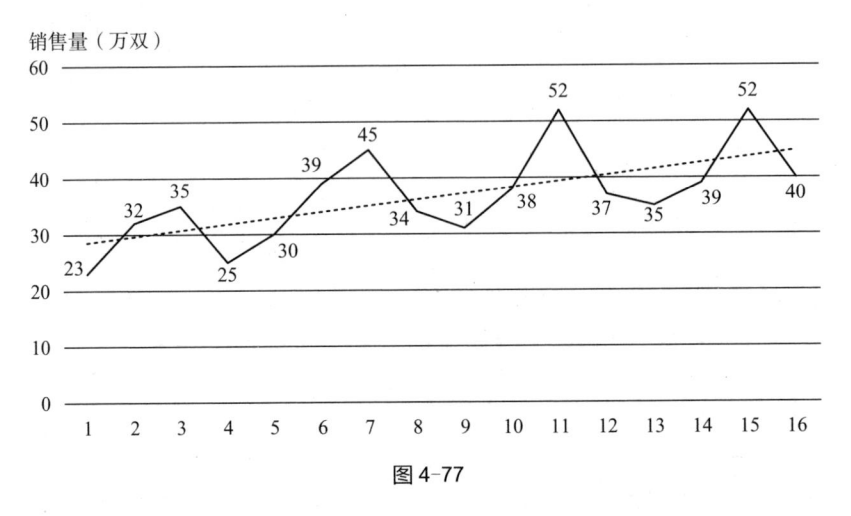

图 4-77

然后拆解出各个年份进行对比，如表 4-4 所示。图形很雷同，都是从第 1 季度开始增长，在第 3 季度达到顶峰，然后在第 4 季度回落。

表 4-4

年份	季度	销售量（万双）	图形
2017	1	23	
	2	32	
	3	35	
	4	25	
2018	1	30	
	2	39	
	3	45	
	4	34	
2019	1	31	
	2	38	
	3	52	
	4	37	
2020	1	35	
	2	39	
	3	52	
	4	40	

综合以上几点，这个历史数据表示趋势具备了线性特征并含有季节性因素。

如果该品牌打算利用以上数据，使用时间序列法进行预测，就要把线性回归和季节性模型结合起来。如果是一元线性回归，就是 y=a+bx，如果涉及多元，就要再增加自变量。历史数据表明含有 4 个季节性的因素，那么可以把每一个季节看作一个自变量因素。

但这里涉及一个哑变量的问题。要把季节性因素融入线性方程中，就需要做哑变量处理。季节性因素被视为分类变量，而所谓分类变量就是用来将数据观察值进行分类的数据。

假如没有处理，直接代入，把第一季度看成是 $x=1$，第二季度看成是 $x=2$，以此类推，那么线性方程是 $y= A + Bx$，而回归系数 B 描述了自变量 x 每增加一个单位对因变量 y 的影响。不过把季节视为一个自变量因素的话，当季节从 1 变化到 2，或者从 2 变化到 3 时，它对因变量 y 的影响应该是不尽相同的。如果按照线性方程 $y= A + Bx$ 计算，那么这个影响都是一样的，说明实际上还是单纯的线性回顾，并非融合了季节性因素。

所以，对于这样的分类变量，就要进行哑变量处理。

针对 4 个季度，启用了 3 个虚拟变量，分别命名为 Q1、Q2、Q3，其值只能为 0 或 1。当表示第 1 季度的时候，Q1 为 1，Q2 和 Q3 都为 0；当表示第 2 季度的时候，Q2 为 1，Q1 和 Q3 都为 0；当表示第 3 季度的时候，Q3 为 1，Q1 和 Q2 都为 0；当表示第 4 季度的时候，Q1、Q2 和 Q3 都为 0，如图 4-78 所示。

年份	季度	Q1	Q2	Q3	销售量（万双）	年份	季度	Q1	Q2	Q3	销售量（万双）
2017	1	1	0	0	23	2019	1	1	0	0	31
	2	0	1	0	32		2	0	1	0	38
	3	0	0	1	35		3	0	0	1	52
	4	0	0	0	25		4	0	0	0	37
2018	1	1	0	0	30	2020	1	1	0	0	35
	2	0	1	0	39		2	0	1	0	39
	3	0	0	1	45		3	0	0	1	52
	4	0	0	0	34		4	0	0	0	40

图 4-78

这样的话，回归方程就变成：

$y=A+Bx_1+Cx_2+Dx_3+Et$

这个公式含有三部分要素，第一项是截距，最后一项是时间线性趋势，中间的三项都是季节性影响，其中 t 是时间周期。

可以这样理解：当 x_1 从 0 变化到 1，x_2 和 x_3 均保持不变时，变量就从第 1 季度变化为第 4 季度了。

首先把相关数据整理到 Excel 里，并根据上述的方程式进行预测值的计算，其中相关参数 A 到 E 可以先行随便设置。然后，再把相关数据整理到 Excel 里，并根据上述的方程式进行预测值的计算，其中相关参数 A 到 E 可以先行随便设置。

第一步，就是通过预测值和实际销售量的最小误差平方和（SSE），来求出对应的 A 到 E 的值，如图 4-79 所示。

这里利用 Excel 的规划求解工具，如图 4-80 所示。注意，A 到 E 的参数并非一定是正值，所以"使无约束变量为非负数"复选框不要勾选。

图 4-79

L	M
A	12.00
B	34.00
C	45.00
D	2.00
E	1.50
SSE	8694.00

图 4-80

预算后得出的结果如图 4-81 所示。

周期	年份	季度	销售量（万双）	Q1	Q2	Q3	预测	误差平方
1	2107	1	23	1	0	0	23.64	0.41
2		2	32	0	1	0	30.09	1.24
3		3	35	0	0	1	39.89	23.89
4		4	25	0	0	0	27.89	8.34
5	2018	1	30	1	0	0	27.71	5.23
6		2	39	0	1	0	34.96	16.30
7		3	45	0	0	1	43.96	1.08
8		4	34	0	0	0	31.96	4.15
9	2019	1	31	1	0	0	31.79	0.62
10		2	38	0	1	0	39.04	1.08
11		3	52	0	0	1	48.04	15.70
12		4	37	0	0	0	36.04	0.93
13	2020	1	35	1	0	0	35.86	0.74
14		2	39	0	1	0	43.11	16.91
15		3	52	0	0	1	52.11	0.01
16		4	40	0	0	0	40.11	0.01

A	23.81
B	-1.19
C	5.04
D	13.02
E	1.02

SSE	96.64

图 4-81

公式 $y=A+Bx_1+Cx_2+Dx_3+Et$ 代入 A 到 E 各参数后变为：

$y = 23.81-1.19x_1+5.04x_2+13.02x_3+1.02t$

斜率是 1.02，意味着每一季度大概增长 1.02 万双的销售量。那么，下一年（2021 年）的 4 个季度的预测值也因此得出，如图 4-82 所示。

周期	年份	季度	销售量（万双）	Q1	Q2	Q3	预测	误差平方		
1	2107	1	23	1	0	0	23.64	0.41	A	23.81
2		2	32	0	1	0	30.89	1.24	B	-1.19
3		3	35	0	0	1	39.89	23.89	C	5.04
4		4	25	0	0	0	27.89	8.34	D	13.02
5	2018	1	30	1	0	0	27.71	5.23	E	1.02
6		2	39	0	1	0	34.96	16.30		
7		3	45	0	0	1	43.96	1.08	SSE	96.64
8		4	34	0	0	0	31.96	4.15		
9	2019	1	31	1	0	0	31.79	0.62		
10		2	38	0	1	0	39.04	1.08		
11		3	52	0	0	1	48.04	15.70		
12		4	37	0	0	0	36.04	0.93		
13	2020	1	35	1	0	0	35.86	0.74		
14		2	39	0	1	0	43.11	16.91		
15		3	52	0	0	1	52.11	0.01		
16		4	40	0	0	0	40.11	0.01		
17	2021	1		1	0	0	39.94			
18		2		0	1	0	47.19			
19		3		0	0	1	56.19			
20		4		0	0	0	44.19			

图 4-82

通过图 4-83 来看，拟合度还是不错的。

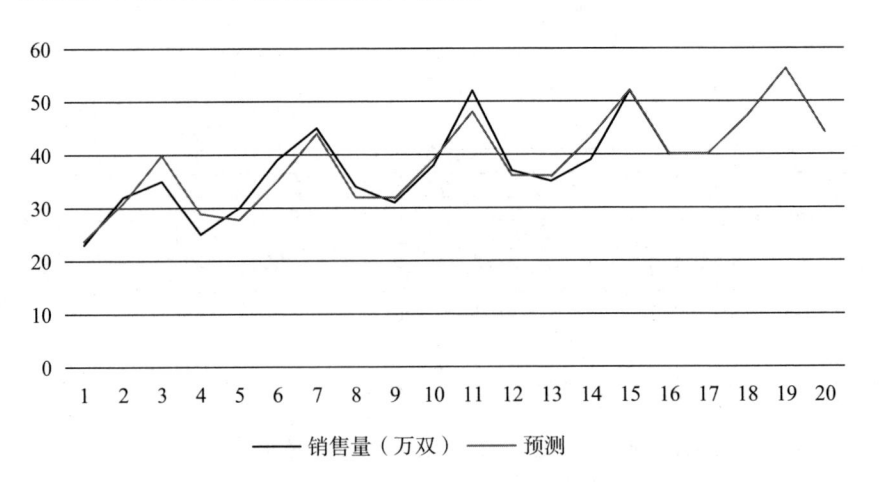

图 4-83

该品牌为了进一步验证，通过 Excel 的数据分析工具来做对比。根据 Excel

中的"数据分析"→"回归"命令，查看拟合度情况，如图 4-84 所示。

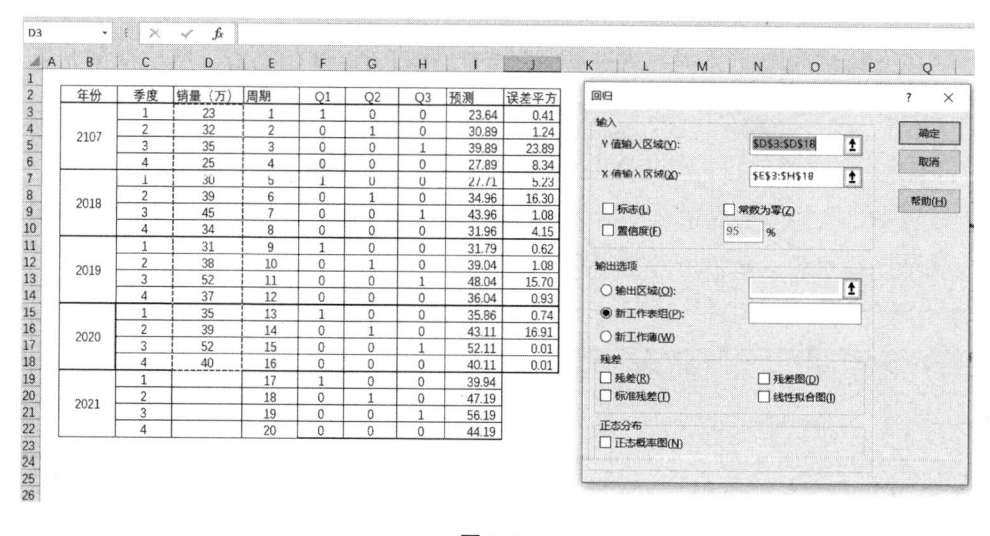

图 4-84

Excel 得出的结果如图 4-85 所示，R 平方值和调整后的 R 平方值还是不错的。因此该品牌考虑采用相关的预测值。预测数值并不是最终的、绝对的，该品牌还要结合市场因素等对其做出调整。

图 4-85

二、多元线性回归预测法：物流公司如何从运输次数和里程预测运输时间

多元线性回归是从一元线性回归延伸而来的，也就是具备了两个或两个以上的自变量，并且都对因变量起着影响作用。其公式如下：

$$y=a+b_0x_0+b_1x_1\cdots+b_nx_n$$

例如，某物流公司进行一个运输作业项目，它执行了 10 轮作业任务，每次具体的运输里程、运输次数和运输时间都留有记录，如表 4-5 所示。

表 4-5

期　　数	运输里程（千米）	运输次数	运输时间（小时）
1	100	4	9.3
2	50	3	4.8
3	100	4	8.9
4	100	2	6.5
5	50	2	4.2
6	80	2	6.2
7	75	3	7.4
8	65	4	6.0
9	90	3	7.6
10	90	2	6.1

第 11 轮作业估算要跑 102 千米，涉及 6 次运输次数，那么预测其所使用的时间时，可以考虑使用多元线性回归进行预测。因变量 y 就是运输时间，是将要进行预测的项目，而自变量 x 就是运输次数和运输里程。根据这些数据通过 Excel 进行相关的数据分析，如图 4-86 所示。

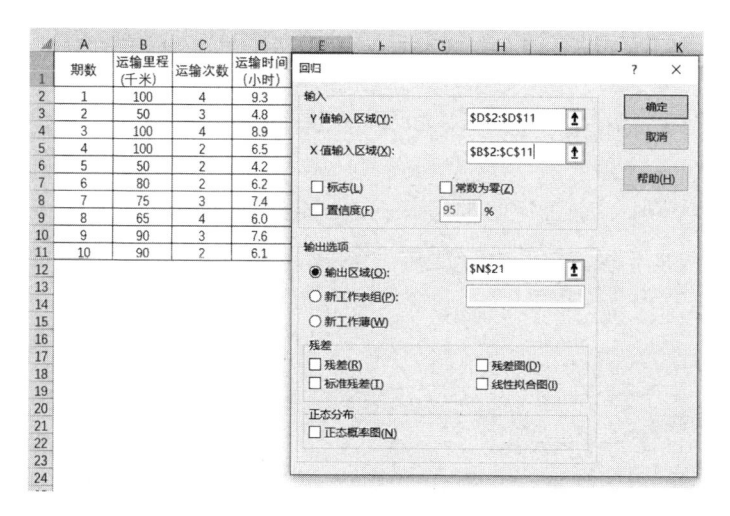

图 4-86

得出的结果如图 4-87 所示。

图 4-87

因此多元线性回归方程为：

$$y=-0.868+0.061x_1+0.923x_2（数据保留三位小数）$$

并且 R 值为 0.950（保留三位小数），具备很强的正相关性，而 R 平方值为 0.903（保留三位小数），意味着运输次数、运输里程可以解释运输时间 90.3% 的变化原因，调整的 R 平方值为 0.876（保留三位小数）。由此看来，这个回归方程还是比较适合的。

当要计算第 11 轮作业的运输时间时，只需要将相关数据代入到方程，就可以得出预测的运输时间为 10.8 小时：

$y=-0.868+0.061\times 102+0.923\times 6=10.8$（小时）（保留一位小数）

【小插曲3】假设检验证明：认识 t 检验和 P 值

在上述例子中，通过回归数据分析，得到多个 t 值（t 检验的统计量值）和 P 值，在多元线性回归方程中涉及多个变量，t 值和 P 值有助于证明模型是否足够吻合线性模型，如图 4-88 所示。

```
SUMMARY OUTPUT

        回归统计
Multiple R          0.950678
R Square            0.903789
Adjusted R Square   0.8763
标准误差             0.573142
观测值               10

方差分析
             df     SS        MS        F         gnificance F
回归分析      2    21.60056  10.80028  32.87837  0.000276
残差          7    2.299443  0.328492
总计          9    23.9

             Coefficient: 标准误差  t Stat    P-value   Lower 95% Upper 95% 下限 95.0% 上限 95.0%
Intercept     -0.8687    0.951548  -0.91294  0.391634  -3.11875  1.381351  -3.11875  1.381351
X Variable 1   0.061135  0.009888   6.182397 0.000453   0.037752  0.084517   0.037752  0.084517
X Variable 2   0.923425  0.221113   4.176251 0.004157   0.400575  1.446276   0.400575  1.446276
```

图 4-88

t 检验是用于小样本（样本容量小于 30）的两个平均数差异程度的检验方法。它是用 t 分布理论来推断差异发生的概率，从而判定两个平均数的差异是否显著。Excel 通过这个 t 值来计算 P 值，因此可以认为 t 值是一个中间过程产生的数据，不必理它。

P 值就是当原假设为真时所得到的样本观察结果或更极端结果出现的概率。如果 P 值很小，说明在原假设下极端观测结果的发生概率很小，根据小概率原理，我们就有理由拒绝原假设。P 值越小，我们拒绝原假设的理由就越充分。

如果 P 值是 5%，也就是说，如果你以此为界拒绝原假设的话，那么只有 5% 的可能性犯错。P 值越接近于 0 就代表越不可能犯错。

运输次数的回归系数值为 0.923（$t=4.176251$，$P=0.004157<0.01$），意味着运输次数会对运输时间产生显著的正向影响关系。运输里程的回归系数值为 0.061（$t=6.182397$，$P=0.000453<0.01$），意味着运输里程会对运输时间产生显著的正向影响关系。

三、非线性情况如何处理

在很多实际问题上,变量之间并不都是线性关系,自变量和因变量之间往往存在某种曲线关系,这就是非线性关系。如果对此强行建立线性回归模型,就会影响预测的准确性了。

例如,某网站各期浏览时间超 10 小时用户数和当期销售额呈现非线性关系,如图 4-89 所示。

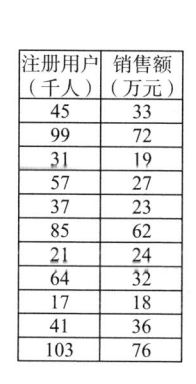

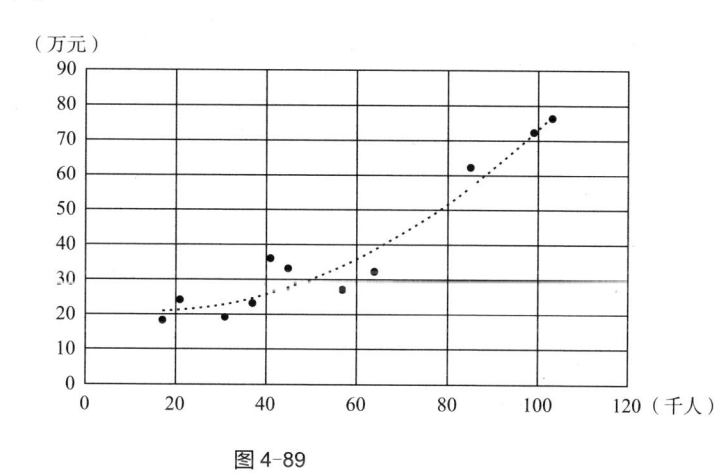

注册用户 (千人)	销售额 (万元)
45	33
99	72
31	19
57	27
37	23
85	62
21	24
64	32
17	18
41	36
103	76

图 4-89

假如直接对此做线性回归,得出的结果如图 4-90 所示,其 R 平方值为 0.88044。

SUMMARY OUTPUT

回归统计	
Multiple R	0.938318
R Square	0.88044
Adjusted R Square	0.867156
标准误差	7.768213
观测值	11

方差分析

	df	SS	MS	F	gnificance F
回归分析	1	3999.439	3999.439	66.27609	1.92E-05
残差	9	543.1062	60.34513		
总计	10	4542.545			

	Coefficient	标准误差	t Stat	P-value	Lower 95%	Upper 95%	下限 95.0%	上限 95.0%
Intercept	2.04032	5.039177	0.404892	0.695012	-9.35909	13.43973	-9.35909	13.43973
X Variable 1	0.665927	0.081799	8.141013	1.92E-05	0.480885	0.85097	0.480885	0.85097

图 4-90

对于非线性处理，可以通过变换自变量和因变量来建立非线性回归模型。虽然此时为非线性函数形式，但是模型中的参数是线性的。最常见的变换方式是对变量做自然对数变换，变为 $y=a\ln x+b$。当待变换的数值存在 0 的时候，要人为地对所有值加 1，然后再进行变换，否则取值为 0 的数值在对数变换之后依然是 0。

本例对销售额使用 Excel 函数 LN 进行自然对数变换，结果保留小数点后两位，如图 4-91 所示。

图 4-91

接着进行线性回归分析，得到 R 平方值为 0.881613，比之前略有提高，如图 4-92 所示。

图 4-92

不过需要注意的是，回归分析得到的 y 值（销售额）是对数变换之后得到的，在建立公式的时候应该变换回去，即使用 Excel 的 EXP 函数，得到值为 14.05（保留小数点后两位），如图 4-93 所示。

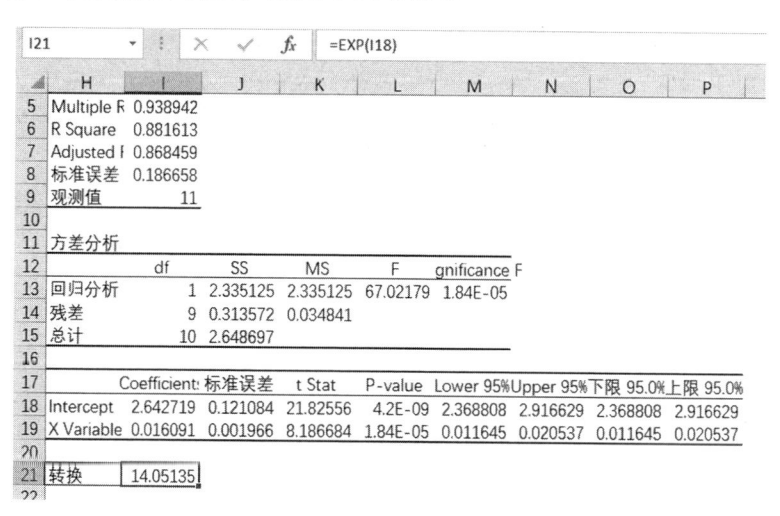

图 4-93

因此线性方程公式就是：

$$y=0.016x+14.05$$

得到线性回归方程之后，只要有了下一期的用户数，就可以根据方程计算并预测同期的销售额了。

然而有些时候，非线性转换为线性，其回归的拟合效果并不好。

如某商品的销售情况如图 4-94 所示，呈现非常明显的曲线状态。

期数	销售额（万元）
1	3
2	13
3	22
4	25
5	18
6	10
7	7
8	5
9	5
10	7
11	9
12	13
13	18
14	23
15	27
16	33
17	39
18	48
19	58
20	70

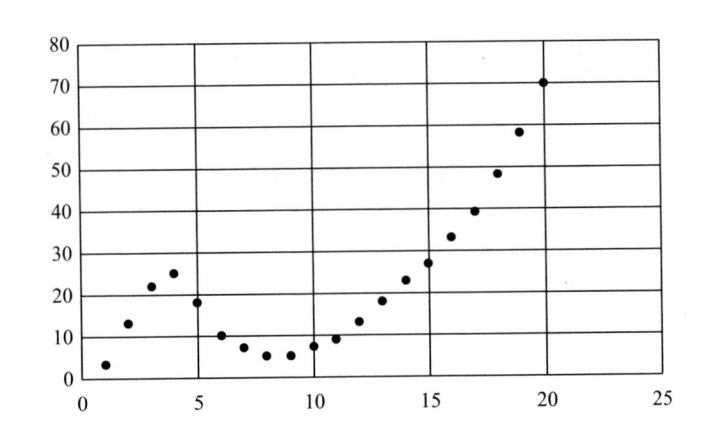

图 4-94

这种情况下使用曲线估算可以从中找出拟合度良好的曲线，以建立非线性回归方程。SPSS 软件可以同时进行多种方法的曲线估算，如使用对数曲线、指数曲线、S 曲线等来进行不同的尝试，进而找出最佳的方程，如图 4-95 所示。

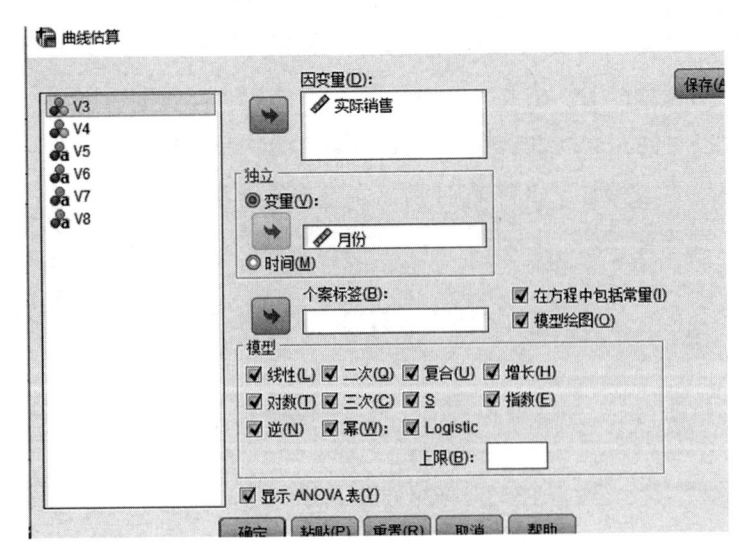

图 4-95

当然，Excel 也有一个简单的方法，即直接在图示上添加对应的趋势线，并从"更多选项"中，寻找并建立适合的曲线方程，如图 4-96 所示。

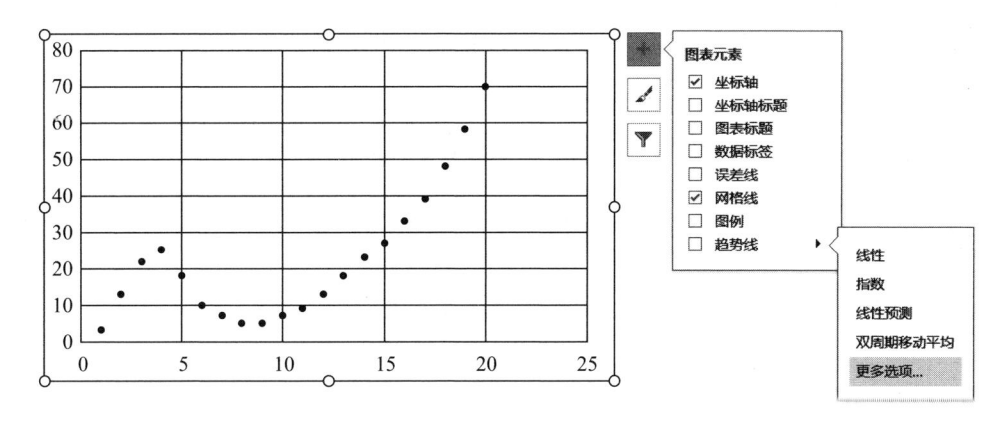

图 4-96

当选择了 4 阶数的多项式趋势线时，可以看到曲线呈现良好的拟合度，并且显示 R 平方值为 0.9651。这意味着 96.51% 的变量变化可以用模型中的预测变量来解释，如图 4-97 所示。

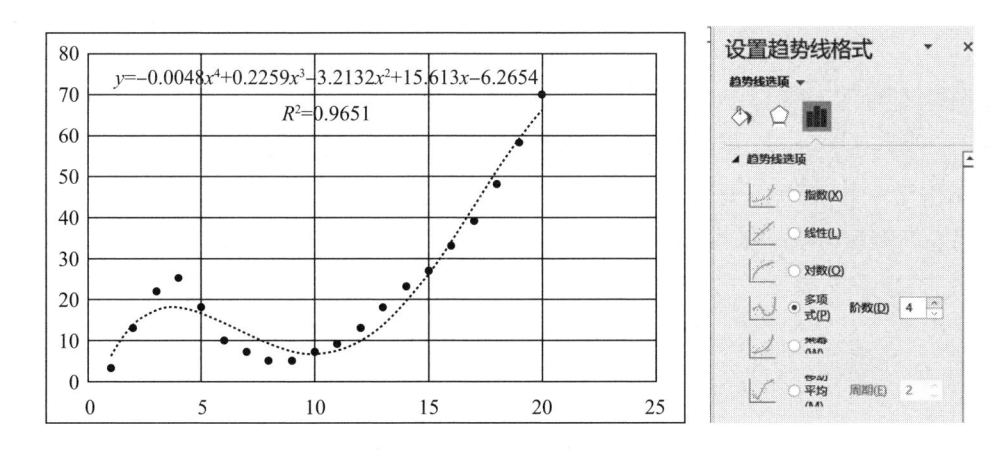

图 4-97

其公式为：

$$y=-0.0048x^4+0.2259x^3-3.2132x^2+15.613x-6.2654$$

这样，我们就可以通过这个方程对后续期数的销售额进行计算来做预测了。

第六节　连续非零的间歇性需求破解法

间歇性需求就是需求不是连续的，即某一个时间段有这种需求，而某一个时间段却没有，需求为零。常见的场景如汽车维修，可能在某个时间段要维修车辆的某部分，因此相应的零件有需求，而在某个时间段因没有发生任何故障，不需要维修这个部分，因此这个零件的需求为零。

处理这种问题，最简单的方法就是克罗斯顿平均法。该方法就是剔除了所有零需求之后，对需求进行平均并作为下一期的预测，实际上就是一种简单的平均法，如图 4-98 所示。

期数	1	2	3	4	5	6	7	8	9	10	11	12		
历史需求	0	2	0	1	0	11	0	0	0	0	2	0	简单平均法	1.33
		2	1	11	2								克罗斯顿平均法	4.00

图 4-98

当然，在此基础上，可以根据情况剔除零需求后，对克罗斯顿平均法采用更进一步的平均计算，如移动平均、加权平均等。

除此之外，针对这种间歇性需求，还有拆分三个步骤来进行预测的方法。首先，对需求的平均数进行单独的指数平滑估算。其次，计算需求之间的平均间隔。然后，以常数模型的形式来预测未来的需求。其公式是：

$$Z_t = \alpha \times X_t + (1-\alpha) \times Z_{t-1}$$

$$P_t = \beta \times Q_t + (1-\beta) \times P_{t-1}$$

$$F_t = Z_t \div P_t$$

Z_t 是 t 期估算的非零需求量，Z_{t-1} 就是 $t-1$ 期估算的非零需求量。

X_t 是 t 期的实际值。

P_t 是 t 期估算的非零需求的时间间隔，P_{t-1} 则是 $t-1$ 期估算的非零需求的时间间隔。

α 和 β 是平滑指数，取值均在 0 和 1 之间。前者涉及需求规模，后者则涉及需求间隔。

Q_t 则是自从上次实际非零需求以来的 t 期的期间数。比如有 5 期需求是 "3、0、0、0、1",那么第 1 期的需求 3 到第 5 期才有了非 0 需求的需求 1,第 5 期的 Q 值则是 5-1=4。

F_t 就是 t 期的预测值。

某零件的需求情况如图 4-99 所示,可以看到需求是间歇性的。

期数	需求
1	0
2	0
3	19
4	0
5	0
6	0
7	4
8	18
9	17
10	0
11	0
12	0
13	0
14	0
15	3
16	0
17	0
18	19
19	0
20	0
21	0
22	5
23	4
21	5

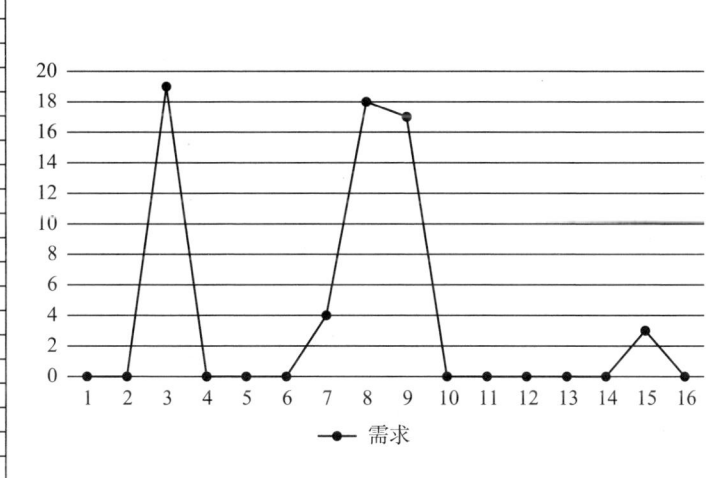

图 4-99

克罗斯顿平均法的第一步是要得出 Q,也就是清楚每一个非零实际需求之间的间隔期数是多少。第 1 期初始 Q 为 1,那么第 2 期实际需求还是 0,所以延续计算为 2,到了第 3 期实际需求是 19,因此零需求的计算便中止,开始重新计算为 1 了。

第二步,取对应的平滑指数。平滑指数的优化,可以根据得到的结果进行规划求解来寻找合适的数值。这里 α 取值为 0.7,β 取值为 0.5。

第三步,就是代入相关的公式,从而计算 Z_t 和 P_t 值。

$$Z_2=\alpha \times X_2+(1-\alpha) \times Z_1$$
$$=0.7 \times 0+(1-0.7) \times 0$$
$$=0$$

$$P_2=\beta \times Q_2+(1-\beta) \times P_1$$
$$=0.5 \times 2+(1-0.5) \times 0$$
$$=1$$

以此类推，得到各期相应的值，如图 4-100、图 4-101 所示。

期数	需求	Q	Z_t	P_t
1	0	1	0	0
2	0	2	0.00	1.00
3	19	3	13.30	2.00
4	0	1	3.99	1.50
5	0	2	1.20	1.75
6	0	3	0.36	2.38
7	4	4	2.91	3.19
8	18	1	13.47	2.09
9	17	1	15.94	1.55
10	0	1	4.78	1.27
11	0	2	1.43	1.64
12	0	3	0.43	2.32
13	0	4	0.13	3.16
14	0	5	0.04	4.08
15	3	6	2.11	5.04
16	0	1	0.63	3.02
17	0	2	0.19	2.51
18	19	3	13.36	2.75
19	0	1	4.01	1.88
20	0	2	1.20	1.94
21	0	3	0.36	2.47
22	5	4	3.61	3.23
23	4	1	3.88	2.12
24	5	1	4.66	1.56

D3 =$B$27*B3+(1-$B$27)*D2

α值 0.7
β值 0.5

图 4-100

	A	B	C	D	E
1	期数	需求	Q	Z_t	P_t
2	1	0	1	0	0
3	2	0	2	0.00	1.00
4	3	19	3	13.30	2.00
5	4	0	1	3.99	1.50
6	5	0	2	1.20	1.75
7	6	0	3	0.36	2.38
8	7	4	4	2.91	3.19
9	8	18	1	13.47	2.09
10	9	17	1	15.94	1.55
11	10	0	1	4.78	1.27
12	11	0	2	1.43	1.64
13	12	0	3	0.43	2.32
14	13	0	4	0.13	3.16
15	14	0	5	0.04	4.08
16	15	3	6	2.11	5.04
17	16	0	1	0.63	3.02
18	17	0	2	0.19	2.51
19	18	19	3	13.36	2.75
20	19	0	1	4.01	1.88
21	20	0	2	1.20	1.94
22	21	0	3	0.36	2.47
23	22	5	4	3.61	3.23
24	23	4	1	3.88	2.12
25	24	5	1	4.66	1.56
26					
27	α 值	0.7			
28	β 值	0.5			

图 4-101

下一步就是通过 t 期的 Z 值和 P 值，来计算该期的预测值。如第 3 期的预测值则为第 3 期 Z 值除以同期的 P 值，如图 4-102 所示。

$$F_3 = Z_3 \div P_3$$
$$= 13.3 \div 2$$
$$= 6.65$$

期数	需求	Q	Z_t	P_t	预测
1	0	1	0	0	
2	0	2	0.00	1.00	0.00
3	19	3	13.30	2.00	6.65
4	0	1	3.99	1.50	2.66
5	0	2	1.20	1.75	0.68
6	0	3	0.36	2.38	0.15
7	4	4	2.91	3.19	0.91
8	18	1	13.47	2.09	6.43
9	17	1	15.94	1.55	10.31
10	0	1	4.78	1.27	3.76
11	0	2	1.43	1.64	0.88
12	0	3	0.43	2.32	0.19
13	0	4	0.13	3.16	0.04
14	0	5	0.04	4.08	0.01
15	3	6	2.11	5.04	0.42
16	0	1	0.63	3.02	0.21
17	0	2	0.19	2.51	0.08
18	19	3	13.36	2.75	4.85
19	0	1	4.01	1.88	2.13
20	0	2	1.20	1.94	0.62
21	0	3	0.36	2.47	0.15
22	5	4	3.61	3.23	1.12
23	4	1	3.88	2.12	1.83
24	5	1	4.66	1.56	2.99

α 值	0.7
β 值	0.5

图 4-102

当然，由于这里所用的 α 值和 β 值都是初始选择的，最后要通过对数据的规划求解分析，使 MSE 最小化，从而找到合适的 α 值和 β 值，分别为 1 和 0.18（β 值保留小数点后两位），如图 4-103 所示。

	A	B	C	D	E	F	G	H
1	期数	需求	Q	Z_t	P_t	预测	误差	误差平方
2	1	0	1	0	0	0.00		
3	2	0	2	0.00	0.36	0.00	0.00	0.00
4	3	19	3	19.00	0.83	22.97	-3.97	15.74
5	4	0	1	0.00	0.86	0.00	0.00	0.00
6	5	0	2	0.00	1.06	0.00	0.00	0.00
7	6	0	3	0.00	1.41	0.00	0.00	0.00
8	7	4	4	4.00	1.87	2.14	1.86	3.46
9	8	18	1	18.00	1.71	10.50	7.50	56.22
10	9	17	1	17.00	1.59	10.71	6.29	39.52
11	10	0	1	0.00	1.48	0.00	0.00	0.00
12	11	0	2	0.00	1.57	0.00	0.00	0.00
13	12	0	3	0.00	1.83	0.00	0.00	0.00
14	13	0	4	0.00	2.22	0.00	0.00	0.00
15	14	0	5	0.00	2.71	0.00	0.00	0.00
16	15	3	6	3.00	3.30	0.91	2.09	4.37
17	16	0	1	0.00	2.89	0.00	0.00	0.00
18	17	0	2	0.00	2.73	0.00	0.00	0.00
19	18	19	3	19.00	2.78	6.84	12.16	147.88
20	19	0	1	0.00	2.46	0.00	0.00	0.00
21	20	0	2	0.00	2.38	0.00	0.00	0.00
22	21	0	3	0.00	2.49	0.00	0.00	0.00
23	22	5	4	5.00	2.78	1.81	3.19	10.16
24	23	4	1	4.00	2.45	1.64	2.36	5.59
25	24	5	1	5.00	2.19	2.28	2.71	7.37
27	α值	1					MSE	12.62
28	β值	0.18						

图 4-103

这时拟合度会变得更好。其中第 24 期的预测值是 5 除以 2.19，结果为 2.28（保留两位小数）。这意味着用克罗斯顿平均法，其需求预测是 5 个单位，时间间隔是 2.19，如图 4-104 所示。

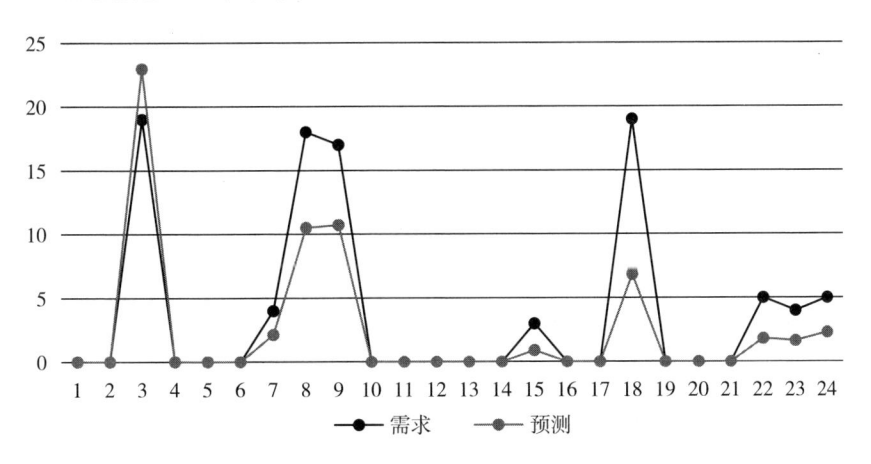

图 4-104

有了第 24 期的数值，就可以通过指数平滑法对第 25 期进行预测了。假如第 24 期的实际值为 0，这时直接把第 24 期的预测值作为第 25 期的预测值。假如第 24 期的实际值大于 0，则采用简单指数平滑公式来计算第 25 期的预测值，其中平滑指数继续采用之前优化后所得的 α 值。

α 值为 1 远比 α 值为 0.2 时波动激烈，因此继续以此进行简单指数平滑，如图 4-105 所示。值得注意的是，克罗斯顿平均法的 β 参数，是涉及时间间隔的参数，并非双指数平滑中代表趋势的 β 参数，因此不可套用。克罗斯顿平均法实际上也是一种指数平滑的方法，只是平滑的对象不同而已。

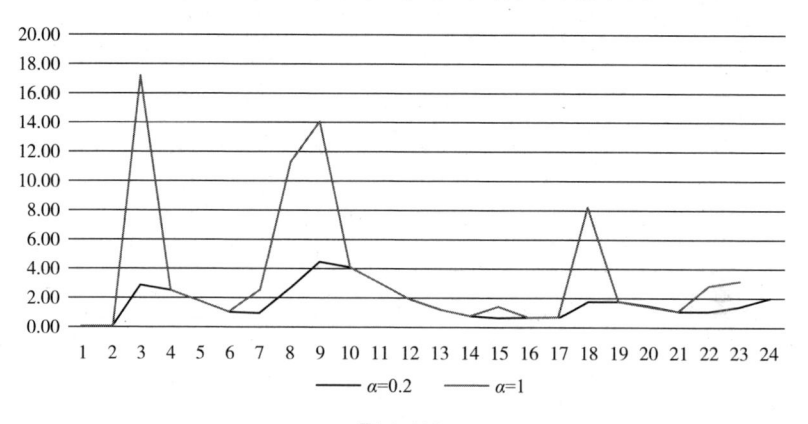

图 4-105

这个克罗斯顿平均法虽然在分解需求量和需求间隔进行单独估算时被认为是正确的，可是有些学者认为如果把两者作为比率来计算预测会有偏差，因此有学者（Syntetos 和 Boylan）提出一种新的平均估算法以克服这个问题，其预测公式演化为：

$$F_t = \left(1 - \frac{\beta}{2}\right) \times Z_t \div P_t$$

因此这个公式也被称为 SBA（Syntetos-Boylan Approximation）预测方法。这个方法消除了对非间歇性需求的偏见，尽管增加了预测方差。

间歇性需求的货物多属于 XYZ 分类中的 Z 类，库存和订货策略常用的是双堆法。克罗斯顿平均法是针对间歇性需求的方法，对双堆法中每堆数量的设立有着积极的指导作用。克罗斯顿平均法必须根据每次发生的实际情况进行滚动预测，否则响应就会显得滞后。

第七节　没有历史数据的新产品如何预测

新产品的预测是一件不容易且令人头疼的事情，原因在于它让人无迹可寻。它没有历史数据，无法通过历史数据得到依赖，同时面对未来的需求又充满了不确定性，或许畅销，又或许不为市场所接受。即使都是新产品，也并非所有新产品都是相同的，其类别也有差异。新产品可以根据不同特性划分为以下几种类型。

新价格产品：为现存市场的现有产品的降价版本。比如苹果手机的5S和低价版5C。

重新定位产品：将现有产品或服务推向新市场，或者将它们应用于新用途。比如将止疼药阿司匹林用于减轻心脏病发作。

扩展：针对当前现存市场现有产品的改进版本，补充现有的技术或产品。比如可口可乐推出零度、香草味等品种。

新类别：产品的新类别，比如苹果手机——智能化手机类别。

新的世界：这是指创造了完全没有过的不同的新市场。比如SONY的Walkman（随身听）。

对于这些类型，其中大部分实际上可以参考其相似和类似的产品进行预测。产生初始预测之后，即可根据后续发生的实际销售进行滚动修正。这些虽然说是新产品，不过依然存在旧产品的某些特征。一个简单的例子就是香草味可口可乐的推出，它是在经典口味的可口可乐基础上推出的新产品，它本质上还有经典可口可乐的某些特征。

参考类似旧产品的过往需求数据，往往有时会产生困惑。"参考"是一个很模糊的字眼，怎么参考，参考的量度是多少，都是值得深思的问题。在这个层面上，巴斯模型是一个适合应用于新产品的预测模型，该模型提供了新产品的当前使用者和潜在使用者互动的基本原理。

巴斯模型主要引入了三个参数，这三个参数分别是p、q、m。

q是模仿参数，可以理解为未使用这个产品的人，受到使用这个产品的人的影响而使用的可能性。取值在 0 和 1 之间。

p 是创新参数，可以理解为未使用这个产品的人，假定没有受到使用这个产品的人的影响，仅仅因为对新产品的兴趣和被吸引而去使用这个产品的可能性。取值在 0 和 1 之间。

而 m 则是市场潜力，表示整个生命周期潜在的需求总数。

对于这个模型，可以简单地认为，使用新产品的可能性就是因为模仿而使用的可能性加上因为创新而使用的可能性。

巴斯模型的理论在于主观地认为市场潜在需求是 m，如果在时间 $t-1$ 里已使用产品的人数记为 N_{t-1}，那么由于 m 是潜在的总人数，剩下的潜在使用者的数目就是 $m-N_{t-1}$。因此，在 $t-1$ 这个时间里使用产品的人数的估计比例就是 $N_{t-1} \div m$，而由于模仿而使用的可能性就是 $q \times (N_{t-1} \div m) \times (m-N_{t-1})$。在市场中我们可以这么理解：它就是受到原来产品的特性吸引并保持对产品的忠诚度的那群客户。比如购买新一代苹果手机的"果粉"，是因为喜欢该手机的系统特性从而继续使用苹果手机。

由于创新而使用的可能性就是 $p \times (m-N_{t-1})$ 了。我们可以这么理解：这些客户是非忠诚客户，他们被创新的特性所吸引，比如苹果手机应用了头像扫描解锁这个新特性，从而吸引了新的客户。

所以预测值就是这两个部分相加：

$$F = q \times (N_{t-1} \div m) \times (m-N_{t-1}) + p \times (m-N_{t-1})$$
$$= [p + q \times (N_{t-1} \div m)] \times (m-N_{t-1})$$

例如，某公司新推出一款茶类饮品，它是在原味基础上添加了蜂蜜和柠檬要素。根据相关市场调查和信息收集，该产品的市场需求规模达 8517 万份。产品上市的第 1 周预测值，就是需求估计值 m 和创新参数 p 的乘积，意味着产品上市仅仅是因为客户对其有兴趣而产生的购买行为，后续则加入模仿参数 q，也就是口碑开始传开，通过已购买者的传播吸引了新的购买者。随着得到的实际销售量累计数据，不断通过规划求解可以求出相应的 p 值和 q 值，并用来预测下一期的销售量。

第 1 期的预测值就是需求估计规模和创新参数的乘积，初始阶段可以设立一个估计的数值，如 p 和 q 分别取值 0.07 和 0.04，如图 4-106 所示。

第四章 供应链计划与预测

图 4-106

随着期数不断增加，得到新的预测值和误差平方，并通过规划求解，得出最小的 MSE 值，从而选出合适的 p 值和 q 值，如图 4-107 所示。

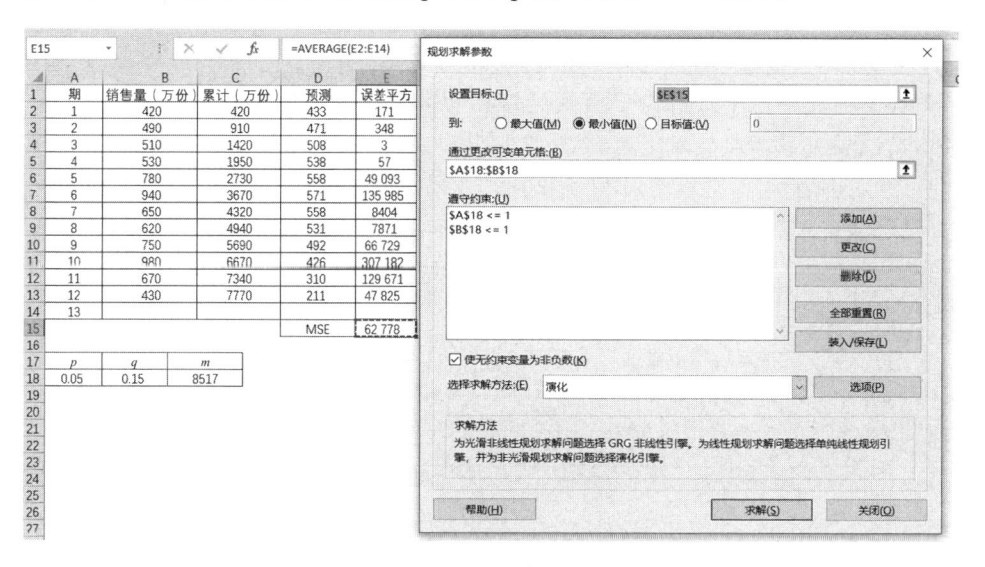

图 4-107

当有了第 12 期的销售实际值时，通过规划求解计算出 p 值为 0.04，q 值为 0.31，此时 MSE 值为最小。此时根据公式预测第 13 期值，则为 241，如图 4-108 所示。

$$F_{13}=[p+q \times (N_{12} \div m)] \times (m-N_{12})$$
$$=[0.04+0.31 \times (7770 \div 8517)] \times (8517-7770)$$
$$=241（四舍五入取整）$$

期	销售量（万份）	累计（万份）	预测	误差平方
1	420	420	340	6414
2	490	910	448	1775
3	510	1420	557	2253
4	530	1950	653	15 086
5	780	2730	732	2331
6	940	3670	810	16 811
7	650	4320	846	38 341
8	620	4940	832	45 126
9	750	5690	791	1664
10	980	6670	703	76 873
11	670	7340	526	20 877
12	430	7770	364	4382
13			241	
			MSE	19 328

p	q	m
0.04	0.31	8517

单元格 D14 公式：`=$A$18*($C$18-C13)+$B$18*(C13/$C$18)*($C$18-C13)`

图 4-108

其表现如图 4-109 所示。当然，我们应该继续利用 MAPE 最小化等计算，寻找更加适合的拟合而做出预测。

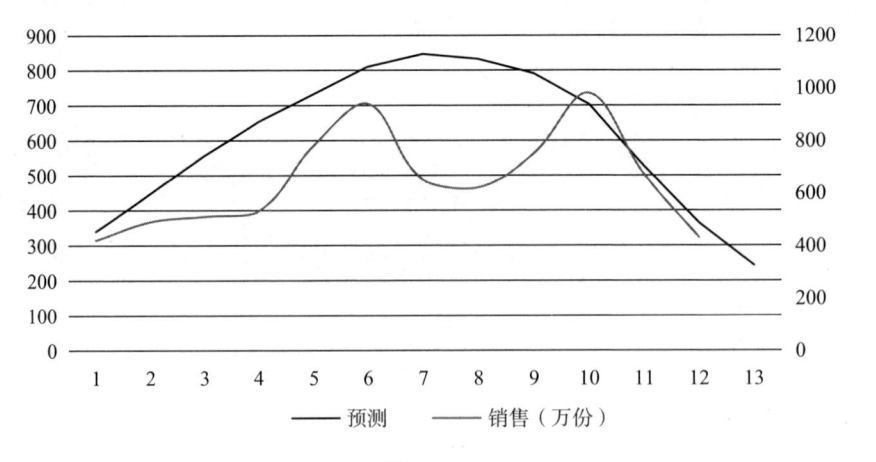

图 4-109

在这个计算中，当预测第 14 周的数据时，我们可以看出这个新产品开始进入下滑周期，并且因模仿而吸引购买的人数比因创新而吸引购买的人数多，并且很快达到预期的市场需求估计规模。这就需要密切关注市场相关信息，并据此做出适当的商业计划。

这里的 p 值和 q 值是根据计算而得到的。另一个方法就是参考类似产品。假定我们的新产品是 K，而类似产品是 G，那么可以将 G 产品通过历史数据计算的 p 值、q 值，直接用于 K 产品，来预测 K 产品的销售量。

不过任何模型都会有其缺陷和局限。巴斯模型也不例外，它给出的购买者数量的预测，并非产品的销售量，不过销售量可以根据客户的使用频率来估计。在电商中，对这个数据的估计相对会更加容易，因为复购率对此有极大帮助。

巴斯模型的意义在于为企业在不同时期对市场需求容量和变化趋势做出有效估计，不过它更加适用于已经在市场存在一定时期的新产品的市场预测。

第八节　比起预测准确率，更应追求预测的增值

预测准确率是不少企业衡量预测工作是否做得好的指标，并且往往是不少企业的 KPI。除了采用惯常的预测和实际的误差，一般来说，企业更多会采用 MSE（平均误差平方）和 MAPE（平均绝对百分比误差）来确定预测的准确程度。一旦 MSE 或者 MAPE 值比较大，意味着所用的预测模型"失灵"，从而要考虑改用其他模型或者调整所用模型的参数。

比如采用移动平均法，10 周的平均移动法比 5 周的平均移动法的 MAPE 要更高一点，其中 5 周平均移动法的 MAPE 为 2.06%，而 10 周平均移动法的 MAPE 则为 3.08%，它传递的信息就是 5 周移动平均的 MAPE 值更小，如图 4-110 所示。对于供应链管理来说，这个预测误差的度量指标有助于制定相应的策略，有助于选择更合适的预测模型，借此应对相关的风险。

期数	需求	5周	10周	5周预测误差			10周预测误差		
				MAD	MSE	MAPE	MAD	MASE	MAPE
1	118.48			2.61	9.53	2.06%	3.94	15.53	3.08%
2	119.18								
3	120.94								
4	123.65								
5	125.33			AD	SE	APE	AD	SE	APE
6	126.96	121.52		5.44	29.64	4.29%			
7	126.42	123.21		3.21	10.29	2.54%			
8	128.07	124.66		3.41	11.63	2.66%			
9	126.39	126.09		0.30	0.09	0.24%			
10	124.77	126.63		1.86	3.47	1.49%			
11	127.96	126.52	124.02	1.44	2.07	1.12%	3.94	15.53	3.08%

图 4-110

为了衡量准确率，KPI 中还可能设立相应的 MAPE 目标，但是这个指标有时过于主观，很难分清楚指标背后的含义，甚至制定指标或者完成这个指标的人都不了解背后的所有因素和可变情况。

而设立指标意味着两个必然的结果：完成或者完不成。

当完成指标时，就意味着满足于预测，对于预测带来的误差也会因此被忽视，然后并不会分析误差究竟是因哪些忽略的驱动因素而造成的，也因此几乎没有或者根本不会带来改进。

当完不成指标时，又或者指标设立过高导致非常难以完成以致从来都不曾完成时，容易使预测人员感到灰心和无助，他们甚至难以明白为什么不能完成指标，或者认定指标过于虚空，只是一个摆设而永远无法捉摸，由此带来的结果将是不会理会这个指标，也就更谈不上去分析和改进了。

高预测准确率有助于提升供应链的运营效率，但是这个指标很难反映究竟预测是否发挥了足够的作用，或者这个预测模型输入的数据信息及所进行的相关活动是否具备足够的价值来帮助供应链的运作。

如果不做什么，或者减少甚至不做相关的数据输入、行动干预，准确率又如何呢？如果选择了某种预测模型，输入了相关数据，并实施了预测，能够使预测准确率更高，那么显然相关的输入、干预是一项增值活动，否则就是非增值的行为。

预测增值与否的衡量，简单的方法就是各种预测模型的结果与朴素预测或者简单的移动平均进行对比。

所谓朴素预测就是直接把上一期的实际结果作为下一期的预测值，是一种使用最少的资源和投入极少的活动的预测方法。此外，还可以进行稍微复杂一点的移动平均法，或者使用上一年的同期值作为预测值。

事实上，即使没有预测人员，供应链的活动也不会停止、瘫痪，企业也不会不知道如何应对未来的需求，所有的相关工作都会继续：生产继续，库存还会做计划，材料依然有订单。不做任何预测，企业并非什么都不做，起码会以简单的数字（朴素预测）来作为运营的基准线，有时甚至会从财务角度进行预算锁定，以 OTB 等形式来计划工作。这些基准线表示企业是在不受预测过程影响，即没有衡量因素影响、不添加参数等的情况下来运营供应链的。

例如，某企业就是以上一期实际值作为基准线的，如表 4-6 所示。

表 4-6

月 份	1	2	3	4
实际需求	320	200	410	
朴素预测				410

该企业直接使用了 3 月的实际值 410 作为 4 月的预测值。

除此之外，假如该企业还使用历史数据进行统计，并采用一种预测方法（如指数平滑法）得出了另一个预测值，然后将两者和 4 月的实际值进行 MAPE 对比，如表 4-7 所示。

表 4-7

月 份	1	2	3	4	MAPE
实际需求	320	200	410	380	
朴素预测值				410	7.89%
指数平滑预测值				330	13.16%

通过 MAPE 对比，可以看到指数平滑预测的 MAPE 相对来说不理想，这可能是受到历史数据中的某些因素影响，也可能是对使用的模型参数设置得不够合适，更有可能是销售和市场部门带来的信息存在负面性，这些都会影响最终的预测值。

这表明投入了很多精力、时间乃至成本，但却没有带来更好的预测结果，而投入大量的资源，理论上具备更多分析过程的预测方法，应该带来更好的预测结果。

按照上述结果，朴素预测的 MAPE 值比指数平滑预测的 MAPE 值还低了 5.27%。通过对比两者的 MAPE 值作为预测增值指标来衡量，如果这个指标值是一个正值，我们所做的工作才会显得有价值，因为它比什么都不做或者简简单单地做更好。

当使用了别的预测方法，比如三指数平滑预测法时，其 4 月预测值是 395，这时 MAPE 值就显得更小，为 3.95%，如表 4-8 所示。

表 4-8

月 份	1	2	3	4	MAPE
实际需求	320	200	410	380	
朴素预测值				410	7.89%
三指数平滑预测值				395	3.95%

采用了三指数平滑法之后，比起朴素预测法，两者相差的 MAPE 值是 3.94%，这说明运用相应的数据、参数并使用一定的预测模型，比起什么都不做或者简单地做，效果更好，说明这种预测方法起到增值的作用了。

如果预测的作用是增值的，那么可以认为输入的信息是有效和积极的。如果以更好的方式把积极因素进行组合和运用，加上和流程等紧密结合，预测就会变得更加可靠和准确，从而为业务增值。

值得注意的是，追求高预测准确率并不是目的，确切地说，误差有助于我们认识预测过程中不知道或者不可控的因素，从而评估和改进计划，增加供应链运作的敏捷性以应对未来不可预知的风险。

【小插曲】预测准确率的哪种算法正确

预测准确率是不少企业衡量预测工作效果如何的指标。通常使用 MAPE 作为计算的依据，而预测准确率就是 1-MAPE 的百分比值了。

比较常见的 MAPE 计算公式是：

$$\text{MAPE}=\frac{1}{n}\sum_{i=1}^{n}\frac{|F_i-A_i|}{A_i}\times100\%$$

其中 F_i 是指第 i 期的预测值，A_i 是指第 i 期的实际值。不过也有另外一个观点，就是以预测值为分母来计算 MAPE，因此公式变为：

$$\text{MAPE}=\frac{1}{n}\sum_{i=1}^{n}\frac{|F_i-A_i|}{F_i}\times100\%$$

同样的预测值和实际值，根据两种算法，得出 MAPE1（以实际值为分母）和 MAPE2（以预测值为分母），如图 4-111 所示。

月份	1	2	3	4	5	6	7	8	9	10	11	12
实际值	16 000	22 000	14 000	35 000	15 000	27 000	18 000	40 000	28 000	40 000	25 000	65 000
预测值	15 340	18 954	17 250	47 987	19 215	30 240	16 800	50 719	25 140	37 680	21 096	66 400
APE1（/实际值）	4.13%	13.85%	23.21%	37.11%	28.10%	12.00%	6.67%	26.80%	10.21%	5.80%	15.62%	2.15%
预测准确率1(1-APE1)	95.88%	86.15%	76.79%	62.89%	71.90%	88.00%	93.33%	73.20%	89.79%	94.20%	84.38%	97.85%
APE2（/预测值）	4.30%	16.07%	18.84%	27.06%	21.94%	10.71%	7.14%	21.13%	11.38%	6.16%	18.51%	2.11%
预测准确率2(1-APE2)	95.70%	83.93%	81.16%	72.94%	78.06%	89.29%	92.86%	78.87%	88.62%	93.84%	81.49%	97.89%

MAPE1	15.47%
预测准确率1(1-MAPE1)	84.53%
MAPE2	13.78%
预测准确率2(1-MAPE2)	86.22%

图 4-111

从图 4-112 中可以看出，以预测值为分母的预测准确率（1-MAPE2）高于以实际值为分母的预测准确率（1-MAPE1）。但是假如 4 月的预测值由 47 987 变为 27 987，则以预测值为分母的预测准确率（1-MAPE2）低于以实际值为分母的预测准确率（1-MAPE1），如图 4-112 所示。

月份	1	2	3	4	5	6	7	8	9	10	11	12
实际值	16 000	22 000	14 000	35 000	15 000	27 000	18 000	40 000	28 000	40 000	25 000	65 000
预测值	15 340	18 954	17 250	27 987	19 215	30 240	16 800	50 719	25 140	37 680	21 096	66 400
APE1（/实际值）	4.13%	13.85%	23.21%	20.04%	28.10%	12.00%	6.67%	26.80%	10.21%	5.80%	15.62%	2.15%
预测准确率1(1-APE1)	95.88%	86.15%	76.79%	79.96%	71.90%	88.00%	93.33%	73.20%	89.79%	94.20%	84.38%	97.85%
APE2（/预测值）	4.30%	16.07%	18.84%	25.06%	21.94%	10.71%	7.14%	21.13%	11.38%	6.16%	18.51%	2.11%
预测准确率2(1-APE2)	95.70%	83.93%	81.16%	74.94%	78.06%	89.29%	92.86%	78.87%	88.62%	93.84%	81.49%	97.89%

MAPE1	14.05%
预测准确率1(1-MAPE1)	85.95%
MAPE2	13.61%
预测准确率2(1-MAPE2)	86.39%

图 4-112

那么究竟以哪一种算法为准？应该以实际值还是以预测值作为分母呢？

这其实只是参照点不同而已。

如图 4-113 所示，同样是踢点球，左图是瞄准了球门，球却踢到了外侧，右图则是球踢了出去，发现球离球门还有一段距离。彼此参照的不同会带来的感觉上的差异。

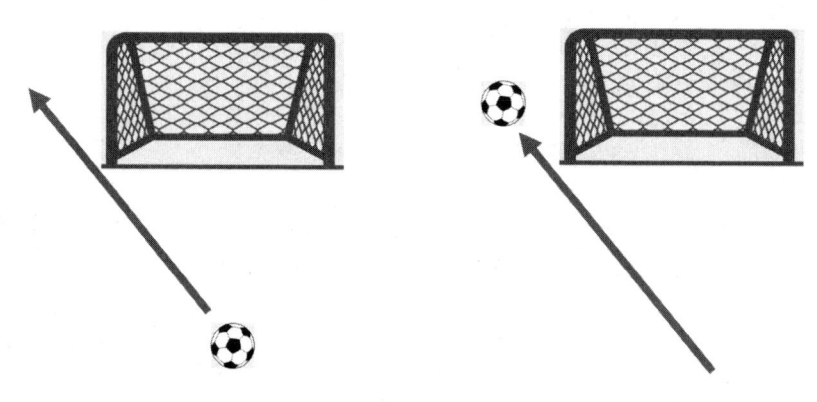

图 4-113

假如不清楚计算规则，光顾着追求预测准确率，那么改变了一下分母就容易造成准确率提高的假象，实际上数据还是同样的数据。因此，要清楚地掌握预测准确率的计算逻辑是很重要的事，至于到底哪一种方法好，取决于观测的角度。以实际值为分母来计算 MAPE，就是以完美为前提，预测的结果是看究竟距离完美有多远。反之，则是观察预测的结果如何，即朝着最好的方向还有多少改进的空间。当然，从心理感觉来说，以预测值为分母来计算 MAPE，压力没有那么大。

第九节　从主观出发：定性分析法

定性分析法是充分利用人们的丰富经验、对未来形势和市场的辨识与判断及直觉等，并根据未来需求模式的可能变化而做出的一种预测方法。比起时间序列法、回归法，定性分析法涉及了更多的主观意识，当然，由此而来的个人因素，如认识、情绪、经验等，会造成更多的预测误差。

一、专家意见归总：德尔菲法

德尔菲法，也叫专家调查法，是典型的定性分析法，其本质上是一种匿名的反馈咨询法。它通过组织若干专家，成立预测小组，然后设置预测任务并分配给各个专家，然后根据专家的反馈，对其预测结果和理由进行总结，再匿名地反馈给各专家，如此不断重复该过程，直到得到一致的意见。其最终预测就是通过汇总专家的预测来构建的。

这个方法的关键是，专家们始终要保持匿名，从而在预测过程和表达意见时不受到任何外来的压力和影响，并让每个专家都有同等的表达权而不受到干扰，保持判断始终基于理性思维。当专家成员是来自企业内部的人员时，也需要做到减少面对面的接触，保持一定距离来让这些内部人员保持客观独立，而不是受到其中核心成员的引导，从而控制群体意志，得出所谓的"集体决策"。

德尔菲法从某种意义上说就是保持独立的不同意见，通过趋向性最终达成共识。这种方法比较适合中长期预测。不过由于这样的预测方法更多的是依赖于专家意见，含有非常多的主观因素，当专家认识不足或者对涉及的信息有所保留时，那么预测结果也随之变得不可靠。

二、置身其中：情景预测法

情景预测法就是对预测对象的未来发展做出种种设想和预计，甚至确定一些极端情况的产生，目的就是基于合理的情景产生预测。情景设定是很重要的环节，由于对未来的影响涉及的因素非常多，从中选出主要的影响因素非常重要。而每个因素都可能产生最有利、最不利、最可能发生等三种状态，因此要确立适量的主要影响因素，并结合不同状态进行模拟预测。

这种方法适合一些没有历史数据的新产品，它结合不同角度的判断、看法，以此对新产品进行预测。一般来说，判断、看法来源于三个渠道，它们既可以单独利用，也可以综合彼此。为避免过度主观性，综合判断会更加合理。

首先是来自销售人员的预测。销售人员对于销售区域的情况、产品以及消费者都比较了解，这些因素都有助于对情景做出合理的假设预测。不过销售人员往往也因为销售量和其收入挂钩，在预测的时候难免会受到这种因素的影响，造成预测者和用户无法分离的情况，从而使其预测销售效果打了折扣。

另外就是管理层的意见。不过因对基层情况认识不足，管理层的预测通常是基于领域性的预测，更多的是总体预测，多涉及方向性和趋势等。

还有一种就是顾客意见。他们对于新产品的看法，对于现有产品的需求是否有变动，这些意见都能够对预测提供强力的支持。当然，这些顾客即使具有购买意向，也并不一定对新产品产生购买行为。

不管是通过其中一个渠道，还是综合三者进行情景预测，都需要对相关信息进行记录，以便在能够获得数据的时候加以对比和评估。

第十节　计划工作者绕不开预测错误，怎么办

不少计划工作者，其中一项工作内容就是做预测。

有一句话人人熟知，就是"预测总是错误的"。

然而这句话却成了某些人对待预测的借口，甚至已经是一种自动反应，当被指出预测结果存在较大的误差时，总是以一句"预测总是错误的"来应对。但是，这样更容易让人降低对预测有效的信任性，更重要的是，这种辩护更容易让人把注意力集中在错误上。渐渐地，会让需求计划者在预测上产生自暴自弃的感觉，毕竟每个人都不认可预测结果，每个人都不断地说预测总是错误的，会让人觉得永远在做一件无法取得正确结果的事情。

然而，"预测总是错误的"这句话实际上表明的是预测存在误差，需要去承认需求存在不能捕捉到的因素。

很多公司都会将预测准确率作为 KPI。预测准确率的出发点就是假设一个完美的预测，并将所有需求中无法把握的变化和因素定义为预测的误差。一旦这些因素引起的实际需求变得和预测值存在不一致，就视为预测错误，甚至进而认为是计划工作者的问题。

计划工作者做预测，其工作不是提供数字，而是提供解决方案。因此，要抛弃预测不可避免错误这个枷锁，把精力集中在我们能够预测和控制的东西上。

完美的预测准确率实际上反映的是无论需求有任何波动，都能无误地预测到。但是未来需求总是具备很大的可变性，而且可变性随着时间的推移，在某种程度上会给预测带来更多的困难，令预测变得更加不可靠。

具备多种预测技术和分析能力，并且拥有相当经验的人员，或许能提高预测准确率，但是预测准确率并不会减少需求的可变性。对于"预测总是错误的"这句话，其实意思应该是需求总是变化的，我们无法百分百准确地预测需求，但至少我们可以预测需求的可变性，因此不管是回归法还是时间序列法等，都具备相当的能力去把握需求的变动范围。

准确预测未来需求的具体值是相当困难的，比如下个月需求是5000，但是要预测到这个点上是很难的，不过预测到在3000～6000这个范围的可能性却是相对容易的，甚至还能把握它发生的概率。这种范围性预测还可以提供业务上的帮助，为计划提供依据的同时，还提供了更多的业务决策空间。比如置信区间的上限和下限，可以认为是事情的"最佳情况"和"最坏情况"。

另外就是衡量误差的减少而不是准确率的提高会更有价值，因为误差和业务效果之间的相关性比准确率和业务效果之间的相关性更强。误差会告知我们所不知道的因素，告知我们计划需要做多少变化，并进而改进需求预测，进而改进整个需求预测的范围，从而判断某些情况下带来的影响，并以此来准备供应链的敏捷反应能力和弹性。

从某种意义上说，误差就是检查供应链的脆弱性。

"预测总是错误的"这句话其实就是指出应该衡量预测了什么，并激励正确的行为，而并非着眼于错误。归根结底，预测结果不一定精确，但是要做的是让预测更加可靠和准确，从而为计划增加业务分析和判断的价值。

大多数人对传统的预测过程和准确率定义一成不变。而预测的目标实际上是让你开始考虑未来需求的可能性。从那时起，预测错误不是一个挡箭牌，而是帮助其他人理解预测所提供的价值。因此无须为错误感到羞耻和不安，迫于压力去认错或者找借口，而是应诚实地谈论可以预测什么，可以控制什么。

预测也并非只有一堆数字，或者数个模型，尽管这些非常重要。大多数的预测方法都是从过去的历史数据中寻找出规律，并且把这种规律应用到未来需求上。然而未来的需求总是充满很多不确定因素，除此之外，市场的情况及公司的内部政策都会左右这些需求的变动。让销售人员参与到这个过程中是非常重要的，因为他们有着足够的市场洞察、情报及实时信息，而这些并不是其他人能够轻易获得的。但是，参与并不是说让销售人员进行预测，然后把销售人员的预测数据直接使用。

转变角度是让销售人员参与预测协作工作的第一步。

这并不是一件容易事。把供应链那一套应用在销售人员身上并不能够行得通，他们追逐的目标大不相同。把供应链的条条框框和数字进行套用，显然不能让销售人员接受。对于销售人员在预测中的作用，首要的是理解他们对客户的看法，询问他们认为客户是否存在业绩增长的空间。

其次是彼此站在同一条线上。

要让销售人员认识到预测工作的意义：预测工作并不是为了一个高预测准确率或者让计划无偏地执行，而是这项工作对公司在库存处理、收入增加和客户满意度方面的绩效具有多大的价值。这些都是和销售人员息息相关的。和销售人员建立良好的互动关系，经常提醒销售人员为什么好的预测很重要，告诉销售人员预测是为了更好地服务客户和提高盈利能力，这样做会得到销售人员的更多支持。

更加重要的是参与到销售过程中。

当计划工作者了解了销售文化和销售作风时，就更容易了解销售人员正在努力实现哪些重要的目标，甚至在这个过程中，可以展示自己对了解客户面临的挑战、如何衡量和处理挑战的看法，因为角色不同，这些看法容易得到销售人员的关注。当计划工作者因热衷于帮助推动业务而建立了声誉时，就创造了合作机会。当建立了这种融洽关系并获得信任时，计划工作者可以提出更难、更具挑战性的问题，并寻求反馈以使事情变得更容易。而这个时候，计划工作者可以认为已经是销售过程的一分子了。

这个过程的基础无疑就是建立彼此信任的关系。

数据是比较容易获得的，数据背后的信息才是关键。有时候客户并不乐意提供他们的数字，因为他们的数字往往含有重要的信息，而这些信息就是预测数据中的决定点。不过销售人员有时却能挖掘出这些信息，而且他们总是一群愿意努力付出并和客户接触以获取信息的人员。当然这些信息有时并没有价值，不过依然要对他们表示感谢，同时，计划工作者也必然避免不了预测错误的问题，不过当获得了更好更准的信息帮助改进预测时，这也能够对销售人员给予很大的帮助。理解是双方合作和信任的基础。

参与销售过程自然也免不了像销售人员一样进行思考。

很多时候，计划工作者总是独自面对数据，不过这往往能够发现一些隐藏的苗头，比如一位客户最近的销售量有所下降。特别当负责这个客户的销售人员是新员工时，因在工作交接中信息的传递并不充分和有效，那么这就是一个机会，可借此向新员工提供有用的见解。特别是当销售人员总是对于未来数字过分乐观时，在见解中不断加入供应链的约束，有助于他们改变思维，使之变得更为现实。

最后就是让彼此沟通更加简单和有效。

假如需要提及预测指标，最好避免惯用术语，如 MAPE、MAD 或 TS。这些术语和销售人员并不直接相关，因此会让他们难以理解。尽可能简单地进行描述，比如"客户需求超过了预测的 20%"等。重要的是让他们易于理解，并保持信息沟通的简单性，而且当和他们一起进行预测和交流时，更多的不是分析或者展现分析，而是列出情况，告知具体的选择方案。

预测和计划离不开销售人员的支持和参与，因为销售人员在预测和计划过程中，最有价值的地方在于发现和警惕异常值。当过去需求稳定时，统计模型表现良好，只要做好数据整理，套用模型，大多数时候预测表现良好，计划因此顺利。不过当过程发生变化时，市场会出现波动，那么客户的信息将非常有价值，这一切都离不开销售人员的支持。通过和他们合作，参与到销售过程之中，更好地了解业务，获得有价值的见解和信息，则可以很好地解释异常值，发现波动苗头，并改进预测，从而更好地帮助计划工作的展开。

第五章
案例：供应链视角下的库存与计划

　　从原料采购，到加工、制造成品，再到产品交付，直到产品最后到达消费者手里，贯穿整个流程的供应链是非常复杂的，会受到不同因素的影响。对于驱动供应链的因素，一般分为推动式和拉动式。在供应链运营中，选择合适的推拉策略有助于企业根据需求及各种因素来制订供应计划，并借此满足市场需求。

第一节　两种极端的供应链模式——飒拉与优衣库

飒拉和优衣库是世界上两大有名的服装品牌，它们的业绩逐年增长，并且各自以独特的商业和供应链模式闻名于世，尽管如此，两者的模式却截然不同，甚至可以说完全相反。它们都是 SPA（Specialty retailer of Private label Apparel，自有品牌专业零售商经营）模式的代表，不过发展的方向不一样。

一、起家背景

飒拉的创始人奥特加是制造业出身的，他原来是开小作坊的，通过经销商售卖服装，但是有一天他的经销商倒闭了。该经销商不得不取消了一笔订单，并让奥特加积压了很多库存，几乎面临破产。为了清理积压的库存，奥特加不得不自己开设店铺，自产自销。通过从制造业走向零售业，奥特加让飒拉成为 SPA 模式的代表之一。

优衣库的创始人柳井正走的则是截然相反的道路。虽然优衣库也是 SPA 模式，但是柳井正走的是从零售业起步的道路。自从接手父亲的商铺后，柳井正就发现仅仅在店铺销售，而无法控制供应商使其达到自身的供货要求的话，销售始终难以有所突破。因此，他建立起了自己的 SPA 模式，就是将商品策划、制造和零售都整合起来的垂直整合型销售形式。

他们一个从制造业走向了零售业，另一个则从零售业走向了制造业，然而最后的目的都是达到制销一体化，从而有效地整合供应链。

二、消费导向

飒拉的宗旨是销售让人买得起的时尚品，它的理念是：生产是为销售服务的。飒拉要在各国生产能够销售的商品，这些商品只要在各国有需求，飒拉就将其生产出来并进行销售。哪个市场需要什么，飒拉就会为这个市场生产什么并投放在这个市场中来满足需求。特别是在捕捉流行元素上,飒拉具备很强的能力,它会不断搜集各地(不管是巴黎、米兰、纽约还是东京)的流行元素,并且善于改良其他品牌的流行款式。只要发现消费者对某品牌的产品有意见,飒拉就会据此对产品立刻进行改进,并迅速将改良品投入市场。

优衣库秉承的是另一种理念,它的销售目的是销售完所有生产的商品。它一般会提前对市场进行预测,并提出一个销售目标,并为了满足这个销售目标而生产出相应数量的产品。在商品上市后,优衣库会按周查看销售情况,一旦发现和制定的目标有偏差,就会降价,该降价是为了修正实际销售量和预测销售量上的偏差,以尽快把生产出来的产品销售完毕,从而完成销售目标,使实际销售量和预测销售量不至偏离。

三、供应商

Inditex 集团(飒拉的母公司)37% 的供应商位于总部所在的西班牙、邻国的葡萄牙、摩洛哥和土耳其,根据 Inditex 2020 年的年报,现在它有遍布 50 个国家和地区的合计 1805 家供应商为它提供产品和服务。这些供应商主要集中于 12 个国家,这 12 个国家共有 1398 家供应商和 7903 家工厂,其明细如表 5-1 所示。

表 5-1

国　　家	供　应　商	工　　厂
西班牙	162	443
葡萄牙	151	888
摩洛哥	173	367
土耳其	194	1790
印度	99	430
巴基斯坦	129	450
越南	9	149
柬埔寨	3	105
中国	415	3035
阿根廷	14	76

续表

国　家	供应商	工　厂
巴西	1	7
巴基斯坦	48	163
合计	1398	7903

飒拉把主要供应商都设立在它的总部周边，特别是它的设计中心周边，是为了满足它的主打特点——流行时尚。飒拉随时从世界各地搜罗最新的流行元素，然后设计出相关产品，并立刻将设计图送至工厂，工厂按照图纸制出衣服后，由模特试穿，然后相关人员再对其进行细节改良。因为供应商分布在四周，这个设计—生产—改良的流程周转就非常迅速。

优衣库的主打特点是价廉物美的优良基本款，它不仅以质量著称，在对比相似质量的货物时，它的价格还更加低廉，因此它的主要供应商都设立在东亚和东南亚等国，而且它的主要消费市场在日本和中国。中国是它的头号供应商基地，根据优衣库的母公司迅销集团2022年3月公布的信息，125家加工供应商中有72家位于中国。把供应商设立在日本和中国这两个庞大的消费市场附近，一来能够利用其成本低廉的特点，从而达到压缩成本的目的；二来由于距离近，交通运输的便利性可以有效增加其供应链物流的快速性和敏捷性。

迅销集团最新公布的加工供应商分布明细如表5-2所示。

表5-2

国家和地区	供　应　商
巴基斯坦	11
柬埔寨	11
中国	73
印度	2
印度尼西亚	7
意大利	1
马来西亚	1
秘鲁	1
葡萄牙	3
泰国	1

续表

国家和地区	供应商
土耳其	2
越南	12
合计	125

两者对待供应商有着明显的区别。飒拉基本上不会把订单集中在一家或者少数几家供应商身上，一般每家供应商的采购额都很少，这样是为了保持其供应链的柔性，防止过度依赖某家供应商，并借此带来供应商之间的竞争，有助于飒拉的采购质量和采购速度的提升。飒拉如此进行供应链的运作，如此寻找和管理供应商都是为了匹配其"快速时尚"的理念。并且为了应对不断变化的潮流时尚，坚决地打造适合自己灵活性的供应链，飒拉甚至把原材料以外的工程做到内部化，事先从供应商那里采购未经染色的半成品和各种配件，一旦发现某些时尚流行元素在市场上得到反响，就会马上把半成品、附件等集中配套成该类型产品，在自家工厂中完成成品，从而最快地响应市场需求，这是典型的按订单装配的演化。

而优衣库一直贯彻价廉但物美的理念，其创始人柳井正于2000年为此创造了相匹配的SPA经营模式，从商品企划、生产到销售的全部流程都达到100%的控制度。从最初的一定份额订单，到不断加大订单量从而使供应商不断削减其他的订单并调整工厂资源投入到优衣库的订单上，渐渐变成供应商的绝大部分或者所有订单都来自优衣库。在这个过程中，优衣库派人驻扎在工厂，不断按照优衣库的要求对其进行彻底、严格的改造，最终使其能够成为按照优衣库标准运行的供应商，从而达到不管是其订单量还是生产理念模式都被优衣库控制的目的。尽管工厂并不属于优衣库，但是除此之外，即使将其视为优衣库的专属工厂也不为过。

归根结底，飒拉和优衣库的差异就是源自它们SPA模式的差异。飒拉是从工厂延伸到店铺的发展历程，而优衣库则是从店铺延伸到工厂的发展历程。因此，它们对供应商的管理亦有不同的方式。

四、供应链反应

飒拉和优衣库的衣服销售周期都是按照季度划分的,也就是说,每个销售周期为 12 周,尽管如此,两者实际上又有所不同。

飒拉是追逐时尚的先锋,它以合理的价格销售代表潮流的服饰,同时更新频率也非常快,"快"也是飒拉强大的竞争力之一。并且为了保持有足够多的款式,飒拉的库存一般保持在 10 000+ SKU 的水平,相应而来的库存风险压力是非常大的。

飒拉秉承的销售理念是生产出各国都能销售的产品,换言之可以理解为一旦产品不能销售或者销售行情不好,其销售周期会很快被终结,产品都会直接停止生产。在这样的理念下,其产品实际的销售周期也就是 3 周到 4 周而已。这样做的好处是能够适度保持供应链反应的快捷性,飒拉快速时尚的"快",就在这里得到了充分的彰显。一旦确定了销售计划,飒拉就投放少量产品到市场上,一般不超过销售计划的 25%,库存也只有三周左右的量,从而极大地减少库存压力,一旦该产品在市场销售中反应极好,飒拉才会追加生产,并且从这个产品中挖掘消费者给予好评的原因,从而设计出新的产品。不过即使是追加补货,飒拉的补货量也是极其有限的,在快销市场中,流行元素很有可能一闪而过,第一批产品获得成功,第二批产品则非常有可能因时机不对而触礁。因此,飒拉更在意的是产品的更替,用能够畅销的新产品取代畅销的旧产品,而不是执着于畅销的旧产品。

敏锐地捕捉市场流行性,并通过供应链运营极速匹配这个需求,这样做不容易陷入库存危机。飒拉还可以通过这种做法,使用饥饿营销的策略。由于每个 SKU 的量是有限的,消费者非常容易陷入当场不得不买的决断中,否则这件商品很快会被淘汰下架或售罄。现在不出手,明天就没有了,这就是飒拉带给客户的一种经历。

飒拉的供应链的一个重要特征就是抓住了流行这个元素。

如果说供应链的反应能力是在飒拉的生产阶段得到充分显示的,那么优衣库则是在销售阶段的调整中彰显它的供应链反应能力的。

由于优衣库主打销售的产品是衣服的基本款,流行元素并不是其首要决定因素。它的产品的销售周期一般是12周，并且会提前一年来安排这个产品的企划，所以该特点也形成了它的消费导向，也就是销售掉所有生产出来的产品。它通过将一个长期设立的销售目标数字倒推细化到每周上，建立了一个以时间为单位的管理目标。

优衣库在各个国家都会设立独立的库存管理部门，门店则专注于销售方面，销售数据等会同步更新到库存管理部门，有效地反映出消费者的需求。对于缺货的货物，要采取快速补货的策略；对于销售不理想的货物，一旦在规定的时间内没有达到销售目标，优衣库就立即解决问题，最通常的做法是降价，从而增加销售量，这样的降价策略对于主打基本款式的优衣库来说，是非常有效的手段。

优衣库的降价会非常明确地告知客户是限时降价，限时也带给客户一种暗示，即只有这段时间内购买才能享受优惠价格。

优衣库利用降价策略来使供应链运作匹配市场需求，从而能够最大限度地销售所有生产出来的产品。由于产品企划要提前一年来准备，实际上在供应链计划前端，优衣库的供应链柔性受到了极大的限制，为此要在最接近市场的销售环节中进行调整。而优衣库的特征能够使降价这个最原始的策略得到充分施展。

五、供应链模式

飒拉和优衣库可以说是两种相反的供应链驱动模式。

如果把飒拉归类成拉动式供应链，那么优衣库就是推动式供应链。飒拉的供应链是以消费者为导向的，通过销售订单的情况来启动补货程序，从而实现快速补货。市场情况直接拉动飒拉整个供应链的运行，市场需要什么，就会拉动飒拉提供什么，从而迎合这个市场的需要。而拉动式供应链之所以在飒拉如此成功，是因为飒拉的供应链密切地迎合了流行的因素，而且这个密切迎合的速度之快，更为整个行业津津乐道。飒拉为了速度甚至大量安排空运以求最快速地把货物运送到门店中销售，因此被称为"飒拉极速供应链模式"。

优衣库的推动式供应链以供应商为核心，优衣库的供应商大部分都控制在它手里，按照优衣库标准满足优衣库的产能需求，并且都建立在需求预测上，由于优衣库以长期目标为基础，然后逐渐倒推，细化到每季、每月甚至每日上，而其主打产品都是受流行元素影响很少的基本款，还有就是从产品策划到投放市场有近一年的提前期，因此优衣库生产的库存都要维持到销售完毕，甚至要利用降价来推动销售。由于优衣库的产品在同价格段上有很大的竞争优势，这种供应链模式能够符合优衣库的产品特点并帮助其在市场中获得足够的份额。

模仿飒拉的不少，直抄优衣库的也非少数，很多企业提取了它们供应链模式中的精华直接注入自己的企业中，然而几乎没有成功的案例。

两种可以说截然相反的供应链模式，不存在谁好谁不好，它们能够走到如今的高度，一切在于它们的供应链模式都彻底遵循它们自身的商业模式而运行发展，如果彼此互换供应链模式，那么它们也不可能创造如今的辉煌。在选择和实施推动式供应链或拉动式供应链时，都是根据产品、商业模式等而匹配的。当然，在推动式供应链中往往含有拉动式供应链的元素，在拉动式供应链中也含有推动式供应链的元素。因为选择和处理得当，才让彼此的运营都能达到一个良好的效果，加速商业上的发展。

推动式供应链是基于对未来客户需求的预测运行的，为此，供应链管理者必须对生产、运输或者相关外包活动的预期水平进行计划。拉动式供应链是基于对实际客户的需求反应运行的，为此，供应链管理者必须计划可用产能和库存水平，而不是要生产的实际数量。飒拉和优衣库也因此根据自己的市场和客户群，制定了相匹配的供应链模式，从而得到长足的发展。

第二节　增强供应链的敏捷性——拆解 MOQ

在供应链管理中，MOQ（Minimum Order Quantity，最小订货量）有时并不是一件好事情。由于多种原因，供应商会设置一个最小订货量。与此同时，往往容易面临的一个问题就是自己面对的客户并不需要这么多的产品数量。如果供应商接受了低于 MOQ 的数量，产品单价会因此被拉升；如果客户接受了 MOQ，什么时候可以消化掉这个数量的产品又很难说，搞不好还会成为滞销库存。能够降低 MOQ 的标准自然是好事，不过供应商往往都是一个说法：爱买不买，降低 MOQ 是不可能的事情。要是降低 MOQ 并接受了订单，供应商可能等于白做甚至亏本，结果就是供应商宁愿不接这样的订单。

例如，供应商 A 的产品 KF G100，设立的 MOQ 是 2000 件，但是它的客户 B 企业涉及的三个海外市场每个月的总需求也不过 300～400 件。这意味着即使需求正常，B 企业采购了 MOQ 的产品后，至少需要 5～6 个月才消化完。一旦需求面临如季节性波动等影响，消化这些产品的时间会更长。当然，寻找并更换能提供更小批量交货的供应商是不错的方案，然而能够做到品质保证的供应商并不是马上就可以找到的。

B 企业采用的是定期又定量的订货方式，考虑各种因素后，把送往北美市场的海运提前期确立为 60 天，再加上 30 天的生产提前期，于是每 3 个月就下一次 MOQ 订单，并按照预测结果，将对应数量的产品送往不同的国家，以应对当地的市场需求。

根据对未来三个月的需求预测，B 企业先行安排订金，等供应商 A 交付 MOQ 产品完毕后，再支付剩余款项。B 企业按照相应预测，结合运输条件、运费等因素，计划分别从中国往美国、英国及澳大利亚三个国家发送不同数量的产品。

B 企业在 2021 年 9 月 1 日下达了 2000 件的订单，并如约在 10 月 1 日得到了供应商 A 交付的 2000 件产品。B 企业根据各种因素制定了发送方案，往美国发送 1000 件，往英国发送 500 件，往澳大利亚发送 500 件，如图 5-1 所示。最终，所有三个区域于 12 月 1 日都完成了交付。然后 B 企业于 3 个月后，即 2022 年 2 月 1 日下达新一轮的 MOQ 订单。

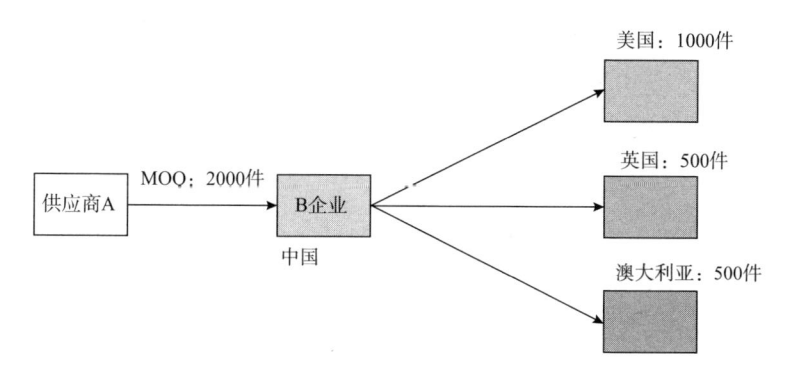

图 5-1

但这种做法带来的风险是，向美英澳三国发送的数量是基于预测的，发送的数量是用以满足当地市场在 2021 年 12 月 1 日到 2022 年 2 月 1 日期间的需求的。不过因为都是根据需求预测的，这 3 个月的各种随机因素很有可能带来很大的预测误差。可能在美国的需求旺盛，1000 件早早销售完毕，处于缺货状态；而英国、澳大利亚则基本没有需求，形成了滞留库存。但如果在此期间对美国市场安排补货订单的话，那又是一个 2000 件的 MOQ，美国市场是否完全能够消化这么多产品是个未知数。如果从英国、澳大利亚调货到美国，除了物流费用增加，还要支付一笔税款，无形中增加了成本。

因此，拆解 MOQ，分批交付是一个很好的方法。

MOQ 实际上是供应商维护自身成本和盈利的一种手段，那么，拆解 MOQ 首先要从供应商的观点出发。供应商 A 按照 MOQ 交付，由 B 企业把相当数量的产品截留，固然是不错的方法。可是对 B 企业来说，这样会导致自己的资金周转力减弱，库存持有成本增加，这种做法并不见得是好事，倒不如一次运送出去，搏一下未来销售量增加的概率。

聪明的供应商多用 MTO（Make To Order，订货型生产），而不是 MTS（Make To Stock，备货型生产），甚至部分供应商直到收到订单才开始采购材料并生产，从而减少了自身资金的积压。

了解了供应商的一些特性后，B 企业支付 MOQ 的订金依然继续保持，这部分金额足以支持供应商采购材料等的资金周转，尾款还是以交货为限安排完成支付。但是交付改为分批交付后，如果产品交付至少相隔 30 天，假如供应商 A 一次性生产全部产品，就会积压部分库存至少 30 天，代替 B 企业承担了库存压力，不过供应商对原料做到了套期保值，这实际上可以视为 MOQ 降低了。供应商 A 收到全额订金后，先采购一批材料生产一批产品，然后 30 天以后再采购另外一批材料生产余下的产品，供应商也可视其为提前获得了资金。

两个企业深入交流后，发现该做法对双方都有利，因此拆解了 MOQ，改为分批交付。

B 企业 9 月 1 日向供应商 A 下达了 2000 件的 MOQ 订单，10 月 1 日收到了首批交付的 1000 件产品。并根据预测、运力、运费等各种因素向美国、英国和澳大利亚三个国家分别发送了 500 件、250 件、250 件的产品，这三批产品于 12 月 1 日全部在当地完成了收货,以应对当地的销售需求。而第二批 1000 件产品于 11 月 1 日实行了交付,B 企业则会根据 10 月的销售情况以及三个国家各自的库存,再决定三地各自的补货数量,并安排于 11 月甚至 12 月进行发送,同时还会跟踪运价的变动,选择一个合适的时间发送,如图 5-2 所示。

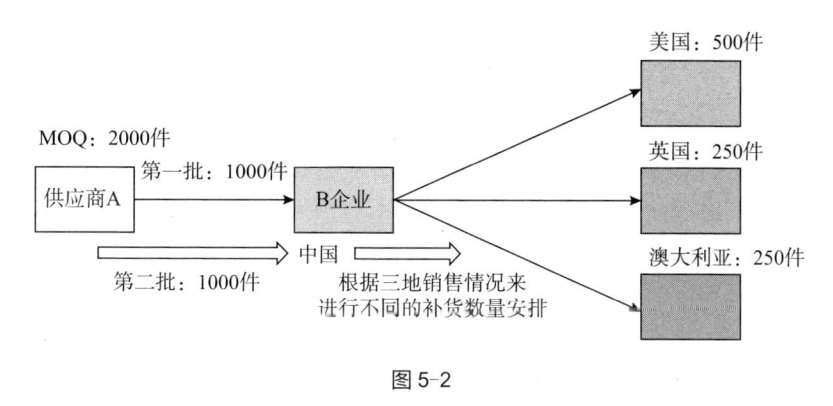

图 5-2

拆解 MOQ,分批交货,无形中增加了供应链的弹性,增加了一个人为的推拉结合点,拉长了提前期并各自分担相应的供应链成本,借此柔性地处理供应链需求。当第二批产品在 11 月发货,于次年 1 月到达各个国家,又或者最后的一批产品在 12 月发货,并于次年 2 月到达各个国家后,B 企业会开始新一轮的订单下达。这种做法不会更改订单下达时间,在订金预算不变的同时,通过尾款分批支付,B 企业增加了现金流,其财务部门对此也会满意。

货物因此滚动地发送,并滚动地到达市场,满足需求,滞销和缺货风险也会因此得以减少。

MOQ 当然也有缺点,寻找化解其缺点的方法,借此提升供应链表现,是每一个供应链从业者应该面对的挑战。

第三节　当阿迪达斯需要为曼联球衣制订订货计划时——报童模型来指路

英格兰超级足球联赛（简称英超）作为世界上最受欢迎的足球联赛之一，得到了世界各地球迷的关注。而英超历史上最成功的足球俱乐部——曼联，自然也是世界上最受欢迎的足球俱乐部之一。2015—2016赛季初，阿迪达斯以7.5亿英镑赞助曼联，成为其全球技术赞助商和品牌版权合约商。在阿迪达斯2020—2021年财务年报中，曼联相关的授权产品销售收入达9200万英镑。

为了这个新赞助的项目，阿迪达斯邀请了新的计划工作人员。在考虑如何制订计划前，他们开始从头回顾情况，并进行分析。

阿迪达斯为曼联提供球衣产品，在赛季初会按照计划准备一次性的订单来建立库存和销售计划，而印有明星球员号码和名字的球衣自然是热销对象。当然，阿迪达斯在曼联官方门店中也会提供印刷服务，只是由于条件制约，成本会稍高。但满足球迷们的要求，让他们买到喜爱的球衣，自然也是曼联俱乐部的目标。

此外，不是备受瞩目的球员也不乏追随者，尤其是地方青训系统出身的球员更受本地球迷的热捧。因此，阿迪达斯也会考虑利用空白球衣来满足这些可能会大幅度提升的需求，一旦在赛季中一些球员"表现"得极为出色，远超预期，其球衣的销售自然会远超预期。

阿迪达斯以每件球衣27英镑的批发价格卖给曼联，而曼联在其官方商店中出售球衣的零售价格在50英镑以上。阿迪达斯的成本取决于制造商，送往曼联的一件印有球员名字的球衣和一件空白球衣的平均成本分别是9.5英镑和9英镑，而协助曼联在其商店中加工一件空白球衣，在背后印刷号码和名字的成本大概是1.2英镑。

一旦到了赛季后期，球衣容易成为积压库存，考虑到曼联可能签约新的赞助商、球衣款式需要改良或球员有转会安排等风险，阿迪达斯会安排以打折的形式卖掉这些球衣。打折后，那些印刷了球员名字的球衣的零售价是 7 英镑。而对于空白球衣，虽然进入新赛季后或许会在款式上进行更新，不过考虑到即便是旧款球衣，球迷依然乐意印上新加盟的球星的号码和名字，因此打折空白球衣的受欢迎程度也不低，甚至在转会窗口期间会出现销售热潮。因此，对于空白球衣，阿迪达斯确立的折后零售价是 8 英镑。

计划人员通过对以往销售情况、球队和球员的表现、市场情报、提前的订单需求、相关的预测等因素的分析，得到了如表 5-3 所示的球衣销售量的预测结果，并且预测结果经验证符合正态分布。

表 5-3

项　　目	均值（件）	标准差（件）
Cristiano Ronaldo，7 号	50 241	12 145
Jadon Sancho，25 号	13 260	3412
Paul Pogba，6 号	12 078	3852
Bruno Fernandes，18 号	8140	4120
Marcus Rashford，10 号	5782	3018
Edinson Cavani，21 号	2974	1471
其他球员	25 801	10 234

其中，作为金球奖得主的葡萄牙球员 Cristiano Ronaldo（克里斯蒂亚诺·罗纳尔多，C 罗）当然最受欢迎，另外几位明星球员也被估计将获得大量球迷的追捧，他们的球衣销售量预测数据均超过阿迪达斯与球衣的合同制造商约定的 MOQ 1500 件。其他球员的需求比较难预测，一般也不可能超过 MOQ，因此阿迪达斯采用了累积预测的方法，得出了其他球员的需求总和超过 25 000 件的结论。

当球队成员开始进行紧张的赛季前备战训练时，阿迪达斯的计划人员也紧张地制订着备货及订单计划。

这种正常销售时获得利润，而销售情况不理想时通过打折的方式亏本抛售的模式，可以让计划人员倾向于使用报童模型这个数学模型。

所谓报童模型，是指有这样一位卖报纸的报童，他每天需要根据所预测的明天的销量来决定订货的数量，他必须在报纸销售这个随机需求发生之前制订订购的计划（订购多少货），这个订货时机仅有一次，并要保证在销售开始前收到所有的订货。而销售发生后，他才会知道订货是过多了还是过少了。这种情况下，他每销售一份报纸，获得的利润是零售价减去采购价，而销售不出去的报纸会导致亏损，每一份报纸的亏损是采购价和退回价的差价。

为了在赛季前为本期的曼联球衣销售完成备货计划，并安排订单，计划人员把知道的要素整理如下。

曼联球衣的官方零售价：≥ 50 英镑。

阿迪达斯的球衣批发价格：27 英镑。

阿迪达斯的印有球员名字的球衣（简称球员球衣）成本：9.5 英镑。

阿迪达斯的空白球衣（简称空白球衣）成本：9 英镑。

曼联门店印刷的加工成本：1.2 英镑。

打折的阿迪达斯的空白球衣零售价：8 英镑。

打折的阿迪达斯的球员球衣零售价：7 英镑。

对于订单的要求，如果订货太多，一旦卖不完，就可能亏损；如果订货过少，导致球衣供不应求，就会减少收入。因此，存在一个最优的采购量，使得收入最大化。

在计划之前，要确立两个成本。

（一）超额成本：用符号 C_e 表示

超额成本是指订货过多时，由于正常渠道销售不了多余的货物，只好通过打折等方法将其处理并回收残值所产生的额外订货成本，其计算方法为球衣的成本减去对应的折后零售价。可以理解为多销售一个单位的货物而增加的损失，所以，球衣的超额成本如下。

球员球衣：9.5 - 7 = 2.5（英镑）。

空白球衣：9 - 8 = 1（英镑）。

（二）短缺成本：用符号 C_s 表示

短缺成本是指因为没有足够的货物导致销售无法继续，造成的销售利润的损失，某些情况下还需要包括支付的罚金。其计算方法为批发价格减去球衣成本，可以理解为多订一个单位的货物可以增加的利润。所以，两种球衣的短缺成本如下。

空白球衣：27-9-1.2=16.8（英镑）。

球员球衣：27-9.5=17.5（英镑）。

球员球衣的短缺成本可以先不考虑，因为一旦球员球衣出现短缺，可以用空白球衣马上安排印刷来为球员球衣补货。

制订备货计划，首先要考虑满足球员球衣的数量，但是也要考虑一旦需求不如预期，最终只能将球员球衣打折处理的可能性。对于球员球衣，先进行一定量的备货，并以空白球衣作为提高其补货灵活性的手段显然更为合适。

制订的备货计划中，库存既不能过多，以免增加超额成本，又不能过少，以免造成短缺成本。最佳的情况就是库存既没有过多也没有过少，即超额成本刚好等于短缺成本。

超额成本的计算公式是 $C_e \times F(Q)$，而短缺成本的计算公式则是 $C_s \times [1-F(Q)]$。其中 $F(Q)$ 指的是需求的分布函数，即需求量小于或等于 Q 的概率。一旦 $C_e \times F(Q) = C_s \times [1-F(Q)]$，即两者取得平衡，既没有超额成本也没有短缺成本的时候，得到的结果为：

$$F(Q) = \frac{C_s}{C_s + C_e}$$

这个结果也被称为临界比率（Critical Ratio，CR）。

通过这个公式，可以计算空白球衣和球员球衣的 CR。

空白球衣的 CR = 16.8 /(16.8+1) = 0.94（保留两位小数）。

这意味着我们准备的空白球衣中，有 94% 用于印刷为其他球员的球衣后销售，有 6% 作为明星球员球衣补货的备用品。

不过空白球衣和球员球衣从合同制造商处订购时的价格是不同的，当用空白球衣作为明星球员球衣的备用品时，实际上成本减少了，存在利润空间，即 9.5-9=0.5（英镑）。但是，空白球衣要额外增加 1.2 英镑的印刷费用，才能转换成球员球衣，所以在转换过程中实际上又增加了 1.2-0.5=0.7（英镑）的成本。所以，球员球衣的短缺成本并非 27-9.5 = 17.5（英镑）。

考虑到使用了空白球衣补货，又考虑到 94% 的临界比率，即有 6% 的空白球衣用于为明星球员球衣补货，有 94% 的空白球衣用于印刷为其他球员的球衣后销售，那么，球员球衣的短缺成本 =6% × (27-9-0.5)+94% × (1.2- 0.5)= 1.71

（保留两位小数，四舍五入）。

套用临界公式，可以计算出球员球衣的 CR=1.71/(1.71+ 2.5)= 0.41（保留两位小数，四舍五入）。

知道球员球衣的 CR，同时也知道均值、标准差后，就可以用正态分布的概率计算公式来计算球员球衣的订货数量了，即利用 Excel 的 NORM.INV 函数来计算要达到这个 CR 的对应的各明星球员球衣的订货数量，如图 5-3 所示。

D2 =NORM.INV($B$13,B2,C2)

	A	B	C	D	K
1	项目	均值	标准差	订货数量	
2	Cristiano Ronaldo, 7号	50 241	12 145	47 477	
3	Jadon Sancho，25号	13 260	3412	12 484	
4	Paul Pogba，6号	12 078	3852	11 201	
5	Bruno Fernandes,18号	8140	4120	7203	
6	Marcus Rashford，10号	5782	3018	5095	
7	Edinson Cavani，21号	2974	1471	2639	
8	其他球员	25 801	10 234		
11					
12	空白球衣临界比率	0.94			
13	球员球衣临界比率	0.41			
14					

图 5-3

通过观察计算得出的订货数量，我们会发现它们基本上都达不到均值，也就意味着我们的订货数量可能不满足需求，这个不满足实际上可以通过熟知的 Z 值公式求出。

首先求 Z 值，公式如下：

$$Z=\frac{Q-\mu}{\sigma}$$

其中 Q 是订货数量，μ 是均值，σ 是标准差。例如，对于 Edinson Cavani，其 Z 值为：(2639−2974)/ 1471 = −0.2277，如图 5-4 所示。

第五章 案例：供应链视角下的库存与计划

	A	B	C	D	E
1	项目	均值	标准差	订货数量	Z值
2	Cristiano Ronaldo, 7号	50 241	12 145	47 477	-0.2276
3	Jadon Sancho, 25号	13 260	3412	12 484	-0.2274
4	Paul Pogba, 6号	12 078	3852	11 201	-0.2277
5	Bruno Fernandes,18号	8140	4120	7203	-0.2274
6	Marcus Rashford, 10号	5782	3018	5095	-0.2276
7	Edinson Cavani, 21号	2974	1471	2639	-0.2277
8	其他球员	25 801	10 234		

E2 =(D2-B2)/C2

图 5-4

得知对应的 Z 值之后，便可以利用预期短缺的计算公式来算出预期短缺的数量了：

$$预期短缺 = (\mu - Q)\left[1 - F_s\left(\frac{Q-\mu}{\sigma}\right)\right] + \sigma F_s\left(\frac{Q-\mu}{\sigma}\right)$$

该公式基于需求服从正态分布，其中 Q 是订货数量，μ 是需求的均值，σ 是需求的标准差。订货数量为 Q 时，企业的库存是超额还是短缺取决于需求，当需求大于 Q 的时候，才会出现预期短缺，反之就会出现预期超额。而本次订货数量少于均值，因此出现预期短缺。虽然期望值（预期）和均值不是一样的概念，但是数学公式计算出来的值是一样的。从概念上来看，二者是完全不同的东西，但是在某些时候，二者表达的内涵可以被认为是等价的。

借助 Excel 的 NORM.DIST 函数可以轻易地进行计算，如图 5-5 所示。

	A	B	C	D	E	H
1	项目	均值	标准差	订货数量	Z值	预期短缺数量
2	Cristiano Ronaldo, 7号	50 241	12 145	47 477	-0.2276	6352
3	Jadon Sancho, 25号	13 260	3412	12 484	-0.2274	1784
4	Paul Pogba, 6号	12 078	3852	11 201	-0.2277	2015
5	Bruno Fernandes,18号	8140	4120	7203	-0.2274	2155
6	Marcus Rashford, 10号	5782	3018	5095	-0.2276	1578
7	Edinson Cavani, 21号	2974	1471	2639	-0.2277	709
8	其他球员	25 801	10 234			

H2 =(B2-D2)*(1-NORM.DIST(E2,0,1,1))+C2*NORM.DIST(E2,0,1,0)

图 5-5

以此类推，求得各明星球员球衣的预期短缺数量后，我们可进一步计算出相应的预期售出和预期没售出的数量，如图 5-6 所示。

项目	均值	标准差	订货数量	Z值	预期售出数量	预期没售出数量	预期短缺数量
Cristiano Ronaldo, 7号	50 241	12 145	47 477	-0.2276	43 889	3588	6352
Jadon Sancho, 25号	13 260	3412	12 484	-0.2274	11 476	1008	1784
Paul Pogba, 6号	12 078	3852	11 201	-0.2277	10 063	1138	2015
Bruno Fernandes,18号	8140	4120	7203	-0.2274	5985	1217	2155
Marcus Rashford, 10号	5782	3018	5095	-0.2276	4204	892	1578
Edinson Cavani, 21号	2974	1471	2639	-0.2277	2205	435	769
其他球员	25 801	10 234					

图 5-6

预期售出数量 = 均值 - 预期短缺数量

预期没售出数量 = 订单数量 - 预期售出数量

这样，下一个目标就是计算空白球衣的订货数量了，虽然一样可以用正态分布的概率公式来计算，但是我们得首先知道空白球衣的均值和标准差。

空白球衣的均值就是其他球员球衣的均值和各明星球员球衣的预期短缺数量之和（保留空白球衣以增加灵活性），这个结果为 40 454 件，如图 5-7 所示。

B9 =SUM(H2:H7)+B8

项目	均值	标准差	订货数量	Z值	预期售出数量	预期没售出数量	预期短缺数量
Cristiano Ronaldo, 7号	50 241	12 145	47 477	-0.2276	43 889	3588	6352
Jadon Sancho, 25号	13 260	3412	12 484	-0.2274	11 476	1008	1784
Paul Pogba, 6号	12 078	3852	11 201	-0.2277	10 063	1138	2015
Bruno Fernandes,18号	8140	4120	7203	-0.2274	5985	1217	2155
Marcus Rashford, 10号	5782	3018	5095	-0.2276	4204	892	1578
Edinson Cavani, 21号	2974	1471	2639	-0.2277	2205	435	769
其他球员	25 801	10 234					
空白球衣	40 454						

图 5-7

对于空白球衣的标准差，实际上它包含两部分：一部分是明星球员球衣的，另一部分是其他球员球衣的。方差的开方就是标准差，因此可以通过计算总体的方差进而得出空白球衣的标准差。

对于明星球员球衣不直接将其预期短缺数量平方，而是引入变异系数，是因为预期短缺部分是针对球员球衣的，而我们要的是空白球衣的部分。因此，要通过变异系数用概率计算空白球衣的数量。

首先要得出各明星球员球衣的变异系数，如图 5-8 所示。

第五章 案例：供应链视角下的库存与计划

	A	B	C	D	E	F	G	H	I
1	项目	均值	标准差	订货数量	Z值	预期售出数量	预期没售出数量	预期短缺数量	变异系数
2	Cristiano Ronaldo, 7号	50 241	12 145	47 477	-0.2276	43 889	3588	6352	0.24
3	Jadon Sancho, 25号	13 260	3412	12 484	-0.2274	11 476	1008	1784	0.26
4	Paul Pogba, 6号	12 078	3852	11 201	-0.2277	10 063	1138	2015	0.32
5	Bruno Fernandes,18号	8140	4120	7203	-0.2274	5985	1217	2155	0.51
6	Marcus Rashford, 10号	5782	3018	5095	-0.2276	4204	892	1578	0.52
7	Edinson Cavani, 21号	2974	1471	2639	-0.2277	2205	435	769	0.49
8	其他球员	25 801	10 234						
9	空白球衣	40 454							

图 5-8

通过变异系数计算出预期短缺的标准差，进而求出方差，如图 5-9 所示。

J2 =(H2*I2)^2

	A	B	C	D	E	F	G	H	I	J
1	项目	均值	标准差	订货数量	Z值	预期售出数量	预期没售出数量	预期短缺数量	变异系数	预期短缺的方差
2	Cristiano Ronaldo, 7号	50 241	12 145	47 477	-0.2276	43 889	3588	6352	0.24	2 357 622
3	Jadon Sancho, 25号	13 260	3412	12 484	-0.2274	11 476	1008	1784	0.26	210 830
4	Paul Pogba, 6号	12 078	3852	11 201	-0.2277	10 063	1138	2015	0.32	412 015
5	Bruno Fernandes,10号	8140	4120	7203	-0.2274	5985	1217	2155	0.51	1 189 435
6	Marcus Rashford, 10号	5782	3018	5095	-0.2276	4204	892	1578	0.52	678 768
7	Edinson Cavani, 21号	2974	1471	2639	-0.2277	2205	435	769	0.49	144 800
8	其他球员	25 801	10 234							
9	空白球衣	40 454								

图 5-9

接下来就能求出空白球衣的标准差了，就是所有销售球衣的方差的开方，如图 5-10 所示。

C9 =SQRT(C8^2+SUM(J2:J7))

	A	B	C	D	E	F	G	H	I	J
1	项目	均值	标准差	订货数量	Z值	预期售出数量	预期没售出数量	预期短缺数量	变异系数	预期短缺的方差
2	Cristiano Ronaldo, 7号	50 241	12 145	47 477	-0.2276	43 889	3588	6352	0.24	2 357 622
3	Jadon Sancho, 25号	13 260	3412	12 484	-0.2274	11 476	1008	1784	0.26	210 830
4	Paul Pogba, 6号	12 078	3852	11 201	-0.2277	10 063	1138	2015	0.32	412 815
5	Bruno Fernandes,18号	8140	4120	7203	-0.2274	5985	1217	2155	0.51	1 189 435
6	Marcus Rashford, 10号	5782	3018	5095	-0.2276	4204	892	1578	0.52	678 768
7	Edinson Cavani, 21号	2974	1471	2639	-0.2277	2205	435	769	0.49	144 800
8	其他球员	25 801	10 234							
9	空白球衣	40 454	10 475							

图 5-10

通过计算，我们可以得出空白球衣的标准差为 10 475 件。接着再用之前的正态分布的概率公式求出空白球衣的订货数量为 56 741 件，如图 5-11 所示。

D9	: × ✓ fx	=NORM.INV($B$12,B9,C9)								
	A	B	C	D	E	F	G	H	I	J
1	项目	均值	标准差	订货数量	Z值	预期售出数量	预期没售出数量	预期短缺数量	变异系数	预期短缺的方差
2	Cristiano Ronaldo, 7号	50 241	12 145	47 477	-0.2276	43 889	3588	6352	0.24	2 357 622
3	Jadon Sancho, 25号	13 260	3412	12 484	-0.2274	11 476	1008	1784	0.26	210 838
4	Paul Pogba, 6号	12 078	3852	11 201	-0.2277	10 063	1138	2015	0.32	412 815
5	Bruno Fernandes,18号	8140	4120	7203	-0.2274	5985	1217	2155	0.51	1 189 435
6	Marcus Rashford, 10号	5782	3018	5095	-0.2276	4204	892	1578	0.52	678 768
7	Edinson Cavani, 21号	2974	1471	2639	-0.2277	2205	435	769	0.49	144 800
8	其他球员	25 801	10 234							
9	空白球衣	40 454	10 475	56 741						

图 5-11

将所有订单数量加总之后，可知本次要下达的订单的合计订货数量为 142 841 件，如图 5-12 所示。

D10	: × ✓ fx	=SUM(D2:D9)								
	A	B	C	D	E	F	G	H	I	J
1	项目	均值	标准差	订货数量	Z值	预期售出数量	预期没售出数量	预期短缺数量	变异系数	预期短缺的方差
2	Cristiano Ronaldo, 7号	50 241	12 145	47 477	-0.2276	43 889	3588	6352	0.24	2 357 622
3	Jadon Sancho, 25号	13 260	3412	12 484	-0.2274	11 476	1008	1784	0.26	210 838
4	Paul Pogba, 6号	12 078	3852	11 201	-0.2277	10 063	1138	2015	0.32	412 815
5	Bruno Fernandes,18号	8140	4120	7203	-0.2274	5985	1217	2155	0.51	1 189 435
6	Marcus Rashford, 10号	5782	3018	5095	-0.2276	4204	892	1578	0.52	678 768
7	Edinson Cavani, 21号	2974	1471	2639	-0.2277	2205	435	769	0.49	144 800
8	其他球员	25 801	10 234							
9	空白球衣	40 454	10 475	56 741						
10	合计数量			142 841						

图 5-12

根据订单数量和预期的情况，就可以计算出预期的利润了。

对于印刷了名字的明星球员的球员球衣和空白球衣，其中空白球衣只会在印刷上球员名字和号码后才打折出售，不会将空白球衣直接打折出售。因此，两种球衣的预期利润分别为：

球员球衣预期利润 =(球衣批发价格 - 球员球衣成本)× 预期售出数量 +(打折球员球衣零售价 - 球员球衣成本)× 预期没售出数量

空白球衣预期利润 =(球衣批发价格 - 空白球衣成本)× 预期售出数量 +(打折球员球衣零售价 - 空白球衣成本 - 印刷加工成本)× 预期没售出数量

这样就可以得出各球衣的预期利润和合计预期利润了。合计预期利润为 1 897 836 英镑，如图 5-13、图 5-14 所示。

第五章 案例：供应链视角下的库存与计划

F10 =($B$1-$B$2)*C10+($B$4-$B$2)*D10

	A	B	C	D	E
1	阿迪达斯的球衣销售价格	27	英镑		
2	阿迪达斯的印有球员名字球衣(简称球员球衣)成本	9.5	英镑		
3	阿迪达斯的空白球衣(简称空白球衣)成本	9	英镑		
4	打折的阿迪达斯的球员球衣售价	7	英镑		
5	打折的阿迪达斯的空白球衣售价	8	英镑		
6	曼联门店印刷的加工成本	1.2	英镑		
7					
8					
9	项目	订货数量	预期售出数量	预期没售出数量	利润(英镑)
10	Cristiano Ronaldo, 7号	47 477	43 889	3060	760 410
11	Jadon Sancho, 25号	12 484	11 476	1051	198 193
12	Paul Pogba, 6号	11 201	10 063	812	174 081
13	Bruno Fernandes,18号	7203	5985	964	102 331
14	Marcus Rashford, 10号	5095	4204	733	71 730
15	Edinson Cavani, 21号	2639	2205	281	37 879
16	空白球衣	56 741	40 184	16 740	553 211
17	合计	142 841	118 005	23 641	1 897 836

图 5-13

E16 =($B$1-$B$2-$B$6)*C16+($B$4-$B$3-$B$6)*D16

	A	B	C	D	E	F
1	阿迪达斯的球衣销售价格	27	英镑			
2	阿迪达斯的印有球员名字球衣(简称球员球衣)成本	9.5	英镑			
3	阿迪达斯的空白球衣(简称空白球衣)成本	9	英镑			
4	打折的阿迪达斯的球员球衣售价	7	英镑			
5	打折的阿迪达斯的空白球衣售价	8	英镑			
6	曼联门店印刷的加工成本	1.2	英镑			
7						
8						
9	项目	订货数量	预期售出数量	预期没售出数量	利润(英镑)	
10	Cristiano Ronaldo, 7号	47 477	43 889	3060	760 410	
11	Jadon Sancho, 25号	12 484	11 476	1051	198 193	
12	Paul Pogba, 6号	11 201	10 063	812	174 081	
13	Bruno Fernandes,18号	7203	5985	964	102 331	
14	Marcus Rashford, 10号	5095	4204	733	71 730	
15	Edinson Cavani, 21号	2639	2205	281	37 879	
16	空白球衣	56 741	40 184	16 740	553 211	
17	合计	142 841	118 005	23 641	1 897 836	

图 5-14

这种报童模型基于订单处理的灵活性，在考虑残值、利润和成本后，综合计算订货数量。在实际中，当然还有更多的影响参数，比如供应商的交货能力、品牌圈粉等，因此还要根据实际情况再进行调整。

报童模型中的临界比率是一个相当关键的指标。它对需求和订货有指示作用，如果需求超过订货数量，就会产生短缺，从而有销售损失；但是如果需求少于订货数量，就会造成产品过多，带来多余的成本。对临界比率的应用是为了利润的最大化，可以通过确立一个指标，使得既不会产生短缺成本也不会产生超额成本。

临界比率应用广泛，尤其是在单周期销售模式的快消品牌中。

例如，某欧洲品牌的销售策略是不断推出新产品，保持顾客对其的新鲜感，因此在推出一个新产品进行销售时，会确立一个销售周期，在该周期完结后，大部分情况下都不会对这款产品进行补货。

该企业计划下个月推出新型号产品 181159_ECL，并在市场中进行销售。它是属于 BCD 系列的一个单品，而 BCD 系列的各型号产品在过去的销售业绩统计如表 5-4 所示。

表 5-4

产品型号	预测销售量（个单位）	实际销售量（个单位）	差　　异	实际销售量/预测销售量比率
180862_RDM	420	650	−230	1.55
181051_BKM	460	420	40	0.91
181061_CAM	480	500	−20	1.04
180861_BKM	500	470	30	0.94
181056_CAM	550	510	40	0.93
181013_BKL	560	500	60	0.89
181056_BKM	580	570	10	0.98
155394_BK	640	800	−160	1.25
180860_BGM	650	840	−190	1.29
180864_BNM	680	650	30	0.96
180941_BK	710	740	−30	1.04
180860_BKM	730	600	130	0.82
181053_BKM	760	700	60	0.92
181013_CAL	800	720	80	0.90
181020_CAM	920	860	60	0.93
181053_CAM	980	680	300	0.69
155394_NV	1070	950	120	0.89
181020_BKM	1170	980	190	0.84
181053_CAM	1200	1050	150	0.88
155394_NV	1320	1020	300	0.77

续表

产品型号	预测销售量（个单位）	实际销售量（个单位）	差 异	实际销售量/预测销售量比率
181022_BKM	1500	1430	70	0.95
180862_BKM	1730	1500	230	0.87

先按照预测销售量的多少对各型号产品进行排序，然后把实际销售量和预测销售量进行对比并计算出两者的差异，再计算出实际销售量和预测销售量的比率，最后计算这个系列的实际销售量和预测销售量比率的均值和标准差，如表5-5所示。

表5-5

型　号	预测销售量（个单位）	实际销售量（个单位）	差　异	实际销售量/预测销售量比率
180862_RDM	420	650	−230	1.55
181051_BKM	460	420	40	0.91
181051_CAM	480	500	−20	1.04
180861_BKM	500	470	30	0.94
181056_CAM	550	510	40	0.93
181013_BKL	560	500	60	0.89
181056_BKM	580	570	10	0.98
155394_BK	640	800	−160	1.25
180860_BGM	650	840	−190	1.29
180864_BNM	680	650	30	0.96
180941_BK	710	740	−30	1.04
180860_BKM	730	600	130	0.82
181053_BKM	760	700	60	0.92
181013_CAL	800	720	80	0.90
181020_CAM	920	860	60	0.93
181053_CAM	980	680	300	0.69
155394_NV	1070	950	120	0.89
181020_BKM	1170	980	190	0.84
181053_CAM	1200	1050	150	0.88

续表

型　　号	预测销售量（个单位）	实际销售量（个单位）	差　　异	实际销售量/预测销售量比率
155394_NV	1320	1020	300	0.77
181022_BKM	1500	1430	70	0.95
180862_BKM	1730	1500	230	0.87
均值				0.97
标准差				0.18

这里主张用整个系列的数据，是因为这些数据都是实际的历史数据，而预测是以历史数据为出发点的。又因为总体预测总比单位预测更准确，所以这里采用总体数据作为预测的基准。此外，因为是推出新的产品，所以可以将可比较的历史产品销售数据作为判断依据。

现在，市场部门预测这个新型号的市场需求为 1200 个单位，其单位成本是 30 元，售价是 80 元，如果销售周期内没法完成所有数量的销售，其处理后的残值为 10 元。

预期实际需求均值 = 1200 × 0.97 = 1164（个单位）

预期实际需求标准差 = 1200 × 0.18 = 216（个单位）

另外，根据销售成本、售价、残值等，可以得出短缺成本和超额成本。

C_s = 80-30 = 50（元）

C_e = 30-10 = 20（元）

接下来根据公式，计算出临界比率：

$$CR = \frac{C_s}{C_s + C_e} = \frac{50}{50+20} = 0.71（保留两位小数，四舍五入）$$

当订货数量定在 0.71 这个临界比率时，可以将利润最大化。当然，接下来用 Excel 的 NORM.INV 函数就能简单地计算出，在这个临界比率下，订货的数量是 1280 个单位了，如图 5-15 所示。

图 5-15

此外，利用临界比率，并结合边际收益和边际成本，可以确立合适的库存。该企业的主要热销产品 180861_BKM 长期受到客户的追捧，根据过去的历史销售数据记录得知，这个产品的每日平均销售量是 12 个单位，经过验证，其符合使用泊松分布的计算条件，从而可以计算出每日需求从 0 个单位到 24 个单位的概率和累积概率。此外，这里要引入一个新的计算依据，即累积以外的概率，比如需求为 1 的累积概率是 0.008%，那么需求在 0 和 1 以外的需求就是需求 2、3、4……它们合计得出的累积概率就是累积以外的概率，如图5-16 所示。

每日需求	概率	累积概率	累积以外的概率
0	0.001%	0.001%	99.999%
1	0.007%	0.008%	99.992%
2	0.044%	0.052%	99.948%
3	0.177%	0.229%	99.771%
4	0.531%	0.760%	99.240%
5	1.274%	2.034%	97.966%
6	2.548%	4.582%	95.418%
7	4.368%	8.950%	91.050%
8	6.552%	15.503%	84.497%
9	8.736%	24.239%	75.761%
10	10.484%	34.723%	65.277%
11	11.437%	46.160%	53.840%
12	11.437%	57.597%	42.403%
13	10.557%	68.154%	31.846%
14	9.049%	77.202%	22.798%
15	7.239%	84.442%	15.558%
16	5.429%	89.871%	10.129%
17	3.832%	93.703%	6.297%
18	2.555%	96.258%	3.742%
19	1.614%	97.872%	2.128%
20	0.968%	98.840%	1.160%
21	0.553%	99.393%	0.607%
22	0.302%	99.695%	0.305%
23	0.157%	99.853%	0.147%
24	0.079%	99.931%	0.069%

图 5-16

在这么多的每日需求可能性和相应的概率下，要设立一个预期的库存。如果是高于这个库存的需求，可视为预期边际收益，而低于这个库存的需求可视为预期边际成本。所谓边际收益就是每增加一单位产品的销售所增加的收益，而边际成本则是每增加一单位产品的产量所增加的成本。

这个预期的库存用符号表示为 $F(Q)$，其预期边际收益和预期边际成本分别为：

$$预期边际收益 = (1-F(Q)) \times (售价 - 成本)$$
$$预期边际成本 = F(Q) \times (成本 - 残值)$$

其中：

$$售价 - 成本 = C_s(短缺成本)$$
$$成本 - 残值 = C_e(超额成本)$$

使预期边际收益等于预期边际成本，可得出一个公式，实际上也就是临界比率的计算公式：

$$F(Q) = \frac{C_s}{C_s + C_e}$$

180861_BKM 单位成本是 30 元，售价是 80 元，如果销售周期内没法完成所有数量的销售，其处理后的残值为 10 元。由此计算出临界比率为 0.71。

通过计算需求概率，对比后发现，最接近临界比率 0.71（即 71%）的概率是每日需求为 13 个单位时的累积概率 68.154%。因此，为了达到利润最大化，也就是预期边际成本等于预期边际收益，库存应设置为 13 个单位。

另外，表 5-6 展示了不同的需求变化对应的预期边际收益和预期边际成本。当预期边际成本等于预期边际收益时，预期边际贡献为 0，此时利润最大化。当需求变化由 14 个单位变为 15 个单位时，预期边际贡献从正值变为负值。

表 5-6

需求变化（个单位）	预期边际收益（元）	预期边际成本（元）	预期边际贡献（元）
11 → 12	26.92	9.23	17.69
12 → 13	21.20	11.52	9.68
13 → 14	15.92	13.63	2.29
14 → 15	11.40	15.44	-4.04
15 → 16	7.78	16.89	-9.11

计算示例如下（结果保留两位小数）：

11 → 12 个单位的预期边际收益 = (80-30) × 53.84% = 26.92（元）

11 → 12 个单位的预期边际成本 = (30-10) × 46.16%=9.23（元）

11 → 12 个单位的预期边际贡献 = 26.92-9.23 =17.69（元）

以此类推，可以计算出不同的需求变化对应的预期边际收益、预期边际成本和预期边际贡献各是多少。因此，需求变化由 13 个单位变为 14 个单位时，预期边际贡献最接近 0，基于这点考虑，180861_BKM 的库存应设置为 13 个单位。

尽管从泊松分布来看，设置 13 个单位的库存时，累积概率只有 68.154%，意味着缺货的可能性比较大，不过从成本考虑，为了达到成本最优化，即使因此会导致较大的缺货概率，该企业依然应将库存设置为 13 个单位。

第四节　突破采购极限——删失分布优化了报童模型

报童模型是通过计算临界比率，令超额成本和短缺成本达到平衡，并以此设立销售目标的模型。

如果订货数量太多，就会因为卖不完导致亏损；如果订货数量过少，供不应求，就会导致利润减少。因此，存在一个最优的订货数量，使得利润最大化。因此，在制订的备货计划中，库存既不能过多，以免增加超额成本，又不能过少，以免造成短缺成本，最优的情况就是库存既没有过多也没有过少，也就是超额成本刚好等于短缺成本。

例如，万家超市从达尔孚巧克力公司采购 NN 巧克力豆，根据从 POS 机中得到的历史销售数据，该巧克力豆平均每天销售量为 50 包，标准差是 10 包。该销售数据表现符合正态分布。

万家超市通过相关分析，得出临界比率是 0.625。为了达到成本最优化，万家超市制定了一个每日订货数量为 53 包的采购方案。

在每天补货一次的情况下，万家超市按照此采购方案继续它的销售策略。经过一段时间后，万家超市通过研究历史销售记录，发现 45% 的天数中巧克力豆都能卖完，也就是说，剩下的55%的天数中没能卖完。尽管从成本上考虑，由临界比率计算得出的订货数量是成本最优化的，但既然45%的天数中可以卖完每日订货数量的53包，那么是否应该加大备货量，从而增加这45%的天数中的销售额呢？

万家超市的管理层想到了使用删失分布来进行分析。

如果一个称重机的最大称重是150千克，假如将一件170千克的货物摆上称重机，则其称重结果是无法显示出170千克的，因为其最大称重只有150千克，而观测者最多知道这件货物至少150千克而已。这种被截断了的数据称为删失数据（Censored Data）。

万家超市在这45%的售罄天数里，只能知道可以卖出至少53包巧克力豆，因为只备货了53包，至于是否可以卖出55包、58包乃至60包，它希望可以通过删失分布（Censored Distribution）来试算。通过巧克力豆的平均销量、全部售出天数的百分比、每日最大供应量这些信息，就有可能估算出删失分布的均值和标准差。

删失分布的计算需要引入两个公式：

$$Z = \frac{(Q-U)}{\partial} \quad (5\text{-}1)$$

$$X = Q \times [1 - F_s(Z)] + \left[U + \frac{-f_s(Z)}{F_s(Z)} \times \partial\right] \times F_s(Z) \quad (5\text{-}2)$$

式中　X——平均销量；

Q——每日供应量；

$F_s(Z)$——均值以上Z个标准差所处的累积标准差分布；

$f_s(Z)$——均值以上Z个标准差所处的标准正态分布密度函数；

U——未经删失的需求分布的均值；

∂——未经删失的需求分布的标准差。

首先有45%的天数中卖完了巧克力豆，换言之就是55%的天数中没有卖完，这个没有卖完的概率是累积分布。那么，Excel中的NORM.S.INV函数能够轻松计算出这个55%对应的Z值为0.126（结果保留三位小数）。

所以公式5-1引入数据后，其中53包就是我们通过临界比率计算的每日最大（优化）供应量，得出 $0.126 = \dfrac{53-U}{\partial}$。

公式 5-2 有点复杂，式中的 X 可以理解为删失分布上的均值，采用的是正态分布计算的均值。通过这个均值可以推算出未经删失的需求分布的均值和标准差。因此，尽管正态分布计算的均值和删失分布下的均值有一定的差异，但还是接受这一差异带来的结果，而这个结果是估算的。

万家超市的管理人员的第二步工作就是计算没卖完巧克力豆的概率下的密度函数 $f_s(Z)$，经 Excel 中的 NORM.DIST 函数计算最终得到的结果是 0.396。

代入数据后得出：

$$50 = 53 \times (1-0.55) + \left(U + \dfrac{-0.396}{0.55} \times \partial\right) \times 0.55$$

简化后为：

$50 = 53 \times 0.45 + 0.55 \times U - 0.396 \times \partial$

简化后，万家超市的管理人员就非常清楚当中数值所含的意义了。

50 是分布下的均值。

53×0.45 就是卖完巧克力豆的概率 45% 分布下的累积，即 45% 的概率卖完 53 包。

$0.55 \times U$ 就是没有卖完巧克力豆的概率 55% 分布下的均值。

$-0.396 \times \partial$ 就是没有卖完巧克力豆的概率下的密度函数的标准差。为了让前来了解情况的万家超市的总经理便于理解，管理人员举了简单的例子：一个址的人的身高是 160 ± 10 厘米，标准差下限可以理解为 160-10=150（厘米）。对于公式中为什么采用标准差下限而非上限，即使用 $0.55 \times U - 0.396 \times \partial$，管理人员进一步解释说如果加上标准差，很有可能突破已知供应的极限，从而使公式两边不相等。

接下来，我们对两个公式进行合并计算，即：

$$\begin{cases} 0.126 = \dfrac{53-U}{\partial} \\ 50 = 53 \times 0.45 + 0.55 \times U - 0.396 \times \partial \end{cases}$$

管理人员将计算结果取整，得出 U 是 52 包，∂ 是 6 包，也就是均值和标准差是 52 和 6。有了这个数据，再加上之前计算的临界比率（最优服务数据）0.625，经 Excel 计算，在新的估算分布的数据下，取整数结果是 54 包。

因此，万家超市根据这种情况，在超额成本和短缺成本不变的条件下，考虑将订货数量改为 54 包了。不过，总经理还是另有要求，对相关管理人员设立了 KPI，要求库存充足率在 90% 以上。为此，管理人员还要进行新的计算，得出每天备货量至少是 60 包，因此订货数量也变更为 60 包。

删失分布有助于管理人员在已知的极限需求的情况下，估算出如果要突破极限应突破多少，从而做出新的决策。当然，在做出新的决策之前，必须确立未经删失的需求分布的均值和标准差。

第五节　推断未知——贝叶斯推理在电商中的应用

王小明从传统行业转战电商行业时，发现备货变成了一个极具挑战性的问题，和过往的经历完全不同。以前在实体店时，通过和客户面对面接触，或者凭着对客户进店的观测情况，有经验的店员很容易判断出这个客户购物的意愿，以及对货物的喜爱程度，这些都能转化为有效的参考信息用作备货提示。但是在电商行业中，一切都转化为冷冰冰的数字，例如 PV（Page View，页面浏览量）、UV（Unique Visitor，独立访客）或者收藏率，以及对所有经营者都很重要的转化率。

王小明很快就明白转化率是怎么一回事了。转化率通常是指访问网站后，进而有成交记录的客户比率。

部门内的同事做库存计划时，往往会参考由转化率得出的购物数量，并以此来预测未来需求和设立库存。当然，有些有经验的同事也会参考收藏率，认为收藏率高的产品很有可能达成交易，从而为这些产品设立较高的库存以备消费者购买。但是，王小明考虑到，收藏不一定意味着购买，可能仅仅代表访问者对该产品有兴趣而已。从电商运营者的角度来看，可能会考虑各种因素，如页面吸引力、价格吸引力等，来提升转化率。不过王小明从供应链的角度出发，觉得要好好利用一下收藏率，来辨别这些客户是否会最终成为购买者，当然前提是运营条件没做任何改变。

这个时候，王小明觉得可以让贝叶斯推理登场了。

他清楚地知道，贝叶斯推理描述的是在一些已知条件下，某事件的发生概率。而贝叶斯推理将后验概率（考虑相关证据或数据后，某一事件的条件概率）作为先验概率（考虑相关证据或数据前，某一事件不确定性的概率）和似然函数[由观测数据的统计模型（概率模型）推导而得]这两个前因导出的结果。

当然，对于贝叶斯推理的公式，他也是熟知的：

$$P(H|E)=\frac{P(E|H) \times P(H)}{P(E)}$$

其中：

（1）符号"|"表示将某事件成立作为条件，因此 $H|E$ 表示假定 E 成立的 H。

（2）H 表示假说，其概率可能会受实验数据（以下会称为证据）影响。一般来说会有许多互相矛盾的假说，而我们的任务是要确认哪一个假说可能性最高。

（3）E 表示证据。证据对应新的数据，也就是还没用来计算先验概率的数据。

（4）$P(H)$ 是先验概率，是观察到证据 E（目前证据）之前，假说 H 的概率。

（5）$P(H|E)$ 表示后验概率，是在给定证据 E 之后，假说 H 的概率。它就是在有目前证据时，假说 H 的概率。

（6）$P(E|H)$ 是假定 H 成立时，观察到 E 的概率。在 H 不变时，这是 E 的函数，也是似然函数，指出在给定假设下假说和证据的相容程度。似然函数是证据 E 的函数，而后验概率是假说 H 的函数。

（7）$P(E)$ 有时会称为边缘似然率。此系数对所有可能的假说都是定值，因此在判断不同假说的相对概率时，不会用到这个系数。

针对不同的 H 数值，只有 $P(H)$ 和 $P(E|H)$（都在分了中）会影响 $P(H|E)$ 的数值。假说的后验概率和其先验概率（固有似然率）与新产生的似然率（假说和新得到证据的相容性）的乘积成正比。

当同事们看到王小明使用贝叶斯推理研究计算的时候，他便详细地向同事们进行了以上解释。

王小明查看了一下负责的其中一个 SKU 的转化率数据。这个名为 GT-12 的产品的转化率是 5%。这意味着访问该公司自营购物网站的客户中，查看这个 SKU 的每 100 人中有 5 人会购买这个 SKU。剩下的 95 人可以视为只是来逛逛，或许有购买意愿，但最终都是没有购买行为的。

为了使概念更加清晰和避免计算错误，王小明绘图做出了划分，A 表示的是最终进行了购买，即转化率是 5% 的那些客户，B 就是剩下的，即没有产生购买行为的客户，如图 5-17 所示。而访问网站浏览这个 SKU 页面的客户，就存在两种可能性：一是可能购买，二是可能不购买。将两者之和设定为 1，即 100%，这被称为标准化条件。这些不同的条件会划分出不同的可能性。

5%	95%
A.最终产生购买行为的客户	B.浏览但没有产生购买行为的客户

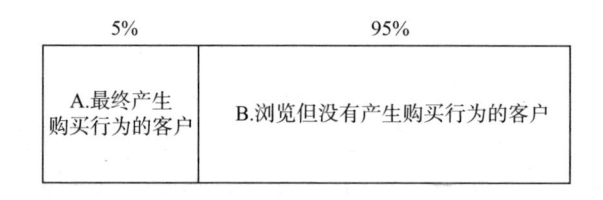

图 5-17

王小明在 IT 部门的帮助下，对有收藏行为的访问者进行了分析，他们当中有的收藏后进行了购买，有的仅仅是收藏，最终没有产生购买行为。同时，王小明知道，还有两种可能的情况，就是客户没有收藏而直接购买和客户没有收藏也没有购买。

最终，王小明整理得出了统计数据。收藏了该 SKU 而最终进行购买的客户占了购买该 SKU 的客户总数的 70%，没有收藏但是也进行购买的客户则占了 30%；收藏该 SKU 不过最终没有发生购买行为的客户占了没有购买该 SKU 的客户总数的 20%，没有收藏也没有发生购买行为的客户则占了 80%。

为此，王小明又对他的图 5-17 做出了修改，变为图 5-18。

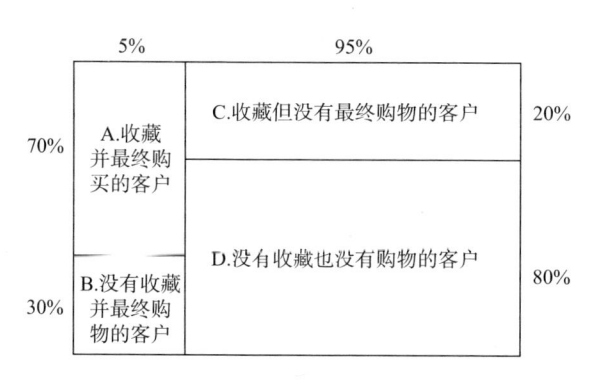

```
              5%              95%
        ┌─────────┬──────────────────────────┐
        │         │ C.收藏但没有最终购物的客户  │ 20%
    70% │ A.收藏   ├──────────────────────────┤
        │ 并最终购 │                          │
        │ 买的客户 │                          │
        ├─────────┤ D.没有收藏也没有购物的客户  │
        │ B.没有收藏│                         │ 80%
    30% │ 并最终购 │                          │
        │ 物的客户 │                          │
        └─────────┴──────────────────────────┘
```

图 5-18

左边的 70% 和 30% 表示收藏与否的客户最终发生购物行为的比例，而右边的 20% 和 80% 就是收藏与否都没有发生购买行为的客户的比例。工小明很快就计算出了 A、B、C、D 四种行为的不同概率：

A 的概率是 70%×5%= 3.5%；

B 的概率是 30%×5%= 1.5%；

C 的概率是 95%×20%=19%；

D 的概率是 80%×95%=76%；

这四个概率相加恰恰是 100%。

王小明根据这个来做库存计划。对于没有收藏，仅仅是查看产品页面的那些客户，做库存计划并不容易。当然还可以使用其他方法做预测并以此做计划，但是对于有收藏行为的客户，某种程度上其发生购买行为的可能性增加了一点，这意味着这些客户更有可能产生购买行为。

王小明先把图 5-18 中没有收藏行为的客户排除出去，剩下的就变成新的图 5-19。具备收藏行为的客户就剩下了两个可能性：最终购买产品和最终不购买产品。

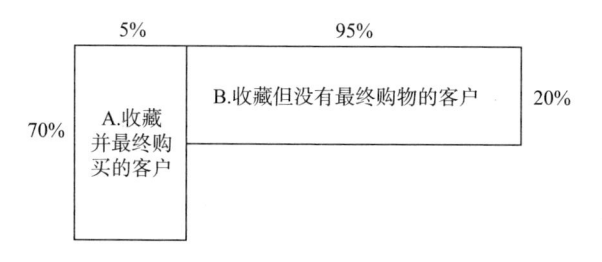

```
              5%              95%
        ┌─────────┬──────────────────────────┐
        │ A.收藏   │ B.收藏但没有最终购物的客户  │ 20%
    70% │ 并最终购 │                          │
        │ 买的客户 │                          │
        └─────────┴──────────────────────────┘
```

图 5-19

这就是通过一个条件概率，形成了推测过程中的概率变化。那么这两个变化后的概率就很容易计算了。具备购买行为的概率为 A 和 C 的概率之和，即 22.5%。那么 A 的变化后的概率就是：3.5%/22.5%=15.6%（保留一位小数，四舍五入），C 的变化后的概率就是 19%/22.5%=84.4%（保留一位小数，四舍五入）。

这些数据明确告诉王小明，当访问网站时，客户购物的概率是 5%，但是收藏后，客户购物的概率会提升为 15.6%。这个概率可以在计划库存的时候用以参考。比如有 500 个收藏，就相当于有可能产生：500×15.6%=78（个）购物行为。以此为基准，结合其他因素，王小明就可以很好地做一个备货计划了。

看到这个备货思路后，王小明的同事们大加赞赏，希望能够学习并加以使用。为此，王小明特意用公式再次进行解释说明。

原有的贝叶斯推理公式是：$P(H|E)=\dfrac{P(E|H) \times P(H)}{P(E)}$，不过王小明代入相关说明文字和数据后，使得在场的同事们一下子明白了其中的道理。

王小明把公式写成如下形式，并列出了运算过程：

$$P(购买 | 收藏)=\dfrac{P(收藏 | 购买) \times P(购买)}{P(收藏)}$$

$$=\dfrac{5\% \times 70\%}{5\% \times 70\% + 95\% \times 20\%}$$

$$=\dfrac{3.5\%}{22.5\%}$$

$$=15.6\%（保留一位小数，四舍五入）$$

王小明从传统行业转战电商行业后，发现电子商务中充斥着大量数据，对这些数据进行分析有助于准确备货。而贝叶斯推理就是他所用的方法之一，通过访问量、转化率等数据都能进行相关推断，使运营变得更加有效。

第六节　零售业的常规做法——OTB 模式备货

OTB（Open To Buy，限额采购）是零售业中一个很好用的模式。为什么多用于零售业？因为这个模式比较适合时尚类商品，在销售旺季引入足够的库存，然后又在销售旺季结束时按照预先确立的计划结束。

限额采购涉及两个重要的功能。一个是库存管理，另一个是采购预算计划。它能够为购买的补充量提供支撑数据，并根据设定的标准来评估和调整未来的计划。

例如，柏瑞丽时尚服饰公司（下简称柏瑞丽公司）打算推出产品型号为 102586_KKM 的连衣裙作为主推款。这个型号的销售期为 SS（Spring & Summer，春夏季），虽然不同的企业可能有不同的销售期，比如有分四季甚至以周来计算销售期的，但是柏瑞丽公司只做两期销售：春夏和秋冬。

这个型号的产品采购单价是 85 元，确立的吊牌价是 340 元。吊牌价是衣服吊牌上标出的零售价，这个零售价一般通过初始加价得出，即按照初始加价百分比来上推价格。其公式是：初始加价百分比（Initial MarkUp %，IMU%）=（吊牌价－采购价）/ 吊牌价 × 100%。

柏瑞丽公司就是采用了 75% 的初始加价百分比，从而得出该连衣裙的吊牌价为 340 元：

吊牌价 = 采购价 /(1-IMU%) = 85/ (1-75%) = 340（元）

柏瑞丽公司的采购人员深知采购的库存要一件不剩地卖完是一件不容易的事情，因此，要根据一定的市场信息和经验而比较主观地设立一个目标值，也就是售罄率。

同时，对于 102856_KKM 这个产品，企业内部有数据可判断其残值为 40 元，在考虑吊牌价不做任何折扣减价的情况下，可计算出其临界比率是 0.85，因此，目标售罄率设立为 85%。

采购部门结合市场部门信息和各种信息，最后得出此产品的预计采购量应为 2000 件。市场和销售部门等根据生产、物流情况设立上架和下架日期。最后，这个商品的主数据就呼之欲出了，如表 5-7 所示。

表 5-7

SKU	102856_KKM
预计采购量（件）	2000
吊牌价（元）	340
采购价（元）	85
上架日期	2022/2/1
下架日期	2022/7/31
销售天数（天）	180
产品定位	SS 主推
目标售罄率	85%
目标售罄数（件）	1700

柏瑞丽公司一般把产品生命周期分为四个阶段，分别是导入期、成长期、成熟期和衰退期。公司内部对于这四个阶段都有统一和清晰的定义。导入期是产品刚进入市场，客户对它认识不深，对于市场还在探索之中的时期。成长期是客户开始接受这个产品，客户增长迅速，竞争对手也开始进入的时期。成熟期是客户增长开始放缓甚至转而下降，潜在客户已经很少，市场需求变得饱和，竞争也加剧的时期。衰退期是新产品或者替代品已经出现，客户开始转投其他公司的时期。

柏瑞丽公司对于相关产品，按照上架后的天数来划分不同的周期，一般以 15 天为一个阶段。此外，还特别设立了一个退市期，以处理剩下的库存。接着我们回顾过往主推款的历史销售数据，按照 85% 的目标售罄率，可知应参照其中的平销款的销售数据，如表 5-8 所示。

表 5-8

上架天数	畅销款售罄率	平销款售罄率	滞销款售罄率
3 天	10.40%	9.20%	8.60%
7 天	17.50%	15.77%	14.30%
15 天	35.70%	33.20%	31.52%
30 天	51.80%	49.30%	47.20%
45 天	69.50%	64.50%	62.30%
……	……	……	……
180 天	92.30%	86.50%	83.20%

根据 102856_KKM 的上下架日期，并以平销款的历史数据作为参照，对各阶段、周期进行判断，分别确立对应的天数和日期，并计算相应的售罄率和售罄数量，如表 5-9 所示。

表 5-9

销售周期	天 数	日 期	售罄率	累计销售量（件）
导入期	3 天	2022-02-01	9.2%	184
成长期	7 天	2022-02-08	15.77%	315
	15 天	2022-02-16	33.20%	664
成熟期	30 天	2022-03-03	49.30%	986
	45 天	2022-03-18	64.50%	1290
	60 天	2022-04-02	69.90%	1398
衰退期	75 天	2022-04-17	74.20%	1484
	90 天	2022-05-02	77.60%	1552
	105 天	2022-05-17	81.50%	1630
	120 天	2022-06-01	82.26%	1645
	135 天	2022-06-16	83.70%	1674
退市期	150 天	2022-07-01	84.50%	1690
	165 天	2022-07-16	85.50%	1710
	180 天	2022-07-31	86.50%	1730

根据这个计划，柏瑞丽公司计算出了每一个时间点的计划销售收入。当然，实际上每个月份天数并不一致，为了便于计算，一律以 30 天为一个月。销售价格以吊牌价作为计算金额依据，如表 5-10 所示。在上架的第 15 天，其计划销售收入为 225 760 元。

表 5-10

月 份	2		3	4		5	6	7
销售天数	15 天	30 天	60 天	75 天	90 天	120 天	150 天	180 天
计划销售量（件）	664	322	412	86	68	93	45	40
计划销售收入（元）	225 760	109 480	140 080	29 240	23 120	31 620	15 300	13 600

经过层层因素考虑，柏瑞丽公司决定设立两个月的计划销售量为初始库存，因此 2 月的计划月初库存金额为：225 760 + 109 480 + 140 080 = 475 320（元）。

柏瑞丽公司认为 OTB 是一个很好的库存计划模式，它以两种方式来衡量和计划库存：一是存销比，二是库存周转率。存销比的计算公式是月初（即上月末）库存金额除以销售收入；而库存周转率的计算则是销货成本除以平均库存金额。再三对比和衡量之下，公司决定采用存销比的方式。

通过计划月初库存金额和计划销售收入，计算出 2 月的存销比。

2 月存销比 =475 320 /(225 760 + 109 480)= 1.42（保留两位小数，四舍五入）

同理，只要人为地设立每个月的存销比，就可以计算出当月的计划月初库存金额，如表 5-11 所示。

表 5-11

月 份	2	3	4	5	6	7
销售天数	15 天	30 天	60 天	75 天	90 天	120 天	150 天	180 天
计划月初库存金额（元）	475 320	280 160	104 720	56 916	26 010	20 400
存销比	1.42	2	2	1.8	1.7	1.5
计划销售量（件）	664	322	412	86	68	93	45	40
计划销售收入（元）	225 760	109 480	140 080	29 240	23 120	31 620	15 300	13 600

在零售业中，很多人知道吊牌价都是虚高的，因此打折等方法往往成为推动销售的主要手段，通过价格杠杆来增加销售量。而这个变动价格和原始吊牌价的差异，可以理解为一种减价带来的价格损失。上架日期越久，折扣力度就越大，这个价格损失就越大。

因此，通过每个月设立的降价计划而计算的商品计划减价损失均应记录在内，同时，当月的计划月末库存金额实际上就是下个月的计划月初库存金额，也要一并记录，如表 5-12 所示。

表 5-12

月 份	2	3	4	5	6	7
销售天数	15 天	30 天	60 天	75 天	90 天	120 天	150 天	180 天
计划月初库存金额（元）	475 320	280 160	104 720	56 916	26 010	20 400
存销比	1.42	2	2	1.8	1.7	1.5
计划销售量（件）	664	322	412	86	68	93	45	40
计划销售收入（元）	225 760	109 480	140 080	29 240	23 120	31 620	15 300	13 600

续表

商品计划减价损失（元）	1500	1600	1500	2500	3200	3200	3500	3300
计划月末库存金额（元）	280 160		104 720		56 916	26 010	20 400	91 800

这些数据有了之后，实际上等于已经设立了一个库存计划了。而库存计划会影响采购计划，因此才有了OTB，同时也控制了采购的预算。

OTB的计算公式极其简单：

$$\begin{array}{c} 计划销售收入 \\ +商品计划减价损失 \\ +计划月末库存金额 \\ -计划月初库存金额 \\ \hline =限额采购金额 \end{array}$$

根据公式，柏瑞丽公司可以得出每个月的OTB结果，如表5-13所示。

表5-13

月　份	2		3	4		5	6	7
销售天数	15天	30天	60天	75天	90天	120天	150天	180天
计划月初库存金额（元）	475 320		280 160	104 720		56 916	26 010	20 400
存销比		1.42	2	2		1.8	1.7	1.5
计划销售量（件）	664	322	412	86	68	93	45	40
计划销售收入（元）	225 760	109 480	140 080	29 240	23 120	31 620	15 300	13 600
商品计划减价损失（元）	1500	1600	1500	2500	3200	3200	3500	3300
计划月末库存金额（元）	280 160		104 720	56 916		26 010	20 400	91 800
OTB金额（元）	143 180		-33 860	10 256		3914	13 190	88 300

虽然得出了每个月的OTB结果，但是公司内部注意到采购单价是85元，而以上计算的价格都是初始加价百分比为75%时的数据，因此还要进一步操作，还原OTB的成本。

还原公式为：

OTB成本价 = OTB金额 × (1-IMU%)

初始加价百分比是75%，那么将其代入还原公式，可以计算出每个月的

OTB 成本价，如表 5-14 所示。

表 5-14

月 份	2	3	4	5	6	7
销售天数	15 天	30 天	60 天	75 天	90 天	120 天	150 天	180 天
计划月初库存金额（元）	475 320	280 160	104 720	56 916	26 010	20 400
存销比	1.42	2	2	1.8	1.7	1.5
计划销售量（件）	664	322	412	86	68	93	45	40
计划销售收入（元）	225 760	109 480	140 080	29 240	23 120	31 620	15 300	13 600
商品计划减价损失（元）	1500	1600	1500	2500	3200	3200	3500	3300
计划月末库存金额（元）	280 160	104 720	56 916	26 010	20 400	91 800
OTB 金额（元）	143 180	-33 860	10 256	3914	13 190	88 300
OTB 成本价（元）	35 795	-8465	2564	979	3298	22 075

不过由于预计采购量是 2000 件，这个数量也是柏瑞丽公司和供应商合同规定的最小采购量，这就意味着按照计划，180 天时的预期销售量为 1730 件，因为目标售罄率是 85%。因此，实际上最后一个月的计划月末库存应该还有 2000-1730 = 270（件）。把该数据补充进去后，7 月的计划月末库存金额和 OTB 金额都会变得比预期的数据要大。

在零售业，尤其是时尚类商品的零售业中，实际和计划能够完全吻合的概率是非常小的。要将预测结果与实际结果进行比较，来评估计划的有效性，进而做出调整，以适应市场的变化并达到设立的目标要求。

限额采购有助于确立库存计划和销售额之间的关系，并给予约束条件，从而避免采购量过多或不足，同时还可以根据降价带来的影响调整采购计划。实际上，对于采购和销售两者结合而带来的 OTB 模式，柏瑞丽公司非常关注其实际效果，并据此检讨销售计划是否过于乐观。

这种乐观表明，和计划相比，销售额并没有达到预期，柏瑞丽公司使用价格杠杆来帮忙，并引入价格需求弹性指数来考虑价格的降幅应设为多少。

所谓价格需求弹性指数，就是在经济学中用来衡量需求的数量随商品价格的变动而变化的弹性指数，用符号 E 表示，其公式为：

$$E = \frac{需求变化百分比}{价格变化百分比}$$

$$= \frac{旧价格}{旧需求} \times \frac{新需求 - 旧需求}{新价格 - 旧价格}$$

比如某产品的历史数据显示，产品售价为 100 元时销售量为 1000 个单位，而产品售价为 80 元时销售量为 1500 个单位，则：

$$E = \frac{100}{1000} \times \frac{1500-1000}{80-100} = -2.5$$

价格的负变化（降价、折扣）将带来更高的需求。因此，-2.5 的价格需求弹性指数可以解释为每 1% 的价格变化（负数代表每降价 1%）对应 2.5% 的需求量变化。

对销售计划过于乐观带来的结果，就是采购量过多。一旦该 SKU 某阶段的销售量低于预期，就可能影响全局库存乃至未来的采购计划。

按照计划，102586_KKM 上架的第 60 天，计划销售收入为 140 080 元。此时，售罄率应接近 70%，累计销售量为 1398 件，如表 5-9、表 5-15 所示。

表 5-15

月 份	3
销售天数	60 天
计划月初库存金额（元）	280 160
存销比	2
计划销售量（件）	412
计划销售收入（元）	140 080
商品计划减价损失（元）	1500
计划月末库存金额（元）	104 720
OTB 金额（元）	-33 860
OTB 成本价（元）	-8465

在上架的第 45 天，即 2022 年 3 月 18 日，柏瑞丽公司的相关人员开始查看该 SKU 的销售状况和库存状况。其时，该 SKU 的库存金额为 204 130 元，在途库存为 32 000 元，而截至 3 月 18 日的累计销售收入为 62 850 元。

由于 3 月的计划销售收入是 140 080 元，62 850 元的销售收入仅仅达成了计划的 44.87%（62 850/140 080=44.87%）（保留两位小数，四舍五入）。尽管时间已经过了一半，来到 3 月的中旬，不过销售收入还没达到计划的一半，这意味着 3 月下旬要加大销售力度，尤其这个 SKU 正处于产品周期中的成熟期。

为了达成 140 080 元的计划销售收入，下半个月还要增加收入 77 230 元才能达标。不过 3 月上旬已经进行了一定程度的减价打折促销了，和吊牌价相比，带来的减价损失为 850 元，而本月计划的减价损失为 1500 元，那么离此计划还有 650 元的差异。这么一来，计划月末库存金额加上达成计划的预计销售收入及达成计划的减价损失，合计为 104 720 + 77 230 + 650 = 182 600（元），如表 5-16 所示。

表 5-16

计划月末库存金额（元）	104 720
计划销售收入（3.1-3.31）（元）	140 080
实际销售收入（3.1-3.18）（元）	62 850
达成计划的预计销售收入（3.18-3.31）（元）	77 230
商品计划减价损失（3.1-3.31）（元）	1500
商品实际减价损失（3.1-3.18）（元）	850
达成计划的减价损失（3.18-3.31）（元）	650
合计（3.18-3.31）（元）	182 600

这么一来，柏瑞丽公司可以清楚地知道调整的 OTB 金额和 OTB 成本各是多少了，如表 5-17 所示。

表 5-17

调整的采购计划合计（3.18-3.31）（元）	182 600
现有库存金额（3.18）（元）	204 130
在途库存（3.18）（元）	32 000
调整的 OTB 金额（元）	-53 530
调整的 OTB 成本（元）	-13 383

调整的 OTB 金额 = 182 600 - 204 130 - 32 000 = -53 530（元）

调整的 OTB 成本 = -53 530 ×(1-75%)= -13 383（元）（四舍五入取整）

由于该 SKU 3 月 18 日的库存金额、销售收入与 3 月份计划的库存金额、销售收入相比存在差异，因此 OTB 金额和 OTB 成本也一定随之变化了。在检查情况后，如果发现不如预期，那么限额采购也应该留下更多余地。

实际上，柏瑞丽公司在 OTB 模式的执行中，就做到了回顾当前甚至以往的业绩表现、库存数据，进行记录，然后和计划做比较和分析，并注意货物处于销售周期的哪个阶段。随着门店的销售情况的变化，商品的采购计划也要随之变化，并综合考虑毛利率、库存周转率等因素，利用价格杠杆或者其他手段促使计划达成。

柏瑞丽公司在这种情况下，始终在市场上保持着足够的份额和竞争力。

第七节　安全库存也会不安全——改变思维

不少的库存模型，或订货公式等相关内容，总会提到一个名词：安全库存。安全库存的设立目的就是建立一定数量的库存，在不确定的因素出现时，避免因缺货现象导致的运营不善。

至于设置什么数量的库存作为安全库存，自然各有各的说法，各有各的算法。这些涉及安全库存的订货模型如图 5-20 所示。

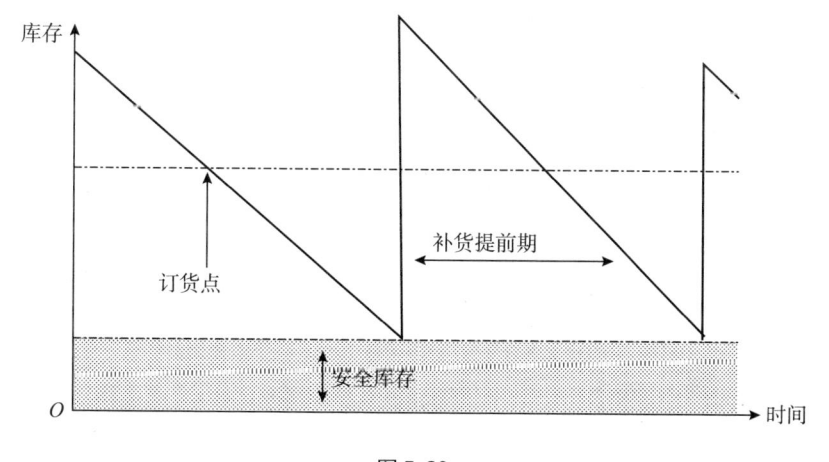

图 5-20

让人纠结的地方是，灰色区域的安全库存应该是多少，以及虚线所指的安全库存"水位线"应该在什么水平。安全库存设置多了，又怕库存水平过高；

设置少了，又怕应付不了风险。

设置灰色区域的安全库存是为了应付万一出现的情况，当库存下降并低于安全库存"水位线"的时候，新的补货如果还没到库，就能以安全库存作为兜底，以免出现缺货的情况。

不过换一个角度去想，设立安全库存是为了应付"万一"出现的风险，那么是否就有"万九九九九"不会出现这个情况呢？如果低于安全库存"水位线"的情况出现，就不应该考虑设立多少安全库存了，而是应该重新检讨整个订货和库存机制的问题了。

由于这样的安全库存设置，很多人会按照上述的模型图来考虑，设置一定量的库存作为安全库存来兜底。但是低于安全库存线的概率应该不会很高，也就意味着这些库存很多时候其实就是长期不动的。当然，旧的库存可能因先进先出而被使用，被新的库存替换掉，但仅从这个库存考虑，可以想象为这个库存其实就是不动的，就如图 5-20 所示的一般一直垫底，也就是说有一笔资金要永远作为安全库存放置而没有有效周转。

可一旦换个图像，换个角度看，就是不一样的思维了，如图 5-21 所示。

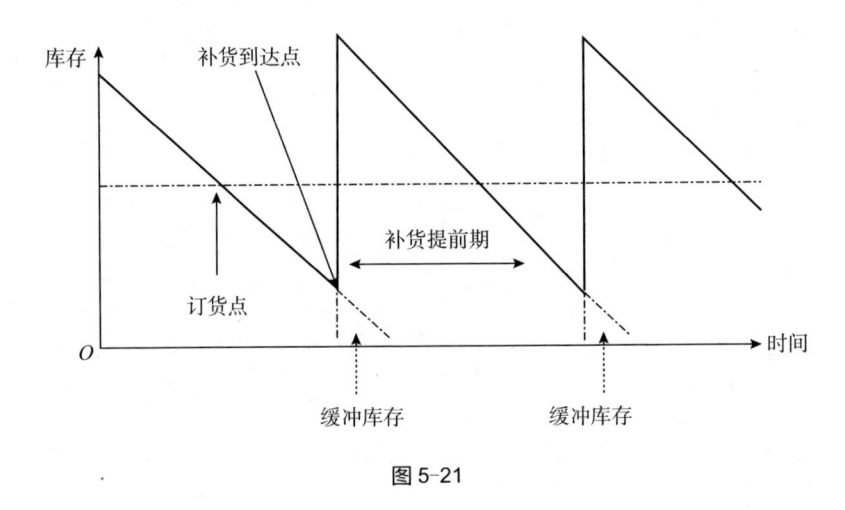

图 5-21

当库存就快用完的时候，新的补货又到了，因此库存马上提高了，而在到货的那一刻和不补货直到库存用完的那一刻之间的余量，被称为缓冲库存（也可称为安全库存）。当图像如此转换的时候，思维就不一定执着于兜底的库存上了，也就不会记挂底部的安全库存区域应该有多大，安全库存水位线应该在哪个位置了。

这个时候的侧重点就是补货到达点了，当补货到达点刚好就在库存用完的那一点时，就变成 JIT，库存也因此不会有积压，同时资金流通变得更有效。这种情况下，思考和解决的方向就会转移到补货周期和订货时间上，即怎样才能让库存用完和订货到货的时间点变得更加吻合。

与其努力寻找安全库存"水位线"，不如换个思维去思考，将重点转到对提前期的控制上，包括订货时间、提前期的缩减和把控，乃至因此需要增加的供应链灵活度，从而让提前期可以更高效地反应和变化。

多角度地看待问题，有助于摆脱僵化的思维，从而制定更合理的策略去应付各种不确定因素，提升库存周转效率和供应链水平。

第八节　供应链弱势方如何应对牛鞭效应

牛鞭效应是供应链中的一种常见的现象。它是经济学上的一个术语，指供应链上的一种需求变异放大现象，使信息流从最终客户端向原始供应商端传递时，无法有效地实现信息的共享，进而使得信息扭曲并逐级放大，导致需求信息出现越来越大的波动。此信息扭曲的放大作用在图形上很像一根甩起的牛鞭，因此被形象地称为牛鞭效应。

但是，解决或者实际上应对牛鞭效应的方法都很笼统，著名的供应链游戏——啤酒游戏就在培养供应链思维的同时说明了消除牛鞭效应的方法，比如共享信息、缩短提前期、有效预测需求和规避缺货情况下的博弈行为。其中，信息共享的一些方法中会提到使用 SAP 等软件，把上下游的供需信息同步，从而增加信息的流动，又比如更改交易条款以缩短提前期，从 DDP（Delivered Duty Paid，完税后交货）变成 EXW（EX Works，工厂交货）等。

一个强大的企业，完全有能力做出这样的变革来推动供应链整体信息的分享和有效的协作运行。其中汽车行业反复被作为范例，如丰田汽车公司可以运用强大的信息系统，将供应商 DDP 交易的货物纳入其物流系统中，使其变成

EXW，从而在不增加供应商成本的前提下推动消除牛鞭效应。当然，对于汽车巨头等来说，与其说它们是为了消除牛鞭效应，倒不如说它们是为了避免信息失真导致供应出现风险。牛鞭效应递增导致最末端的供应商库存增加，并非它们首要考虑的问题。

图 5-22 是典型的汽车行业的供应链图示。

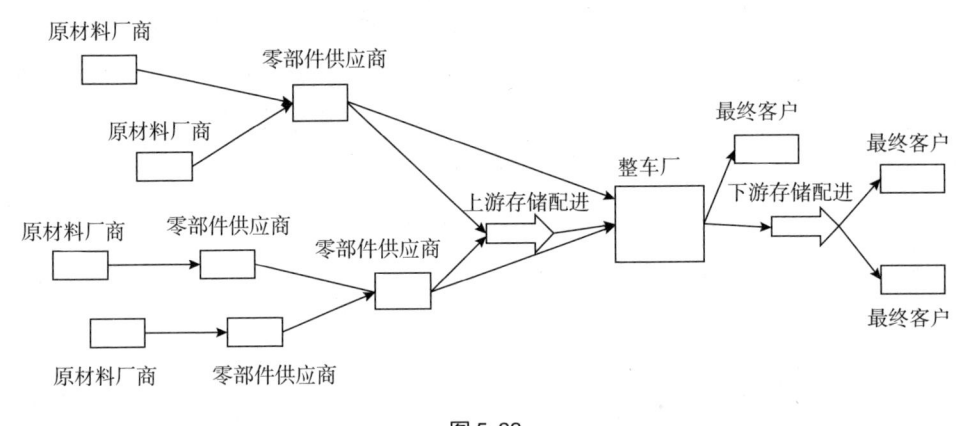

图 5-22

其中，零部件供应商还能分为一级零部件供应商和二级零部件供应商。而牛鞭效应示意图则如图 5-23 所示。

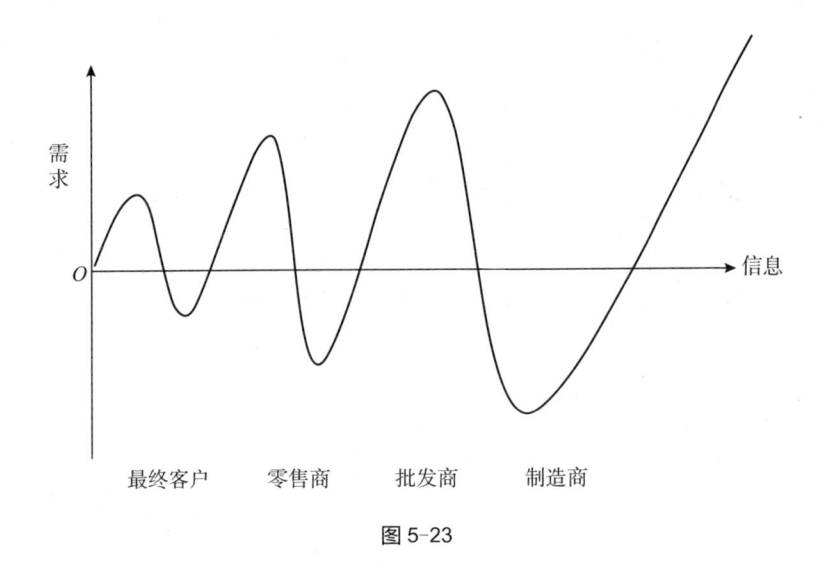

图 5-23

因此，最终客户的信息从整车厂开始传递，一直传递到原材料厂商的时候，就会形成很大的波动，需求信息严重扭曲，如果需求只是轻微增长，那么传递到原材料厂商处的需求信息甚至可能是倍增。

一些小型的原材料厂商往往是牛鞭效应的受害者。这些企业靠着零部件供应商的订单小心翼翼地经营着，一旦对方的需求发生变化，比如寻求材料国产化、材料参数变更或整车厂的车型淘汰，这些小型原材料厂商随时有可能背负起一堆库存，必须想方设法地处理这些"烫手山芋"。

有时，现实生活中按照理论行事或者运用某些模型，其结果不会和教科书上教的完全相同。在上述供应链中，这些小型原材料厂商与零部件供应商（如法雷奥集团）或整车厂（如本田）等企业相比，仅仅是微小的存在，甚至没有不可代替性。反之，来自大企业的订单又往往是这些小型原材料厂商的运营立足之本。即使车厂使用 CFPR（Collaborative Planning, Forcasting and Replenishment，协同式供应链库存管理），也很可能忽略这种企业，因此来自上级客户——零部件供应商的订单信息就可能是唯一的信息获得途径，而且也不能要求对方共享更多信息给你，包括零部件企业的客户——一级零部件供应商乃至车厂的信息。

这在现实世界中是很常见的，量级不一样会导致信息的平等性也不一样。

下面看一个有趣的需求传递，也是牛鞭效应的一个范例，如图 5-24 所示。

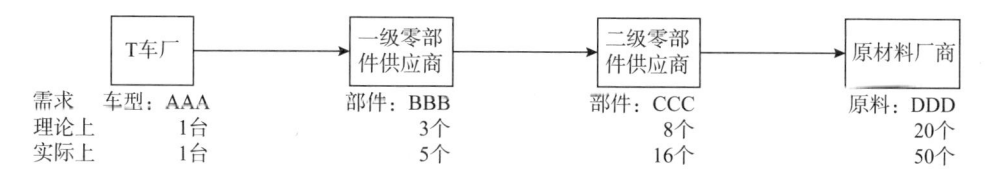

需求	T车厂	一级零部件供应商	二级零部件供应商	原材料厂商
	车型：AAA	部件：BBB	部件：CCC	原料：DDD
理论上	1台	3个	8个	20个
实际上	1台	5个	16个	50个

图 5-24

T 车厂生产车型为 AAA 的中档轿车，每生产一辆需要部件 BBB 共 3 个，而生产部件 BBB 就需要生产部件 CCC 共 8 个，而消耗原材料 DDD 每 20 个就可以生产 8 个部件 CCC。如果信息充分共享，T 车厂的 1 辆车的市场需求实际上只需要原材料厂商 20 个 DDD 就可以应付了。但是实际上，考虑到产品的合格率、配件返修、维修等因素，一级零部件供应商会加大 BBB 的库存到 5 个，而二级零部件供应商又会考虑到一级零部件供应商的加急订单，又再增加 CCC 的库存供应量到 16 个，而最后原材料厂商会根据订单信息（如生产 16 个 CCC

应该需要 DDD 共 40 个，因此收到的订单信息是 40 个 DDD），并考虑如不良率、生产效率、提前期等风险因素，把 DDD 的供应设立为 50 个。实际和理论需求的差异就达到了 30 个。

随着车辆的产出数字增加，实际叠加在 DDD 上的供应要求就有了一定的规模，而 DDD 的库存无法真实有效地消耗的情况也必然存在，原材料厂商就不得不饱受牛鞭效应的"鞭打"。

这么一看，面对牛鞭效应，处于牛鞭末端的原材料厂商似乎无计可施。在信息共享和缩短提前期方面难有成效，零部件供应商不会轻易为原材料厂商打开信息的窗口，而有时信息差就是企业利润的产生点。另外，诸如改变交易条款或者分批交货等做法也面临严峻的挑战，一些闻名的零部件供应商不但对货物供应数量，还对交付时间乃至货车卸货位置都有着严格的管理，任何变更都可能导致这些原材料厂商丢失订单。

作为供应链弱势方的企业，就只能多从自身出发。

有效的需求，是共享信息的一个重要的补充手段。

比如汽车的销售数据和产能数据，都可以通过一定的市场渠道获得，而汽车的很多部件并不是通用型的。作为原材料厂商，了解清楚自己的供应链情况是必需的动作，比如 DDD 的最终去向是不是只有 AAA 车型，这样可以清楚了解自己面临的供应链的复杂性。

假设部件 DDD 最近的订货数量在 50 000 个到 70 000 个之间波动，如果发现 AAA 的销售由 3000 辆下跌到了 500 辆，就要注意控制库存了，牛鞭效应的波动很可能在几个月后才显现在原材料厂商中。几个月后的 DDD 订货数量就可能下跌到 10 000 个左右，如果不及时应对，就容易出现死库存。

寻求最终客户的需求信息，永远是一个消除牛鞭效应的好手段，只是盯着订单，盯着零部件供应商的需求，早晚会被牛鞭效应"鞭打"。如果看着市场信息，盯着挥鞭的手（市场需求），就可以更早地察觉出鞭的位置和角度，有助于减少自己将要承受的鞭打伤害。

若想规避缺货情况下的博弈行为，这个就要考验库存管理的水平了。

在管理库存前，先回答自己三个问题：

（1）我应该多久检查一次库存？

（2）我如何知道是否应该订购更多？

（3）订购多少？

认识要建立库存的货物特征，是检查库存频率的依据。把过往历史数据中的货物进行 ABC-XYZ 分类，得出九种不同特征的分类，然后根据货物不同的特征采用不同的订货方法，再根据最近的销售表现、预测数据和订单数，分析库存建立的水准，从而确定订货（备货）量，如图 5-25 所示。比如 AX 类的货物可以采用定期订货方法，甚至双堆法；BY 类的货物采用最大量订货方法，设立一个订货数量的上限，每次订货订到这个数量；BZ 类的货物采用定量订货方法，确立订货点；CZ 类的货物可以考虑接到订单再订货。具体的订货方法并不固定，而是要根据货物的特征，再结合供应链中的各种因素，采用适合的订货方法。

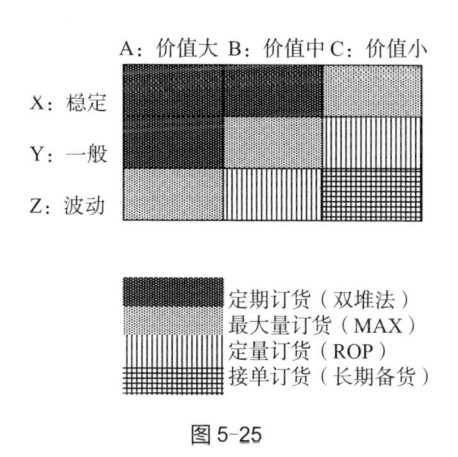

	A：价值大	B：价值中	C：价值小
X：稳定	定期订货（双堆法）	定期订货（双堆法）	最大量订货（MAX）
Y：一般	定期订货（双堆法）	最大量订货（MAX）	定量订货（ROP）
Z：波动	最大量订货（MAX）	定量订货（ROP）	接单订货（长期备货）

图 5-25

其中库存水准可以利用涉及各种概率的公式计算结果来作为判断依据。尽管完全消除牛鞭效应是非常难的，但减少伤害还是可以做到的。

在每一条供应链中都是有主导供应链的企业存在的，从属位置上的企业一定要着眼于最终需求，再从企业本身出发来贴近市场需求，这样才有助于减少牛鞭效应的鞭害。当你不能阻止挥鞭者，也没有能力去阻止的时候，就要考虑自己怎么才能避开这鞭害了。

不同行业中总会有不同形式的牛鞭效应，有更多的复杂因素，毕竟主导的企业总是少数，而在供应链从属位置的企业才是大多数。

第九节 供应链视角下的国际物流方案

王先生是一个国际物流从业者，要为从沈阳发出的4万台电视机，送到德国ALDI超市设计一个物流方案。这个任务看上去很简单，但要注意的内容其实不少。很多人很简单地认为物流从业者只不过是安排仓储、运输的人员而已，实际上，现今的物流并非单纯的物流，它是贯通整个供应链的重要环节。物流人员的任务并非单单把货物准时、恰当地以合适的价格完成发送，重要的是从整体供应链角度着手，在保证供应链总成本较小的同时，按客户需求提供服务。

为了制定一个能够比较准确把握总体成本的物流方案，必须对供应链各环节有清晰的了解，充分掌握信息。

对于这个业务，王先生知道，货物为电视机，总计4万台，出发点为沈阳，目的地是德国，收货的客户是超市。因此，这个物流项目设计为起点是沈阳的电视机生产企业，终点是德国的所有ALDI超市的一个过程项目。

为此，他建立一个个Check Point（检查点）。不过王先生作为一个物流企业项目经理，其目的当然是为物流企业谋取利润，但其前提是完成任务。并且，任何一个物流企业的项目经理，做每一个项目的背后，绝不仅仅是这一个项目，而是关注这个企业所有的物流活动，乃至涉及的供应链的物流活动，获取这些物流的操作权，并以此开发出长期的、巨额的利润。所以，王先生是抱着这个观点来思考眼前这个物流项目的。

一、生产企业的交货

对于4万台电视机这么多的货物，现在的企业一般会按订单生产或者按订单装配，但是以现在普通的大型电视机生产厂来说，其月产量往往高于这个数字，也就是说，有两种可能性：一是分批次交货，二是一次性交货。这个会涉及后面的国际运输，所以王先生打算稍后再仔细思考这一点。然后是交易条件的问题，如果是DDP的话，要注意生产企业和客户的约定交货时间或货款结算时间；如果客户是货到 ALDI 超市后才结算的话，那么作为这个项目的经理，王先生必须考虑一定经济成本下的最快交货方式，更快地交货并结算会提升生产企业的现金流表现。

现金流是现今企业衡量盈利的一个重要指标。企业应清楚地知道现金周转期，以确保现金流的尽快流转。

现金周转期 = 库存周转天数 + 应收账款周转天数 - 应付账款周转天数。

当然，库存周转天数并不单单指在库的时间，而是可以理解为货物成品时到结算指定条件达成时的时间。生产企业和客户约定货物交到 ALDI 超市后再结算，也就是说，这个库存周转天数是从生产成品的那一天起一直到货物交付到超市的那一天，包含了生产完成后等待装运、在途运输等的时间。

二、出口包装

王先生了解了这 4 万台电视机的包装尺寸和重量，一般的 55 寸电视机不含底座的尺寸为 1233mm × 729.5mm × 270mm（参考 PPTV 电视的数据），即体积不超过 0.25dm^3，而不含底座的重量则为 20.5kg。通过对电视机的体积和重量的了解，王先生能够试算出如果走海运，使用什么类型的集装箱成本更为合理。

如表 5-18 所示的是某船公司的普通集装箱的尺寸标准。

表 5-18

集装箱类型		20 尺标箱	40 尺标箱	40 尺高箱
最大总重量（kg）		30 480	30 480	30 480
净重（kg）		2220	3710	2860
最大载重（kg）		28 260	26 770	26 620
内部尺寸	长（mm）	5898	12 032	12 032
	宽（mm）	2352	2352	2352
	高（mm）	2395	2395	2698
门打开尺寸	宽（mm）	2340	2340	2349
	高（mm）	2280	2280	2585
集装箱自重（kg）		2200	3800	3900
可装立方数		30	65	75
有效载荷量（kg）		26 000	26 000	28 000

按此标准考虑匹配的集装箱类型及对应的包装方案。当然，如果生产企业没有这方面的经验，可以根据提供的尺寸图纸寻找适合的包装，计算每个 SKU 的包装尺寸。还要考虑到装卸的效率，可以考虑用托盘（符合出口标准），以此计算每托盘可以安全装载电视机的最大台数，从而推算出每个集装箱的装载托盘数和电视机数（从而可以计算每单位的运输成本）。基于安全性，电视机外观一般不容许破损，若考虑叠放必须安排测试。

运输成本往往是物流环节中非常关键的一点。一般来说，很多企业往往会和物流承运者谈判或寻找更多的承运者以谋求运输成本的最小化。此外，企业自然也会注意每单位的物流成本，比如一个集装箱的运输成本是 1000 美元，装载 500 件货物和装载 1000 件货物时，每件货物的物流成本就有明显差异了。

因此，王先生的一个非常重要的工作就是根据货物的特征、运输工具、容器的限制来考虑如何尽可能地装载更多货物，这很可能是物流方案被采纳的关键。另外，要是采用了空运或者铁路等其他运输方式，又或者采用了多方式联运，就要考虑各种条件的制约，从而寻求一个在各种运输条件下达到最优化的包装方案。包装有两个要点：一是确保货物在物流过程中得到充分的保护，减少损耗；二是提升货物的运输效率。从运输成本考虑的话，王先生知道，海运是首选。

三、装柜作业

一个集装箱在运输过程中涉及的移动可不少，比如货车的上下，码头的吊装，甚至要考虑运输途中的颠簸。对于装柜作业，王先生考虑的是在充分利用集装箱空间的前提下，加强对箱内货物的保护，比如使用托盘。托盘之间有缓冲材料，和箱壁之间也有缓冲材料，可以避免因碰撞而受损。当然，还有装卸方便性和成本的考虑。假如卸货需要相当的人手和时间，那么对于客户来说，便利性上就打了个折扣，这对于提升效率和客户满意度来说并不是一件好事。还要根据工厂的装柜条件、装柜速率、装柜配备的叉车等，来考虑是否需要提货到其他地方装柜或者配备装柜设备和人员。还有在装柜后，货物在柜内的稳固性和柜边是否需要设立缓冲物以防倒塌碰撞，都是不可少的考虑环节。

此外，还要考虑季节问题，从沈阳到汉堡涉及温差大的可能性，有可能造成"集装箱雨"的问题，从而需要采取一些保护措施。所谓集装箱雨，就是在远洋运输过程中，经历高温气候或较强的昼夜温差变化，当温度变化在 0～8 摄氏度，湿度高达 98% 时就会出现的凝露现象。水蒸气在温度大幅度下降时会凝结成水滴，而 40 尺集装箱会产生 1000 克左右的冷凝水。

四、出口报关

生产企业需要退税的情况必然存在，必须将报关文件上的资料和企业销售、采购等文件上的信息保持一致，所有交接单据要进行备份，保持单证货一致，在退税查核中经得起税务人员的查问。报关的税号和报关金额要注意保持正确，假如海关对税号和报关金额产生怀疑，要能够协助企业或者主动向海关解释并提供证明文件。再就是要考虑一旦发生查货，在此过程中产生的成本。

此刻，王先生的思维要从海关的角度去看待货物。他知道有些行业中约定俗成的称呼、叫法不被海关人员认可，那么将这些称呼、叫法转化为"关务语言"是必然的事情。而且，税号的准确性除了涉及退税等事宜，还会影响企业的信用、名誉等，因此现在对报关人员的强化和对归类人才的重视是一个新的趋势。

五、海运

单纯从成本的经济性考虑（不考虑提前期等其他因素的前提下），王先生通过试算，认为海运是一个合理的方式。生产企业在沈阳，货物要发送到德国，考虑直达、减少中转等因素，将德国汉堡港设为目的港是一个不错的选择，因为汉堡港是德国重要的港口。按照 COSCO 的船期，一般直航船耗时 38 天左右，王先生在航次的选择上，肯定首先不考虑中转港，以减少装卸过程中的破损风险。

再考虑到企业和国外有交货期约定，在进行船期排查和推算出提柜、装柜、报关、上船、到港、到仓的每一个时间点后，他还需要准备后备方案，同时在不同的船公司订舱，即使赔付亏仓费都要保证如期出运。还要考虑在出现不可控情况时，改变路线、目的港或改为空运的费用。另外，考虑到如果分批次运送，船运价格可能会变动，可以就此和企业探讨是按照每次运输的实时海运费支付，还是要求固定一个海运费。由于汉堡是欧洲基本港，海运费变化幅度不算大，可以参照最近月份的价格来推算一个合理价格。

当然，4万台电视机是不能平均分配到所有集装箱中的，如果分配余数或调整使用集装箱的数量，需要通过不同的试算来寻求最优的总体成本方案。王先生考虑使用一些装箱计算软件，计算装箱数量的最优解。

六、到达汉堡

王先生马上联系了国外的同事，以了解德国清关文件的准备和报关涉及的费用。特别是电器涉及的欧盟要求标准和必要文件，争取在出运前，生产企业取得相关文件并确认无误，从而减少单证错误和拖延造成的损失，对于目的港进口需要的清关证明文件，则争取能够在装运前完成。

七、分销

在现今的供应链里，库存并非一件好事物，减少持有库存对于企业的现金周转有着重要的提升作用。很多零售商既想保证货物能够准时充足供应，又希望自己不要持有太多库存，因此供应商管理库存（Vendor-Managed Inventory，VMI）或者准时制生产（JIT）都是流行的做法。

王先生调查后得知，电视机生产企业为了匹配 ALDI 的超市销售和送货的要求，必须了解入库流程、库存管理、出库费用等信息，并建立分销备货仓库，设定合适的库存"水位线"，还要对 ALDI 的送货要求做出明确的指引，包括单据和时间等信息，并确立 SOP（Standard Operating Procedure，标准作业程序）。

至于配送，必须弄清楚是否设立 MOQ，计算配送成本和明确配送提前期。

八、逆向物流确立

送货拒收、因质量或其他原因的退货等逆向物流都是王先生见过的常事，对于相应的单证处理、库存管理，以及整个回收或者废弃的成本计算，王先生自然也是有一套预案的。

九、保险

保险是物流环节中不可少的一环。因为交易的条件不同，涉及的风险不同，所以了解投保的比例、保险的内容、承保范围，并进行适合的投保必不可少。

一个着眼于整体供应链而建立物流方案的专业人员，必须对每个涉及的项目设立列表，清晰每一项的费用和要求等，并可以根据客户来增减和配置。

考虑了一个又一个 Check Point 之后，王先生终于能够制定一个理想的物流方案了。这个方案绝非单纯的运输交付，而是从一个供应链整体的角度来看待这个物流的运营。因此，他抱着相当大的信心和该企业交谈，并最终拿到了该项业务。

第十节　改变订货思维，汽车行业的计划转变

汽车行业，尤其是传统的汽车行业，不能说全部受到丰田管理模式的影响，但至少一部分有其影子。丰田著名的一个例子就是追求准时制生产，从而降低库存，要求维持的库存恰到好处。丰田同时也运用了看板模式，通过看板告知需求，从而拉动库存的补充。

不仅丰田本身能够通过这个模式达到库存控制的效果，甚至能根据看板等可视化信息，和旗下的一级或者二级零部件供应商进行必要的信息共享，提供对它们备货的指导。而这些零部件供应商大部分都围绕在丰田四周，因此它们的交货提前期相对很短。

这种模式中，存在一种所谓的汽车行业库存通则，其来源无从考究，但是很多汽车零部件供应商都按照这个通则行事。根据该通则，库存系数在 0.8～1.2 之间时，反映库存是处于合理范围内的，一旦该系数超过 1.5，库存情况就值得注意了，假如该系数超过 2.5，库存就过高了，会带来相关风险和经营压力。

这个库存系数（Inventory Ratio，IR）由期末库存除以当期销售得出，不管是用库存金额还是库存数量都可以。如本月底库存是 7 万辆车，当月销售 10 万

辆，那么库存系数是：7/10=0.7。这个方法除了车厂本身在使用，零部件供应商甚至也通过这个库存系数来进行采购量的预测。

如表 5-19 所示的就是通过控制这个库存系数来进行采购量的预测。

表 5-19

2月				3月			
2/22 进库（个单位）	出库（个单位）	库存（个单位）	库存系数	3/1 进库（个单位）	出库（个单位）	库存（个单位）	库存系数
14 110	7480	20 774	2.20	2890	9430	14 232	1.00

零部件供应商通过上一级客户（如一级零部件供应商对应汽车车厂，二级零部件供应商对应一级零部件供应商），得到下个月（2月）的销售预测量为 7480 个单位，又给出 3 月的销售预测量为 9430 个单位，通过 1 月月底库存的计算，加上 2 月预计采购量和已经得到的 2 月销售预测量就可以计算出库存系数：

2 月库存系数 = 2 月库存 /(1 月库存 + 2 月进库 − 2 月出库)

这个计算方式添加了一定的客观因素，即把主观判断的系数添加到计算公式中。

比如 2 月份是春节假期，按照正常来说，2 月 1 日或者 2 月第一周就可以补货成功，不过考虑到春节海关放假，物流压力增大等各种因素，估计 2 月 22 日才可以补货，所以按照要求至少要 1 以上的系数来确保库存充足和安全。除了春节因素和物料进口因素，还要考虑清关周期的不稳定性和国家运输的波动性，从而把库存系数定在 2.20 这个基于主观判断的数值上，最后反推出订货数量是 14 110。同理，3 月订货因为只需要考虑进口清关因素，可以把库存系数设立为 1.00 这个主观判断的数值上，计算出 3 月采购量是 2890 个单位。

这个方法具有一定的可行性。首先汽车车厂的需求预测相对可靠，汽车购买并不是现货，订购后数日再交车的情况不少，车厂根据订单而进行的车辆的需求预测是比较可靠的，反馈到下级零部件供应商的信息也是如此。同时，汽车零部件供应商供应和采购的物流周期的控制更多在于对国内的调度和制造周期的控制，提前期波动并不是很大。通过这个系数来控制采购和库存，有一定的可靠性。

让我们再看一下如图 5-22 所示的汽车行业的供应链示意图。

越往前端传递，牛鞭效应也就越大，需求（预测）每到一个节点，基于自身的各种考虑，以及要避免对车厂的供应出现问题，相应的企业往往都在实际需求上加以放大，一层接一层，从而导致前端得到的数据因被添加了不同的因素而进一步放大。

如此延伸下去，会到达供应链的最前端，如原材料厂商等远离需求市场的企业，获得的信息都是扭曲的，那么就算得到了上一级客户的销售预测量，这个预测量也往往是经过放大的，从而导致计算出来的采购量会出现相当大的问题。如果涉及国际供应链的情况，又会因为提前期的不稳定性，更容易导致采购不及时的库存问题、供应问题等。

尽管如此，这个方法往往受到认可，因为简单易懂。它的适用需要满足以下条件：

（1）提前期足够稳定。
（2）销售数据（预测数据或者订单数据）可靠。

在此基础上，一些具备一定经验的人员能够比较良好地主观把握库存系数，比如他们根据累积的操作经验、直觉等设立库存系数在 1.2，而不是 1.3 或者 1.4，这种方法没有具体数据支撑，但也能取得不错的管理效果。

同时，对于不是非常理解供应链的相关数据的人来说，这个系数的管理相对容易，也方便设置 KPI。

如果这些条件无法满足，即使同在汽车行业，位于供应链前端的企业面对极其失真的需求数据和更加复杂的供应体系时，这种方法带来的不足就显而易见了。

例如，踌躇满志的大鹏经过层层选拔，终于加入了著名的 Y 企业，投身于汽车行业。Y 企业面向的是汽车行业的原材料，作为全球知名的贸易商，为最终用户汽车制造厂商中的一级、二级甚至三级零部件供应商提供原材料的综合服务，包括采购、风控、物流等。原材料厂商一般都遵循 MTO 模式。

整个流程就是车厂给下级零部件供应商（Y 企业的客户）提供内示（非正式的提示）数据，然后下级零部件供应商同样根据生产进度等信息进行计算后，提供内示数据给 Y 企业。Y 企业根据内示数据，按照一定的安全库存基数计算出订货数量后，发送订单给原材料厂商，原材料厂商则按照订单生产，如图 5-26 所示。

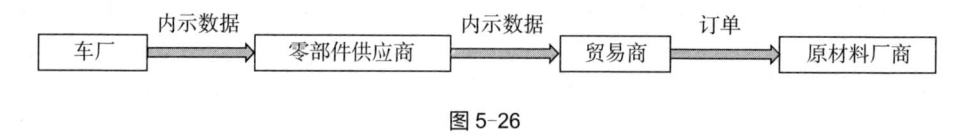

```
车厂 →内示数据→ 零部件供应商 →内示数据→ 贸易商 →订单→ 原材料厂商
```

图 5-26

入职不久后，对于供应链管理有着一定经验的大鹏，很快就碰上了不少麻烦。

在现行运作的订货模式下，他发现经常出现一些问题。有些型号的货物库存太高，周转不好，库存周转天数长达半年甚至一年以上，而更有部分库存由于某些车厂制造的车型因不好卖而停产，导致有些原材料无法消耗，变成了死库存，只能当废品处理。他明白，汽车行业的原材料都是专用为主，一个车型不用的话，很难用在第二种车型上，缺少通用性。

不过还有些原材料会突然库存不足，为了赶上交货期，只能空运补货，物流成本上涨得非常厉害。Y 企业的订货数量是基于一个库存系数而计算得出的。大鹏听说这是行业内的通用做法，并在 Y 企业中实施了相当长的一段时间了。

库存系数是某些高层或者某个负责人根据个人经验、感觉等，和客户（零部件供应商）商谈达成默契后，订立的一个不小于 2 的系数。该系统并没有一个客观的标准，大鹏问了不少同事，始终不得要领。

大鹏挑出其中一个出现不少问题的 SKU 的最新订货计算模板，开始进行研究，如表 5-20 所示。

表 5-20

2021 年 12 月					2022 年 1 月			
11/30 进库（个单位）	12/21 进库（个单位）	出库（个单位）	库存（个单位）	库存系数	1/4 进库（个单位）	出库（个单位）	库存（个单位）	库存系数
9860	1190	7650	17 238	2.29	5440	7517	15 161	2.43

2021 年 12 月的库存系数是 2.29。

这个系数是本月月底库存 17 238 个单位，除以下个月的预计出库数量 7517

个单位而得出的，其意为备有 2.29 个月的库存量。7517 个单位的预期出库数量来源于零部件供应商 K 企业提供的内示数据，这个零部件供应商会提供未来连续 3 个月的内示数据。

为了使 2022 年 1 月的库存系数还高于 2，进行这个 SKU 订货的同事凭着经验和感觉判断，结合零部件供应商提供的内示数据，把 1 月到货的数字确认为 5440 个单位，从而使 1 月的库存系数达到了 2.43，考虑到该 SKU 的提前期是 1 个月，因此 12 月安排订货 5440 个单位。

2.29 库存系数并不是很高。大鹏翻看之前的历史记录，发现出现问题的那几次，不少设立的系数更高，不过还是出现了问题。

大鹏通过结合不同的数据、流程，列出了一些可能的原因。

（1）由于车厂的内示数据是根据市场销售状况等计算得出的预测数，经过一级或者多级零部件供应商的传递后，在牛鞭效应下，Y 企业从上一级企业拿到的内示数据的需求遭到了放大。所以参考性相当不足，最终实际出货的数据和内示数据往往存在相当大的偏差。

（2）订货者都是根据经验和感觉判断库存系数的，然后由高层提出修正并进行再判断。由于内示数据的偏差，为了安全起见，订货者一般都设置备有 2 个月以上的库存系数，实际上的用量和内示数据偏差较大，容易造成库存不足或者库存过剩。

（3）部分订货的同事没有理解清楚提前期的具体含义和核查提前期的准确性。比如原材料厂商提出提前期是 40 天，虽然订立的条款是 CIF，却把握不清楚这 40 天是只包含生产的提前期，还是也加上物流的提前期。由于运输时间不准确，导致提前期长短不一，进而导致对库存的把握不清楚。再加上一些进口的 SKU 涉及清关因素、货物质量因素、破损保险因素等，各种因素叠加之下，使得库存无法应付需求或者库存过多的现象总是出现。

鉴于此，大鹏非常肯定，由于公司处于供应链前端，末端市场数据经层层传递后，因牛鞭效应的叠加导致前端得到的内示数据失真非常严重。将这样的内示数据视为订货的重要依据，会导致订货库存策略非常不恰当，最终要么库存不足，要么库存过剩。

恰逢同事小云正在准备安排 SKU GAF-063 的订货。从客户处刚刚收到了未来 3 个月的内示数据，大鹏因此以此 SKU 作为切入点。

这个 SKU 过去 6 个月的历史数据显示，它去年 7 月到 12 月的出货数据处于一个稳定的状态，按照变异系数计算其波动性，在 XYZ 分类中，它可以被归入 X 类，因为其变异系数只有 0.29，如图 5-27 所示。

月份	7	8	9	10	11	12	1	2	3
实际出货	2450	2581	2312	3610	1228	2300			
内示							2000	1650	2700

均值	2412
标准差	691
变异系数	0.29

图 5-27

同时，又得到了客户 2022 年 1 月到 3 月的内示数据。大鹏因此思考：

（1）过去 6 个月平均出货量在 2400 个单位左右，其中 10 月上涨到 3000 多个单位，11 月则回落到 1200 多个单位，那么其中的原因是什么？是否因为 10 月赶货期，从而把 11 月的量提前使用了？

（2）除了异常的 10 月和 11 月波动幅度大，过去 6 个月的出货量普遍稳定在 2300～2500 个单位，那么根据提供的内示数据，从 1 月的 2000 个单位降到 2 月的 1650 个单位，是否因外部市场销售状况不理想，从而导致减产？又或者因年初节日的关系，开工率有所减少，从而导致产能降低？

考虑到订货是一个群体策略的问题，是必须结合所有信息综合考虑下做出的决策，大鹏特意翻查了这个客户过去 6 个月提供的内示数据，核查其和实际出货数据的一致性，如表 5-21、图 5-28 所示。

表 5-21

月份	时期	客户内示	实际出货	误差	绝对误差	平均平方误差	平均绝对误差	绝对误差百分比（%）	平均绝对误差百分比（%）	跟踪信号
7	1	2200	2450	-250	250	62 500.00	250.00	10.20	10.20	-1.00
8	2	2600	2581	19	19	31 430.50	134.50	0.74	5.47	0.14
9	3	2500	2312	188	188	32 735.00	152.33	8.13	6.36	1.23
10	4	2500	3610	-1110	1110	332 576.25	391.75	30.75	12.45	-2.83
11	5	2300	1228	1072	1072	495 897.80	527.80	87.30	27.42	2.03
12	6	2550	2300	250	250	423 664.83	481.50	10.87	24.66	0.52

图 5-28

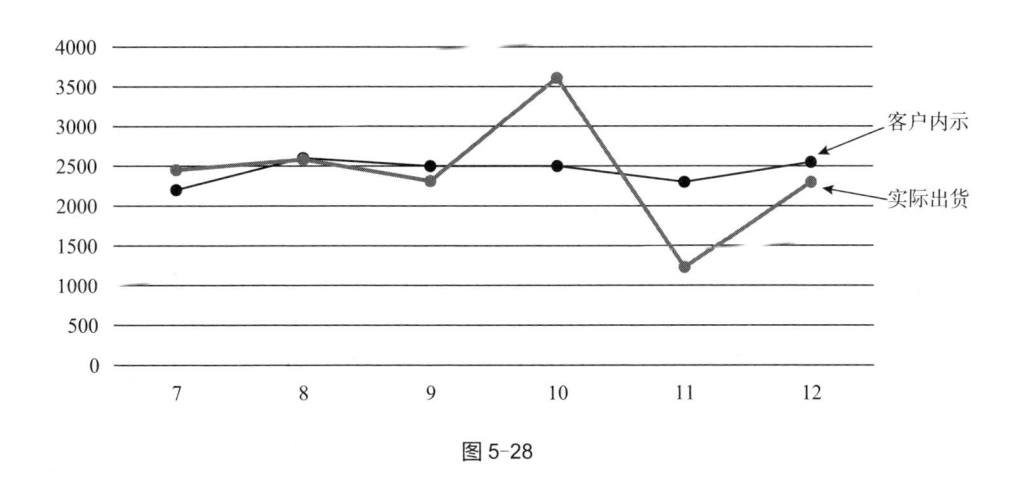

大鹏通过相关数据和各种误差指标的比较，得出了以下结论：

（1）客户的内示数据可信性应有所保留。将过去 6 个月的出货实际数据和当时客户提供的内示数据进行比较，可以发现客户内示数据和实际出货数据并没有很高的吻合性，甚至在 11 月出现了极大的差异，绝对误差达 87% 以上。

（2）10 月和 11 月数据的变动幅度大，是因为圣诞节和新年促销，因此要赶货期，11 月的生产有相当一部分提前到了 10 月，实际上客户的使用量基本稳定在 2300～2500 个单位。

（3）考虑到提前期，在 12 月的时候，就要准备来年 3 月的订货，而农历新年在 2 月份，因此内示数据中，2 月需求很少，3 月却突然增加，很有可能是因为节后要追赶货期，所以客户的需求量突然上升。

大鹏制定的新订货策略是以过去的历史数据为基础的，当设立值为 1 的目标服务水平时，意味着他挑选出了过去 6 个月的实际需求数据中最高的那个数据，即 10 月的实际需求 3610 个单位，以此乘以目标服务水平得出基准线 3610 个单位，并希望 3 月份的库存能够达到这个基准线。

他深信过往历史业绩是与用户密切结合的实实在在的存在，是对需求的客观反映，同时历史业绩也是一个对未来趋势的指标性反映数据，对于订货具有非常重要的参考意义。

因此，他以此为基础制定的订货公式为：

建议订货量 = 标准库存 - 现存库存 - 在途库存 + 追加订单

现存库存是指货物现存于各仓库并能够发送给客户的可用库存，不包含破损、不良货物等；在途库存是指上一期订单发送后未交付的库存，是针对本期到货而言的；追加订单则是应对紧急情况，由于估算本期交货不足而临时增加的补充订单。

对于标准库存，他又做了新的拆分：

标准库存 = 月均需求 × (订单周期 + 到货周期 + 安全库存周期)

大鹏把订单周期和到货周期合并，并统称为提前期，指从订单下达给供应商，到收到货物并能够自主支配发送给客户的这段时间。其中，订单周期可以理解为企业准备、制作、发送订单给供应商，由供应商处理订单并完成生产，并准备安排物流发货的周期；到货周期就是从供应商处发出货物，到货物到达企业指定位置（仓库）的周期；安全库存周期就是发生意外导致供货不足时靠安全库存进行兜底的周期。

大鹏的脑海里已经习惯性地形成了相关的图示画面，如图 5-29 所示。他的订货策略就是设立一个标准库存（SSQ），在能覆盖两个不同周期内的预测需求量的同时，也能覆盖一部分发生意外时的预测需求量。

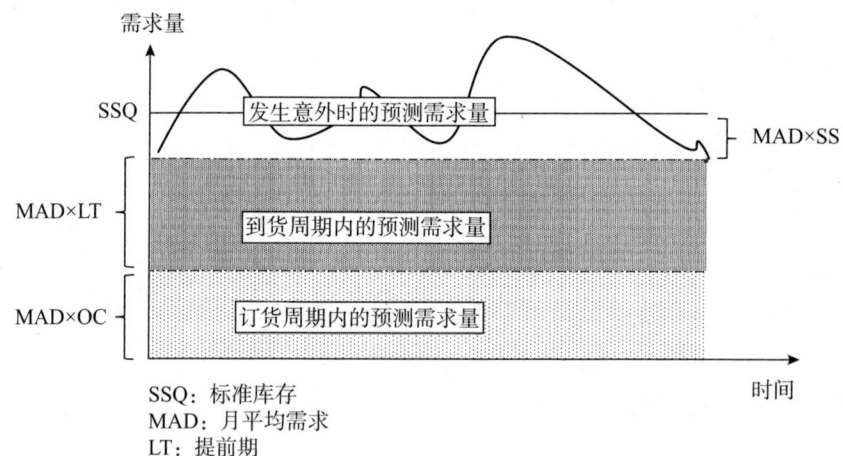

SSQ：标准库存
MAD：月平均需求
LT：提前期
OC：订单周期
SS：安全库存

图 5-29

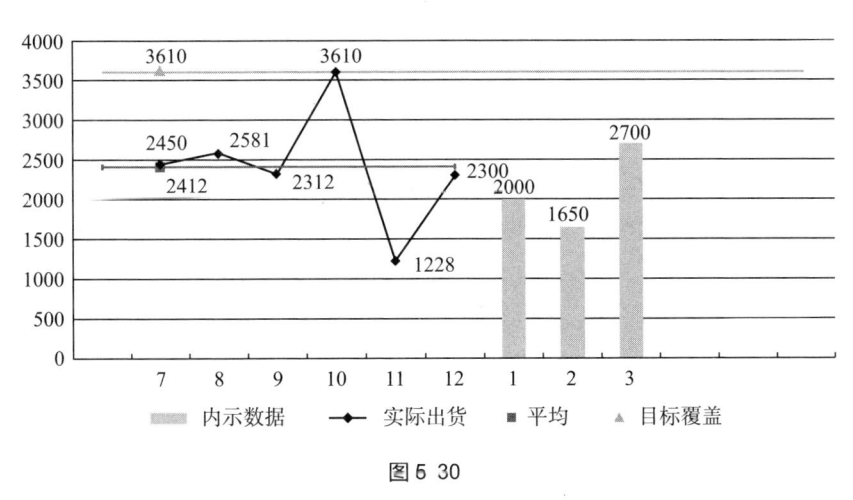

同时，根据相关数据，大鹏脑海里又浮现出对应的图示，如图 5-30 所示。

图 5-30

尽管如此，大鹏仍然有一定的顾虑，他面临着三个变量的问题：

（1）预测的不准确性。尽管客户给了未来 3 个月的预测数据，分别是 2000 个单位、1650 个单位和 2700 个单位，但是根据对历史实际需求和对应的内示数据的分析，它们应该存在相当程度的误差。

（2）提前期的波动性。由于是进口材料，在船期和清关因素的影响下，提前期有很大的波动性，根据统计，过去 6 个月从下达订单到收货的提前期分别是 2.00 个月、2.10 个月、1.95 个月、2.40 个月、2.31 个月和 2.02 个月，过去 6 个月的平均提前期是 2.13 个月。

（3）虽然相关的同事都能每个月下达新的订单给供应商，保证订单的连续性，而下达的订单的订货数量能够满足客户一个月的需求量，不过下订单的日子并不固定，有些时候是每月的第一周，有些时候又因为别的事情导致下单日期推迟到了第二周，这样造成了一定程度的订单下达时间差异。

对于这些问题，大鹏制定了不同的解决方案。

首先，为了弥补提前期的风险，设立目标服务水平的值为 1，并在过去 6 个月的提前期数据中取最高值，由于考虑到在下一期订单的过程中涉及法定节假期，并根据假期占用了多少工作日的关系，把目标服务水平提升了 5%，以此计算一个提前期的安全系数期：

提前期的安全系数期 = 过去 6 个月提前期最高值 × 提前期目标服务水平
$$= 2.4 \times 1.05$$
$$= 2.52（个月）$$

其次，为了弥补预测的不准确性带来的风险，把服务目标水平定为 1（100%），对此目标的覆盖量就是 3610 个单位，也就意味着按照过去 6 个月最高的实际出货数值的 100% 来取值。同时，过去 6 个月的实际出货均值为 2412 个单位，这意味着这个最高值比均值高出约 50% 的水平。但是提前期并不是 1 个月，并且考虑到要覆盖风险，已经确立了提前期的安全系数期为 2.52 个月，因此在 2.52 个月提前期内，要想达到 3610 个单位的目标出货水平，需要在平均出货 2412 个单位的基础上提高 1.24（124%）的水平：

需求的安全系数 = (目标覆盖量 – 月出货量)/ 月出货均值 × 提前期的安全系数期
$$= (3610-2412)/2412 \times 2.52$$
$$= 1.25（保留两位小数，四舍五入）$$

最后，就是要考虑公司的订单作业的延迟性的问题。比如 1 月是订 3 月的货物，但是并不一定在 1 月 1 日下达订单，有可能是 1 月 10 日，也有可能是 1 月 22 日来安排这个订单操作。大鹏在此基础上引入了一个提前期推移参数。比如本月总共有 31 日，而下订单的日子是 1 月 19 日，距离月底还有 12 日，这个参数就是：12/31=0.39（保留两位小数，四舍五入）了。因此，大鹏利用过去 6 个月的出货均值作为计算基准进行推移，那么剩下的 0.39 个月推测出货为：$2412 \times 0.39 = 941$（个单位）（四舍五入取整）了。

于是，最终的标准库存公式为：

月出货均值 × (提前期的安全系数期 + 需求的安全系数 + 提前期推移参数)

因此，标准库存就是：

月出货均值 × (提前期的安全系数期 + 需求的安全系数 + 提前期推移参数)
$=2412 \times (2.52+1.25+0.39)$
=10034（个单位）（四舍五入取整）

这个 10034 个单位的标准库存，减去在途在库存和现有库存等，得出的建议订货量是 571 个单位，但是 SKU 的标准是 25 个单位，不能只订 4 个单位或者 21 个单位，所以最终的实际建议订货量为 575 个单位。

第五章 案例：供应链视角下的库存与计划

大鹏为此制作了相应的图示，方便计算和数据记录，如图 5-31 所示。

月份	7	8	9	10	11	12	1	2	3
实际出货	2450	2581	2312	3610	1228	2300			
内示							2000	1650	2700
平均出货	2412								
	服务目标水平	1	目标覆盖	3610					
月份		7	8	9	10	11	12	平均	
提前期（个月）		2	2.1	1.95	2.4	2.31	2.02	2.13	
	提前期目标水平	1.05	提前期推移（月）	0.39					
	提前期的安全系数期	2.52							
	需求安全系数	1.25	现有库存	2463	在途库存	7000	追加订单	0	
	标准库存量	10 034							
	建议订货量	571	SKU标准	25	实际建议订货量	575			

图 5-31

虽然根据图示得出的实际建议订货量是 575 个单位，不过大鹏依然会结合客户提供的内示数据，并就此和相关同事探讨分析，最终确立彼此认同的一个订货数量。

大鹏建立的这套订货方法有助于避免因来自客户的内示数据不实而受到的严重影响，把更多的可靠性放在已知的历史数据上。

Y 企业也很期待大鹏的这套方法能够得到更多的展开和应用，以更好地帮助 Y 企业减少缺货或者库存过多的情况。

后 记

供应链管理的哲学——Be water, my friend

当人们去思考一件事的终极意义时,往往牵涉到哲学问题。世人熟知的李小龙先生不但是一位电影明星、武术家,同时也是一位哲学家。他在电影《龙争虎斗》里表达了自己的哲学观点:"不要思考!去感受!就像用手指指向月亮时,不要把注意力集中在手指上,否则你会错过天空中所有的光华。(Don't think! Feel! It's like a finger pointing a way to the moon, don't concentrate on the finger or you will miss all the heavenly glory.)"

这一段哲学对白同样也可应用在供应链管理上。很多企业在供应链管理上都取得了瞩目的成就,如丰田的精益生产方式,飒拉的极速模式。它们许许多多的处理方式、使用的管理模式都被拆解并演化成不同的学说。于是,为了学习并成为这些一流的企业,很多企业模仿、追求并强调某些方法论到了极致,如追求5S,什么都讲求JIT模式等,实际上这种行为正如李小龙先生所说的,只是"把注意力集中在手指上"了。

供应链管理的目的,是让整体运作更顺畅、更快、更有效率、更低成本、更能满足客户需求。各种方法、各种观念是帮助我们达成目的的工具,而非目的本身。

供应链本身就是复杂的,有些地方被条条框框所限制,而有些地方又跳出了条条框框而不被约束。每一家企业的供应链模式都必然有所不同,对方能运用成功的方法,往往是因为该方法可以匹配该企业的特点和所处的环境,从而使成功最大化。然而,当别的企业应用同样的方法的时候,往往因为内外部条件不一致，结果事倍功半。

不管是从这本书中，还是从别的著作中，我们都能够学到很多供应链管理的方法、技巧、概念等，但是这并不代表这些都能够适用于你所处的环境中。把飒拉的模式完全套入到优衣库中，也一样行不通。最重要的就是学会这些知识，并能灵活运用。

这正如李小龙先生的水哲学一样：清空你的思绪，就像水一样，无形无式。当你把水倒进杯子里，它就成了杯子的形状；当你把水倒进瓶子里，它就成了瓶子的形状；当你把水倒进茶壶里，它就成了茶壶的形状。(Empty your mind. Be formless, shapeless like water. Now you put water in to a cup, it becomes the cup. You put water into a bottle, it becomes the bottle. You put water into a teapot, it becomes the teapot.)

当处于不同的供应链中时，要根据不同的商业模式，顺应其特征，而不能生搬硬套，要像水一样，调节自己去适应所处的供应链的特点。茶壶是不能把水装成瓶子的形状的，若要形成瓶子的形状，就得把水倒入瓶子里。

这本书里所写的一切，只不过是提供了一些形状，一旦需要把水变成某种形状，那么书里的任何知识、公式或者理念，就会提供这些形状，让从业者在不同的场景中进行变化。当精益的时候就精益，当敏捷的时候就敏捷。

任何一种成功且先进的供应链体系或者供应链思维都不是能够随便套用并且取得成功的，比如模仿丰田推行精益模式的企业数不胜数，比如学习飒拉极速供应链的企业也为数不少，实际上能够成功的却寥寥可数。所谓的成功，不是一个方面的、一个时间段的，而是持续的、整体的，这就是丰田和飒拉追求并实行的。

让你的思维如水一般没有束缚，招式变幻的伟大可以在水中得到启迪。(Let your mind like water without bondage, forms the changing great can get enlightenment in the water.)

供应链中彼此的关系都是复杂又变化的，绝非稳固和恒久的。在这个过程中的活动产生了许许多多的实证。当然，有些实证已经在别的一些供应链案例中很好地展现并且被各种专家大师归纳出结论了，只是这些都是基于它们自身固有体系得出来的先进理论。这既代表着这些供应链管理模式的优点，也代表着它们被供应链的特点所束缚。

丰田精益生产方式中对安灯系统的使用、JIT 的实施，飒拉为了追求极速的空运配送，似乎让人们觉得应该在供应链管理上增加更多的东西，才会让它们获得成功。事实上，这些都是它们为了追求供应链上的成功而创造出来的独特内容，也是由于它们供应链上的复杂和多变性而增加的内容。

这其实和李小龙先生说过的"记住，要让人去创造方法，而不是让方法去创造人，所以不要把自己束缚在别人预想的招式之中"的道理是一致的。正是因为它们创造了这些方法，而模仿它们的企业却是绕过方法去创造企业，把自己束缚在丰田或者飒拉的招式中，实际效果就不怎么样了。

李小龙先生把功夫的修炼分为了三个阶段，实际上供应链管理从业者也必然有这样的三个阶段：

初级阶段。这个阶段也许一无所知，但是这个阶段却往往是展示本真的阶段。我们会在这个时候管理库存，不断地追求库存成本的最小化（或许是库存量的最小化，或许是仓储成本等的最小化），不断追求更低的运输费用。这个时候也许不懂什么物流理论，却是本真的自我。

艺术阶段。这个时候，有人教我们这样那样的方法。在学习各种理论和方法后，我们毫无疑问已经对供应链有了科学或一定深度的认识了。但是这个时候往往是最危险的，我们可能会因为追求一些方法的极致而被束缚，从而丧失了本真的自我。不管是打着精益，还是打着六西格玛或者其他什么高深理论的旗号，这些方法实际上往往只把招式强行套用罢了。当然我们精通这些招式后，会发现这些招式却变成了我们继续发展的阻碍。

无艺术阶段。经过多年严格而艰难的训练之后，我们不会强迫自己想招式，不会强推或者照搬理论了，而是像水一样，调节自己去适应所处的供应链的特点。

任何理论能够存在必然有其道理，我们必须不断学习和了解那些方法、理论的详细内容，它们所处的行业特征，以及它们所展现的高明之处。只有不断学习，并在自己领域里相似的部分中运用它们，才能获得如水一般的思维，才能真正认识到这些方法和理论的伟大。

希望每一位供应链管理的从业者都能做到：Be water, my friend！

学习是永无止境的，也是相互的。笔者也期待着彼此能进行更多的探讨，一起进步。别忘了，在我的公众号——林梦龙，我等着您的联系。